AF900600

Der große Schock

Katrin Rohnstock (Hrsg.)

DER GROSSE SCHOCK

Ostdeutsche erzählen von den Folgen der Treuhandpolitik

BeBra Verlag

INHALT

VORWORT

Dreieinhalb Jahrzehnte nach der deutschen Vereinigung trifft das Wirken der Treuhandanstalt noch immer auf einen offen liegenden Nerv. Sie ist das Synonym für den Niedergang industrieller Strukturen, der bis heute nachwirkt. Dieses Buch erzählt nicht die Geschichte der Treuhandanstalt, sondern lässt die Menschen erzählen, die nach 1989 von den Auswirkungen der Treuhandpolitik betroffen waren. Es sammelt Erinnerungen von Menschen aus fünf Thüringer Betrieben in ländlichen Regionen: Kaliwerk Bischofferode, ESDA-Strumpffabrik Diedorf, Henneberg Porzellan Ilmenau, Möbelwerk Eisenberg und Relaiswerk Großbreitenbach – fünf Orte, fünf Brennpunkte. Die Erfahrungen stehen exemplarisch für einen epochalen Strukturbruch. Menschliche Sichten auf einen Prozess, der allzu oft aus der Distanz beschrieben wird. Viele Ostdeutsche fühlen sich in den offiziellen Darstellungen über die Wendezeit nicht repräsentiert. Ihre Erfahrungen kamen und kommen bis heute zu kurz. Sie fühlen sich nicht gehört. Es scheint ihnen, als wären ihre Geschichten nicht existent. Das macht sie wütend und misstrauisch. Es ist eine Gefahr für die Demokratie, für den sozialen Frieden.

Die Geschichten in diesem Buch stehen für Tausende, die nie gehört wurden. Jahrzehntelang war in der öffentlichen Darstellung die Rede vom »Wiederaufbau« des Ostens, von Erfolgen der deutschen Vereinigung, von Chancen – die es unzweifelhaft auch gab. Doch welchen Schock die Umbrüche auslösten, ist noch kaum thematisiert. Viele Menschen hatten das Gefühl von Kontrollverlust, überrollt zu werden von einem Prozess, in dem Mitbestimmung keine Rolle spielte. Von Entscheidungen, die nicht erklärt wurden, nicht nachvollziehbar waren. Sie hatten eine völlig andere Vorstellung von Demokratie, die sie mit der friedlichen Revolution 1989 angestrebt hatten. Es sollte um mehr Mitbestimmung gehen – auch in Bezug auf ihre eigenen Betriebe.

Die Treuhandpolitik, oft kühl als wirtschaftliche Notwendigkeit beschrieben, bedeutete in der Lebensrealität vieler Ostdeutscher vor allem eines: den plötzlichen Verlust von Sicherheit, Sinn und Gemeinschaft. Ganze Industrien wurden »abgewickelt«, wie es euphemistisch hieß. Doch es war weit mehr als das: Qualifikationen wurden aberkannt, Arbeitsplätze wurden vernichtet, Lebensläufe gebrochen, Lebenspläne zerstört. Was blieb, war nicht nur wirtschaftlicher und sozialer Abstieg, sondern auch Entwertung bisheriger Lebensleistungen, Entmutigung, Verunsicherung, Einsamkeit und das Gefühl, überflüssig zu sein.

Der renommierte Soziologe Wolfgang Engler beschreibt es in einem Interview im März 2025 in der Berliner Zeitung: Die Atmosphäre der frühen 90er Jahre war unter den Ostdeutschen von Scham und Sprachlosigkeit geprägt – einer inneren Emigration. Es war die Zeit des großen Schweigens. Die meisten haben mit allen Kräften versucht, sich mit den neuen Verhältnissen zu arrangieren. Zwei Millionen vor allem junge Leute sind in den Westen Deutschlands, in die Schweiz oder Österreich gegangen, doch nur einer kleinen Minderheit ist es gelungen, beruflich aufzusteigen. Viele sind verstummt, so Engler.

Die Erfahrungen des Arbeitsplatzverlustes sind, vor allem für Ostdeutsche, die als DDR-Bürger garantierte Arbeitsplatzsicherheit hatten, mit Scham besetzt. Deshalb schweigen viele Betroffene bis heute. Sie haben die Ausgrenzung und Demütigungen nicht verwunden. Die Erinnerung an diese Zeit wühlt sie noch immer auf. Viele sind zutiefst verärgert, enttäuscht, wütend. Es ist eine tief sitzende Erfahrung. Vor allem die, die es besonders schwer traf, weil sie nie wieder Arbeit fanden, können nicht über den Schock sprechen. Das ist bei jedem Schock so: je tiefer er sitzt, um so schwerer fällt es, Worte dafür zu finden. Die Kriegs- und Kriegskindergeneration hat mehr als vierzig Jahre gebraucht, über die erlebten Katastrophen zu sprechen.

Um so dankbarer sind wir denen, die beherzt ihre Geschichte erzählten. Gewähren sie uns doch einen tiefen Einblick in die Gefühle und Erfahrungen.

Die Folgen dieser kollektiven Erschütterung sind bis heute spürbar – politisch, sozial und kulturell. Doch worin bestand der Schock genau?

Dieses Buch versammelt Stimmen, die exemplarisch für das Vorgehen im Niedergang der ostdeutschen Industrie stehen, die keinesfalls so marode war, wie es in der gesellschaftlichen Kommunikation dargestellt wird. Das wissen oder empfinden auch die Erzählerinnen und Erzähler dieses Bandes. Die hier dokumentierten Geschichten sind persönliche Erfahrungen aus nächster Nähe. Sie sind der Versuch, für die als »Treuhand-Trauma« beschriebene Tragödie des kollektiven Verlusts von Arbeit Worte und eigene Narrative zu finden und somit sichtbar zu machen, was dieser Prozess des Strukturbruchs individuell bedeutete.

Im Zentrum steht dabei nicht das Handeln der Institution Treuhandanstalt. Es geht darum, welche Auswirkungen dieses Handeln auf das Leben der Menschen hatte. Da gab es Belegschaften, die bis zum Letzten für das Überleben ihrer Betriebe kämpften, erfolglos. Es geht um die bittere Erfahrung von Ungerechtigkeit, aber auch um Beharrlichkeit, Widerstand und Selbstbehauptung.

Die industrielle Landschaft der DDR war äußerst vielfältig, und sie war über das gesamte Gebiet der DDR gleichmäßig verteilt, auch in den kleinen Städten des ländlichen Raumes gab es große Industriebetriebe wie die Beispiele in diesem Buch zeigen. Mitte der 80er Jahre arbeiteten etwa 4,8 bis 5 Millionen Menschen in der Industrie. Das entsprach fast der Hälfte aller Erwerbstätigen. Große Sektoren waren der Maschinen- und Fahrzeugbau (etwa 1 Million Beschäftigte), die Bauindustrie (rund 900.000), die chemische Industrie (etwa 500.000) sowie Elektrotechnik und Elektronik (etwa 400.000). Die Möbelindustrie (150.000 bis 200.000) war bedeutend für den Export in die

Sowjetunion und in den Westen. Die Porzellanindustrie (30.000 bis 50.000) besaß Fertigungszentren in Thüringen und in Sachsen und exportierte ebenfalls viel. Von besonderer strategischer Bedeutung war der Bereich Mikroelektronik (60.000 bis 80.000 Beschäftigte), zu dem die Kombinate VEB Mikroelektronik Erfurt, VEB Carl Zeiss Jena oder eben auch das Relaiswerk Großbreitenbach gehörten. Alle DDR-Betriebe führten bis auf einen kleinen Teil zum Selbstbehalt ihre Gewinne an den Staat ab und beantragten aus diesem gemeinsamen Topf Investitionsmittel für Ausbau und Modernisierung der Betriebe. Die gewährten Investitionsmittel wurden nach der Wende als Kredite klassifiziert, die die Betriebe an westdeutsche Banken mit hohen Zinsen zurückzahlen mussten. Diese sogenannte »Altschulden«-Regelung brach vielen Betrieben auch unabhängig von der Treuhandpolitik das Rückgrat.

Die Treuhand als »Anstalt des öffentlichen Rechts« verwaltete zwischen 1990 und 1994 gut 8.500 volkseigene Betriebe mit über vier Millionen Beschäftigten. Ihr Auftrag: Privatisierung, Sanierung oder Abwicklung. Eine Aufgabe, die wohl keine Institution in der Kürze der Zeit hätte bewältigen können. In der Praxis bedeutete das in zahllosen Fällen: Schließung der Betriebe. Diese Zahlen quantifizieren die menschlichen Schicksale, die die radikalen Abbrüche verursachten.

In der DDR gab es die beiden großen individuellen Risiken des Kapitalismus nicht. Es gab keine Arbeitslosigkeit und keine Obdachlosigkeit. Ihres Arbeitsplatzes konnten 99,9 Prozent der Ostdeutschen sicher sein. Es gab meist zu wenig Arbeitskräfte. Wenn in den Betrieben automatisiert und Arbeitsplätze wegrationalisiert oder ein Werk geschlossen wurde, so wurde geplant, was aus den Mitarbeitern wird. Neue Arbeitsplätze wurden ihnen angeboten, es wurden neue Betriebe gebaut, um keine Arbeitslosigkeit aufkommen zu lassen. Dementsprechend groß war der Schock, als es nach der Wende plötzlich völlig anders lief. Als Betriebe massenhaft Mitarbeiter entlassen mussten. Arbeitslosigkeit – dazu in diesem Ausmaß – war für DDR-Bürger absolut unvorstellbar.

Eigenständige Erzählprojekte von Rohnstock Biografien an fünf Thüringer Industriestandorten bilden schließlich die Grundlage für das vorliegende Buch. Die Auswahl der Orte ist Zufall. Sie entstand durch Kooperationen mit Akteuren und Vereinen vor Ort, mit denen wir ehemalige Werktätige der ehemals ansässigen Betriebe in Erzählsalons einluden.

Die Veranstaltungen waren intim, manchmal auch ein bisschen improvisiert. In Bischofferode und Eisenberg haben wir vergessen, die Protagonisten zu fotografieren. Deshalb sind ihre Beiträge in diesem Buch nicht mit einem Porträtfoto versehen.

Doch das tut der Intensität ihrer Erzählungen keinen Abbruch. Sie benennen, was viele Ostdeutsche als dramatischen Verlust erlebten.

Diese Dramatik erlebte ich als gebürtige Jenenserin auch in der eigenen Familie. Meine Eltern, beide seit Anfang der 50er Jahre im VEB Carl Zeiss Jena tätig, wurden Ende 1991 zusammen mit 17.000 anderen Zeissianern entlassen. 1934 geboren, hatten sie das Glück, in den Vorruhestand eintreten zu dürfen, und entkamen so dem demütigenden Gang zum Arbeitsamt. Von der Abfindung, die sie erhielten, konnte mein Vater das Wohnhaus modernisieren und fand damit wieder eine Aufgabe. Doch das Gefühl, von der Gesellschaft nicht mehr gebraucht zu werden, traf ihn. Und meine Mutter? Sie war hoch identifiziert mit ihrer Arbeit und der Firma. Sie hatte bei Zeiss einen breiten Freundes- und Bekanntenkreis. Sie vermisste die Gemeinschaft, die Vertrautheit, die gemeinsame Aufgabe, die gemeinsame Freude.

Der große Schock findet in diesem Buch nun eine individuelle Sprache. Die Geschichten zeigen, wie sich die große Politik im Kleinen niederschlägt – in Werkhallen, Wohnstuben, Kantinen. Die Geschichten können Impulse für eine neue Debatte über Gerechtigkeit, ökonomische Teilhabe und die Kraft kollektiven Erinnerns geben.

Die Kapitel zeigen unterschiedliche Perspektiven auf – vom Kalibergbau über die Relaistechnik, die Porzellanherstellung, die Möbel- bis hin zur Textilindustrie. In jedem dieser Betriebe spiegeln sich strukturelle Muster der Treuhandpolitik wider – von der Konkurrenzbeseitigung bis zur Verhinderung von Betriebsübernahmen durch ostdeutsche Führungskräfte.

Die Geschichten zeigen allesamt: Die Transformation in Ostdeutschland war mehr als eine wirtschaftliche Anpassung – sie war eine kulturelle, soziale und ökonomische Entwurzelung. Dieses Buch will dafür sensibilisieren. Es zeigt, dass die durch die Treuhandpolitik in den 90er Jahren ausgelöste Deindustrialisierung für viele Ostdeutsche ein Schock war, mit dessen fatalen Folgen wir bis heute zu kämpfen haben.

Berlin und Jena im Juni 2025
Katrin Rohnstock

soziale
MARKTWIRTSCHAFT
1993
STOPPT
T† 1993

BISCHOFFERODE

Hungerstreik - Der Kampf der Kalikumpel bis zum Letzten

Der Name Bischofferode steht wie kaum ein anderer für das kollektive Trauma der ostdeutschen Nachwendezeit. Als die Treuhand 1993 das wirtschaftlich tragfähige Kalibergwerk trotz hochwertiger Produkte und regionaler Bedeutung schließen ließ, entschloss sich die Belegschaft zum Widerstand: Mahnwachen, Demonstrationen und ein Hungerstreik, der bundesweit Aufmerksamkeit erregte.

Was in Bischofferode geschah, war mehr als eine betriebswirtschaftliche Entscheidung. Es wurde zum Lehrstück über Machtpolitik auf der einen und Machtlosigkeit auf der anderen Seite – und zum populären Beispiel des Bruchs zwischen politischer Entscheidung und ökonomischer Vernunft. Der Protest der Kalikumpel ging mit dem Hungerstreik bis zum Äußersten gegen ein System, das über Köpfe und Erfahrung hinweg entschied. Das Kalibergwerk war nicht nur ein Arbeitsplatz – es war ein identitätsstiftender Ort, seit Generationen mit den Biografien der Menschen in der Region verflochten.

Die Geschichte des Kaliwerkes Bischofferode ist kein Einzelfall. Sie steht für das Erleben vieler Ostdeutscher, die gegen Massenentlassungen und für den Erhalt ihrer Betriebe kämpften. Zuvor gab es bereits im Berliner Maschinenwerk einen Hungerstreik, der jedoch medial weitestgehend ignoriert wurde. Sie gingen auf die Straße, suchten das Gespräch mit der Treuhand, warben um Investoren. Wenn behauptet wird, die Ostdeutschen hätten sich nicht gewehrt, dann widersprechen die Erzähler dieses Kapitels lautstark: Es berichtet vom Mut, von Solidarität und vom Schmerz der Vergeblichkeit.

Die Konkurrenz musste weg – Als Betriebsratsvorsitzender machte ich die ernüchternde Erfahrung, von der eigenen Gewerkschaft im Stich gelassen zu werden

Gerhard Jüttemann | Jahrgang 1951

Aufgewachsen in Bischofferode, 1968 bis 1970 Lehre zum Zerspanungsfacharbeiter im VEB IFA Motorenwerk Nordhausen, ab 1974 Dreher unter Tage im Maschinenbetrieb des Kalibetriebs Bischofferode, ab 1994 bis 2002 parteiloses Mitglied der PDS-Fraktion im Deutschen Bundestag, ab 2002 in der Demontageabteilung des Kalibetriebs Bischofferode erneut unter Tage tätig.

Im Dezember 1990 wurde ich im Kaliwerk Bischofferode zum Betriebsratsvorsitzenden gewählt. In der DDR hatte es keine Betriebsräte gegeben. Was genau meine Aufgabe sein würde, wusste ich demnach nicht. So suchte ich Kontakt zu anderen Betriebsräten aus unserer Branche. Ich setzte mich ans Telefon, rief den Betriebsrat von Kali und Salz im hessischen Neuhof-Ellers an und schlug ihm vor, für einen Erfahrungsaustausch vorbeizukommen. Tatsächlich machten wir uns mit einigen Kollegen in einem Kleinbus gen Westen auf den Weg. Als wir ankamen, waren wir sehr überrascht, wie gut die Außenfassade des Betriebes aussah. Bei einem späteren Rundgang durch die Fabrik stellten wir jedoch fest, dass es bei uns in Bischofferode wesentlich ordentlicher und sauberer war.

Durch Gespräche erfuhren wir, dass der Kaliumoxidgehalt in Neuhof-Ellers mit circa 10 bis 11 Prozent wesentlich geringer ausfiel als in Bischofferode, wo wir 13 bis 14 Prozent verzeichneten. Das heißt, es musste in Neuhof-Ellers wesentlich mehr Rohsalz gefördert werden, um die gleiche Menge an Kali zu gewinnen. Unsere Erkenntnis: Das hochwertigere Salz gab es bei uns in Bischofferode. Auf der Rückfahrt waren wir uns sicher, absolut konkurrenzfähig zu sein.

Im Dezember 1992 kam die Ankündigung, dass im Zuge der geplanten deutsch-deutschen Kalifusion unter anderem das Werk in Bischofferode geschlossen werden sollte. Sofort forderten wir Betriebsräte die Industriegewerkschaft Bergbau und Energie (IGBE) auf, ein Treffen anzuberaumen und sich mit uns zusammenzusetzen. Am 8. Januar 1993 fuhren wir nach Erfurt ins DGB-Haus. Zu dieser Runde waren der IGBE-Vorsitzende Hans Berger, die IGBE-Vorsitzende des Bezirkes Erfurt Gabriele Glaubrecht sowie IGBE-Hauptvorstand Manfred Peters gekommen.

»Weißt du, Hans«, sagte ich zu unserem Vorsitzenden, »ich kann meinen Kollegen zu Hause nicht erklären, warum unser Betrieb geschlossen werden soll. Wir haben in Bischofferode beste Voraussetzungen, um auf dem Markt zu bestehen: ein exzellentes Produkt, hochqualifizierte Leute und eine Lagerstätte, die für fünfzig Jahre reicht. Auch der notwendige Maschinenpark ist vorhanden. Es gibt überhaupt keinen Grund, das Werk zu schließen.« Die Fusion, im Zuge derer sämtliche Ostbetriebe bis auf zwei geschlossen werden sollten, war hochgradig ungerecht. Ich wollte das nicht wahrhaben, mindestens eine Chance müssten wir doch bekommen. Ich schlug vor, eine neutrale Wirtschaftsprüfung zu veranlassen, um die Bilanzen der Betriebe in Hessen und Bischofferode zu vergleichen. Würde festgestellt, dass wir tatsächlich schlechter sind, hätte ich das meinen Kollegen erklären können. Daran allerdings zweifelte ich und das brachte Herrn Berger auf die Palme. Er bekam regelrecht Schaum vorm Mund. Wie ich mir anmaßen könne, uns mit den westdeutschen Betrieben zu vergleichen, brauste er auf. In diesem Moment wurde mir klar, dass unsere eigene Gewerkschaft nicht auf unserer Seite stand. Sie hatte überhaupt kein Interesse daran, dass wir überleben.

Während des folgenden Arbeitskampfes unterstützten uns viele andere Gewerkschafter. Der DGB-Rechtsschutzsekretär in Nordhausen, Jürgen Metz, war beispielsweise immer an unserer Seite. Darauf bin ich stolz. Nur die IGBE, unsere eigene Gewerkschaft, unterstützte uns nicht.

Bischofferode, 21. August 1993

Hungerstreik, 1. August 1993

Protestveranstaltung mit IG Medien und IG Metall am 31. Oktober 1993

Warum Herr Berger keinen Vergleich mit anderen Werken zuließ, wurde im Nachgang bekannt. Die Treuhandchefin Birgit Breuel sprach davon, dass Bischofferode 20 Millionen D-Mark Verlust mache und deswegen geschlossen werden müsse. Nach dieser Logik allerdings hätte kein einziger Kalischacht im Westen überleben dürfen, denn die sieben Kalischächte und die drei Steinsalzbergwerke von Kali und Salz auf der Westseite verzeichneten allein im Jahr 1993 über 330 Millionen D-Mark Verlust. Bischofferode musste als lästige Konkurrenz eliminiert werden, so viel war klar.

Als 2020 die MDR-Dokumentation »Bischofferode: Das Treuhand-Trauma« ausgestrahlt wurde, riefen noch am selben Abend mehrere CDU-Mitglieder aus dem Westen bei mir an. »Das haben wir nie so mitgekriegt, was da mit euch passiert ist. Dafür muss man sich schämen.«

Ich stünde wieder vorn – Als Mitglied des Sprecherrats der Kumpel erlaubte ich mir während des Hungerstreiks keine Schwäche

Wigbert Mühe | Jahrgang 1954

Aufgewachsen in Holungen, ab 1969 Lehre zum Kraftfahrer, ab 1971 in Bischofferode als Großgerätefahrer tätig, zuletzt als Ankerbohrwagenfahrer.

Als die Schließung unseres Werks im Raum stand, berieten wir Kumpel unter Tage, dass wir uns das nicht gefallen lassen können. Wir stellten einen Sprecherrat auf, in den unter anderen ich gewählt wurde. Dann ging es richtig los. Mit Gerhard Jüttemann fuhr ich nach Düsseldorf, wo die drohende Schließung unseres Kaliwerkes Thema sein sollte. Ich sagte: »Du kannst machen, was du willst, Gerd, wenn das auch vor den Baum fährt, gehe ich in den Hungerstreik.«

Das Ergebnis ist bekannt: Wir öffneten das Lager, in dem die Feldbetten der ehemaligen Kampfgruppe standen, und stellten sie mitten in der früheren Küche auf. Anfangs dachte ich, au Backe, du bist hier ganz allein. Aber dann kamen sie, die anderen, so viele, dass zum Schluss die ganze Küche voll war. Wir rückten zusammen und gingen gemeinsam in den Hungerstreik.

Wir kapierten nicht, warum ausgerechnet unsere Grube geschlossen wurde. Aber wir wollten wenigstens wissen, wie es weitergeht. Deswegen war der Hungerstreik absolut richtig und notwendig. Nach vierzehn Tagen fragte mich die Ärztin, wie es mir gehe. »Mir geht's gut«, antwortete ich. Ich erinnere mich, wie ich auf meinem Feldbett lag. Als ich das nächste Mal wach wurde, befand ich mich im Krankenhaus und wusste nicht, wie ich dorthin gekommen war.

Meine Wahl in den Sprecherrat bestärkte mich in dem, was ich tat, und ließ mich besser durchhalten. Du kannst dich nicht beschweren, du musst voranschreiten, ging es mir durch den Kopf. Und der Streik ging

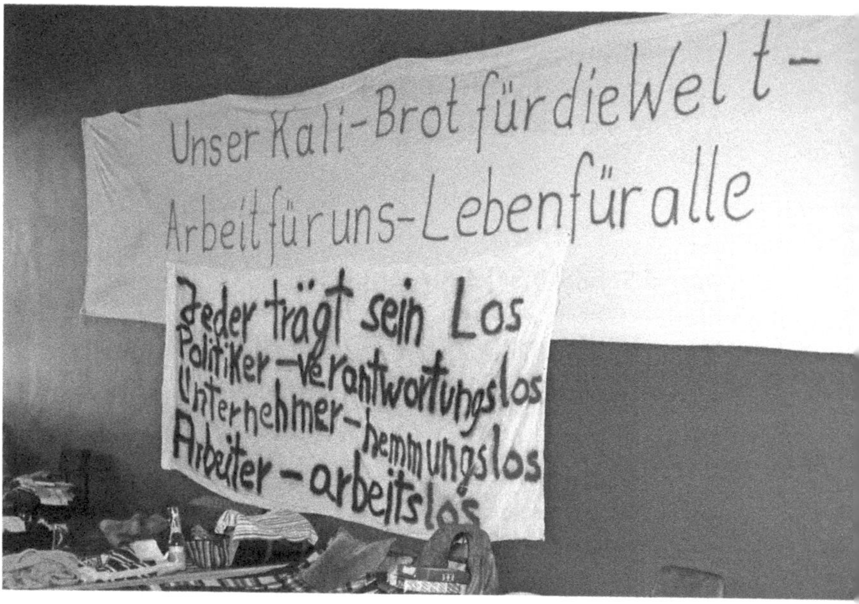

Transparente während des Hungerstreiks

wirklich immer weiter. Alle hatten das gleiche Ziel: wieder arbeiten zu können. Die Unterstützung von außen und vom Landtag war groß.

Ich habe den Hungerstreik und alles, was ihm voranging, durchlebt. Käme ich noch einmal in eine solche Situation, stünde ich wieder vorn.

Hängehausen – Dass sich der Stoff aus dem Staatsbürgerkundeunterricht einmal bewahrheiten würde, verkrafteten viele Bischofferöder nicht

Bernd Schmelzer | Jahrgang 1960

Aufgewachsen in Bischofferode, ab 1976 Lehre zum Maschinisten für Aufbereitungs- und Förderungsanlagen im Werk Roßleben, danach in Bischofferode im erlernten Beruf tätig, zuletzt CNC-Fachkraft.

Ich wurde 1960 geboren. Mitte der 60er Jahre zogen wir nach Bischofferode. Es standen bereits die Neubaublocks in der Aufbaustraße. Noch ein paar Jahre wurden Blocks mit den begehrten Wohnungen errichtet. Auch die Vertriebenen bzw. Umsiedler, die noch in Baracken und in mehrparteiigen Wohnungen einquartiert waren, bekamen ein eigenes Zuhause.

Anfang der 70er Jahre ging ich auf die Oberschule »Clara Zetkin«, Klasse acht bis zehn. Während unserer gesamten Schulzeit besuchten uns Vertreter unserer Patenbrigaden in der Schule, hospitierten, schauten, was wir lernten, und luden uns in den Betrieb ein. Jede Klasse erwarb dort in einer Werkstatt (Tischlerei, Pumpen- und E-Werkstatt) Praxiserfahrung durch Hilfstätigkeiten und Lösung von Aufgaben. So wurden wir früh an den Bergbaubetrieb und die praktische Tätigkeit herangeführt. Bürojobs strebte niemand an. In der zehnten Klasse fuhren wir sogar einmal in unsere Grube ein mit ausgiebiger Exkursion unter Tage – so etwas war damals möglich. Bei Betriebsführungen warben die Abteilungsleiter: »Wer kommt denn zum Schacht, wer von euch würde denn später hier anfangen?« Für die meisten war das der naheliegendste Weg, zumal kein schlechter Verdienst winkte, dazu Jahresendprämie und Bergmannstreuegeld, obenauf noch Schachtschnaps als Deputat. Die Arbeit war hart und gefährlich, trotzdem entschlossen wir uns dazu.

Ich lernte im Werk in Roßleben, das später so wie Bischofferode geschlossen wurde. Am Anfang galt es, zwei Wochen vormilitärische Ausbildung im GST-Lager auf dem Rathsfeld im Kyffhäuser zu absolvieren. Dann ging es ins Lehrlingswohnheim, dazu gab es 60 Mark Lehrlingsgeld. Auf großem Fuße konnten wir so nicht leben.

Mit dem Schachtzug ging es jeden Morgen hoch ins Werk, zur Ausbildung. Ich arbeitete in der Mühle, wo das Salz ankam. Es wurde oben auf die Hammermühlen gekippt und es lief über mehrere Siebe, wodurch schon die Hälfte herausgesiebt wurde. Was noch brockig war, lief über Elevatoren mehrmals durch, bis die gewünschte Körnung erreicht war. Das Salz lagerte in Zwischenspeicherschuppen oder lief gleich zur Verarbeitung. Bei der praktischen Ausbildung ersetzte ich gleichzeitig zwei, drei Kollegen, die krank waren. Ich sauste den ganzen Tag im Mühlen- und Salzschuppen hin und her, treppauf, treppab. Ich war jung, mir machte das nichts aus. Weil ich so gut arbeitete, belastbar und zuverlässig war, durfte ich die Lehre ein halbes Jahr früher beenden.

Mit 17,5 Jahren unterschrieb ich meinen ersten Arbeitsvertrag und hatte fortan eigenes Geld. Anschließend absolvierte ich einen dreijährigen Armeedienst, bevor ich wieder in den Kalifabrikalltag einstieg. Dort arbeitete ich als Springer, war so gut wie auf jedem Arbeitsplatz fit, von ganz unten bis oben einsetzbar, oft täglich wechselnd. Knapp achtzehn Jahre war ich im rollenden Vierschichtsystem tätig.

Wir wurden bestens versorgt im Werk. In der Küche konnte man preiswert essen. Für 80 Pfennig bekam man ein warmes Essen, für 1,30 Mark mit Vorsuppe und Kompott. Davon machten wir reichlich Gebrauch – wenn man jung ist, isst man viel und manchmal zweimal. Nachschlag gab es bei Bedarf, die Küchenfrauen waren großzügig, hatten sie doch oft selbst hungrige Kinder zu Hause. Außerdem gab es in der Kaltküche eingewickelte belegte Brote und Brötchen zum Mitnehmen. Wir konnten dazu Tee trinken und abfüllen, so viel wir wollten. Nicht nur für das leibliche Wohl war gesorgt. Soziales Zentrum des Schachtes war das Kulturhaus, dort war immer etwas los. Ab 12 Uhr hatte die öffentliche Gaststätte, das »Casino« geöffnet.

Auf Feiern für die »Bergwerksrentner« wurden die ehemaligen Kollegen eingeladen, bewirtet und bespaßt. Und für die »Bergwerkskinder«, die zukünftige Generation, gab es Kinderweihnachtsfeiern. Ein Kulturprogramm mit professionellen Schauspielern wurde geboten, Märchenstücke und Musikprogramme aufgeführt, alle bekannten Fernsehfiguren, darunter Professor Flimmrich und Meister Nadelöhr, waren zu Gast. In der Werksküche gab es für jeden ein Würstchen und einen Beutel Süßigkeiten und Naschereien obendrauf. Die auswärtigen Kinder wurden kostenlos mit Bussen transportiert.

An zwei Wochenenden im Monat fand der Jugendtanz statt, jeden Mittwoch Kino, es gab eine Kegelbahn mit Mannschaften der Betriebssportgruppe, eine eigene Bergmannskapelle, eine Tanzkapelle (die »Bitharys« mit Udo Grobe), Kinder- und Jugendtanzgruppen (unter Josef Günther), Foto- und Modellbauzirkel, eine Schalmeienkapelle und eine Faltbootgruppe (unter Fritz Hackel). Wir hatten sogar ein mit Abwärme beheiztes Schwimmbad, in dem Heinz Diedschies über viele Jahre Schwimmmeister war. Im Rahmen des Ökulei, des ökonomisch-kulturellen Leistungsvergleiches der Brigaden, wurden extra Programme einstudiert. Es fanden Weinfeste, Brigadevergnügen und ein Kampfgruppenball statt, bei dem die Frauen ihre neueste Garderobe und Frisuren präsentieren konnten.

Das Zusammenleben war ein völlig anderes, als es heute junge Generationen kennen. Bei Schichtende war die Werksgaststätte brechend voll, die salzigen Kehlen wollten gespült werden. Alle in der Gegend kannten sich. Man fuhr sogar in dieselben betriebseigenen Urlaubsquartiere oder Ferienlager. Das wurde vom Betrieb organisiert und von der Gewerkschaft großzügig bezuschusst. Die Ferienplätze wurden jedes Jahr neu und gerecht verteilt.

Nach der Wende hieß es: »Ab jetzt herrscht Marktwirtschaft!« Hunderte Arbeitsplätze wurden abgebaut, eine Abteilung nach der anderen ausgegliedert. Unser Werk »Thomas Müntzer« wurde skelettiert. Kulturhaus und Tischlerei, die Betriebsambulanz samt Allgemeinmediziner und Zahnarzt, die mechanischen Werkstätten und die Transportabteilung, die neuerrichtete Konsumgüterproduktion, die Werksküche, Schusterei und Näherei sowie der Friseursalon wurden geschlossen. Betriebsparteiorganisation, Gewerkschaft und Kampfgruppe verschwanden. Die innerbetriebliche Lehrlingsausbildung, die Fahrschulausbildung der GST (unter Herbert Heck) und die Betriebsschule wurden abgewickelt, die Gebäude abgerissen, die Lehrmittel auf den Müll geschmissen. Von 1.800 Beschäftigten blieben nach mehreren Entlassungswellen nur rund 650 übrig.

Die neue Konzernleitung investierte immerhin noch in den Kernbetrieb, die Salzproduktion. Plötzlich gab es maschinelle Schieber im Schacht, Keramikschurren und Bandüberwachung per Kamera. Die Automatisierung machte vieles leichter und sparte Personal. Die gleiche Arbeit, die zuvor zehn Kumpel verrichtet hatten, erledigten wir jetzt zu fünft in einer Schicht bei gleichem Durchsatz.

Anfang der 90er Jahre kam jedoch öfter nicht genug Salz in der Fabrik an, um eine kontinuierliche Produktion zu gewährleisten. Der Rohsalzschuppen war leer, das Zwischensilo war leer, aus der Grube kam nichts und der Fördermaschinist sagte, auch ich bekäme vorläufig nichts. Ich musste die Fabrikation runterfahren. Das war nicht so einfach. Es bedeutete, dass ich im Kraftwerk anrufen musste: »In zwei Stunden brauchen wir keinen Dampf mehr.« Daraufhin wurden langsam die Kessel gedrosselt und der Druck aus den Turbinen genommen. Außerdem musste ich alle Gefäße leerfahren, in denen sich Salz und Rückstände befanden, damit sie nicht auskristallisierten und hart wie Stein wurden. Eine Spülpause war notwendig, in der Leitungen, Pumpen und Gefäße durchgespült wurden. Das war sehr energieaufwendig. In der Regel dauerte das Prozedere drei bis vier Stunden.

Es blieb dabei, der Betrieb wurde sukzessive heruntergefahren. Dass wir das modernste und rentabelste Kaliwerk auf dem Boden der DDR waren und unsere Grube noch für 40 Jahre gutes Salz bereithielt, spielte keine Rolle. Ende 1992 schloss die Betriebsambulanz, in der meine Frau arbeitete. Am 24. Dezember fand sie im Briefkasten die Kündigung. Am selben Tag holten auch mein Vater und meine Mutter ihre Entlassungsschreiben aus dem Kasten. Ich war der Einzige, dem sie noch nicht gekündigt hatten. Möglicherweise hatte der Betriebsrat die Hände über mich gehalten. Mit langen Gesichtern saßen wir da, verbittert über das, was über uns hereingebrochen war. Unserem Staatsbürgerkundelehrer hatten wir früher nie recht geglaubt, doch er schien auf voller Linie recht zu behalten. An diesem Heiligabend lernten wir, wie der Kapitalismus funktioniert.

Ich arbeitete zunächst weiter im Schacht. Die Produktion lief nur noch schleppend und mit Unterbrechungen. Immer öfter mussten wir die Weiterverarbeitungsfabrik komplett herunterfahren, ein Kraftakt, der mehrere Stunden Spülpause forderte. »Der Betrieb ist unrentabel«, wurde uns eingeredet. Die endgültige Werksschließung wurde zum Jahresende 1993 anberaumt, bergrechtliche Sondergenehmigungen liefen aus.

Die Kumpel bildeten Komitees und berieten Abend für Abend: Wie soll es weitergehen? Uns wurde bald klar, dass wir auf die Zusagen der Politiker keinen Pfifferling geben konnten. Mit ihren Versprechen wollten sie uns lediglich ruhigstellen, sozialen Frieden erreichen. Also beschlossen die Bischofferöder Kumpel im Sommer 1993, aufs Ganze zu gehen und um ihre Arbeitsplätze zu kämpfen. Unter dem Motto »Bischofferode ist überall!« besetzten sie den Betrieb und stellten in der bereits stillgelegten Werksküche Pritschen auf. 20 Kumpel aus der Grube gingen in den Hungerstreik. Wir besuchten sie täglich und stärkten ihnen den Rücken.

Nach ein, zwei Wochen, in denen ich täglich vor Ort war, bekam ich mit, wie die Ersten von ihnen zusammenbrachen. Nach so langer Zeit ohne feste Nahrung lagen die streikenden Männer zusammengerollt da, mit tiefliegenden Augen und still, weil ihnen der Bauch so wehtat. Irgendwann fingen sie an zu zittern und kollabierten. Viele wurden mit dem Notfallwagen ins Krankenhaus gebracht. Ich befürchtete, dass die Lücken zu groß werden und der Widerstand zusammenbrechen könnte. Also setzte ich mich aufs Motorrad, fuhr auf den Schacht, ging zu meinen streikenden Kumpeln und sagte: »Ich mache jetzt mit, ist noch ein Bett frei?« Ich hatte eine Zahnbürste und einen Kamm dabei, mehr brauchte ich nicht.

Auf der Pritsche neben mir war ein Skelett mit Bergarbeiterhelm drapiert worden, darüber die Aufschrift »Danke, Herr Kohl!« Vierzehn Tage war ich beim Hungerstreik dabei. Jeden Morgen untersuchte uns eine Ärztin, die irgendwann zu mir sagte: »Du bist schwer erkältet. Wenn du jetzt nicht aufhörst, kann das gravierende Schäden verursachen.« Sie wollte mein Bleiben nicht verantworten, schickte mich nach Hause. Am Tag darauf aß ich schon eine Tasse Suppe, am zweiten nicht viel mehr. Am dritten Tag bekam ich Lust auf mein Lieblingsessen, Nudeln mit Tomatensoße. Nur einen kleinen Teller voll schaffte ich davon. Mein Magen war geschrumpft, mehr passte einfach nicht hinein.

Unser Hungerstreik erregte Aufmerksamkeit weit über Thüringens Grenzen hinaus. Presse, Rundfunk und Fernsehen waren vor Ort. Etliche Politiker zeigten sich den Sommer über am Kaliwerk und versprachen alles Mögliche. Es kamen Künstler, Schriftsteller, Sportler. Stefan Heym kam und Ruth Fuchs, die DDR-Olympiasiegerin im Speerwerfen. Sogar die Puhdys besuchten uns und gaben ein Solidaritätskonzert. Prominente gaben sich die Klinke in die Hand. Uns erreichten Briefe und Solidaritätsschreiben aus allen Teilen der Welt, es gab Geld- und Sachspenden. Ich erhielt einen Brief mit Geldscheinen darin. Anscheinend hatten mich die Leute in den Nachrichten gesehen und meine Privatadresse herausgefunden. Natürlich gab ich sie an die streikenden Kollegen weiter.

Die Welle der Solidarität zeigte uns: Wir sind nicht allein, Bischofferode ist tatsächlich überall! Wöchentlich organisierten die Kumpel Protestdemonstrationen. Es gab viele Aktionen, von Kundgebungen bis zu Hungermärschen. Wir marschierten nach Berlin zur Treuhand, die im ehemaligen Luftwaffenministerium der Nazis untergebracht war. Eine Bäckerei direkt gegenüber übergab uns ein paar Paletten Eier: Bis in den fünften Stock hinauf verschönerten wir damit die Fassade, bis die Polizei kam.

Der spätere Ministerpräsident von Thüringen, Bodo Ramelow, damals als Gewerkschaftssekretär aus dem Westen nach Erfurt gekommen, war an vorderster Arbeitskampffront dabei. Er wusste, wie so etwas geht. Seine Gewerkschaft hatte ihm verboten, für uns zu arbeiten, denn dafür war er auf seinem Posten bei der NGG-Gewerkschaft, nicht bei der IG-Bergbau, nicht zuständig. Wir holten ihn täglich nach der Arbeit in Erfurt ab und fuhren ihn nachmittags mit einem Pkw in unser Streikbüro, wo die Versammlungen der Arbeiterräte stattfanden. Ramelow ließ seine Beziehungen spielen und konnte uns dank seiner langjährigen Erfahrung als Gewerkschafter auch zu rechtlichen Möglichkeiten beraten. Wenn wir ihn nachts heimfuhren, schlief er meist schon im Auto ein.

Schließlich sah sich die Politik zu konkreten Zugeständnissen gezwungen, aber mehr als einen faden Kompromiss konnten wir nicht aushandeln. Der Schacht wurde geschlossen. Gutes Salz für Jahrzehnte war noch da, aber aus politischen Gründen wurde gegen Bischofferode entschieden. Es ging klar um die Profite anderer. Es lief haargenau so, wie wir es im Staatsbürgerkundeunterricht gelernt hatten – welche Ironie.

Uns wurden Ersatzarbeitsplätze versprochen. Mit dieser Zusage gelang es, den Hungerstreik nach sechs Wochen abzuwürgen. Die meisten von uns waren am Ende ihrer Kräfte. Nach zwei Wochen Hungern fühlte ich mich wie ein Geist. Manch einer fiel ins Koma und kam erst im Krankenhaus wieder zu sich. Einige behielten dauerhaft gesundheitliche Schäden.

Ende 1993 unterzeichneten wir den ausgehandelten Aufhebungsvertrag. Mit einer Weigerung hätte man seine Abfindung verspielt. Jeder von uns erhielt 7.000 D-Mark. Für unsere Kollegen aus dem Mansfelder Kupferkombinat oder aus der Wismut, die gleich zur Wende abgewickelt worden waren, hatten noch westdeutsche Maßstäbe gegolten. Sie waren mit hohen fünfstelligen Summen nach Hause gegangen und konnten sich von der Abfindung neue Häuser bauen. Wir hingegen wurden billig abgespeist.

Wir Bischofferöder landeten gemeinschaftlich in einer sogenannten Beschäftigungsgesellschaft. Bildungsträger und ähnliche Gesellschaften erkannten ihre Chance und fingen auf Teufel komm raus an, Umschulungen zu vermitteln. Tischler wurden zu Bäckern, Bäcker zu Fleischern und Fleischer zu Elektrikern umgeschult, die Ausbildung war reiner Selbstzweck, ohne dass konkrete Arbeitsplätze dranhingen. Die zugesicherten Ersatzarbeitsplätze entpuppten sich oft als pure Beschäftigungstherapie, als Arbeitsbeschaffungsmaßnahmen in Wald oder Schwimmbad. Wir bauten Geländer und Mauern, mähten den Rasen und schnitten Hecken in einem Gewerbegebiet. Langweilige Verrichtungen, die unserem Selbstwertgefühl absolut abträglich waren. Wir begriffen, dass unsere Perspektive über die garantierten drei Jahre Weiterbeschäftigung hinaus nicht rosig aussah. Nach dieser erzwungenen Verlängerung unserer Betriebszugehörigkeit wartete schlicht die Arbeitslosigkeit.

Wir alle sollten abermals umschulen. Ich ergriff die Chance, als die Firma Kirchner mit dem Slogan »Vom Bergmann zum Baggerführer« um Personal warb. Wer Großgerät fahren könne, hieß es, sei ohne Weiteres in der Lage, auf Bagger oder Planierraupe umzulernen. Ein eigens georderter Bus fuhr über vierzig Kumpel nach Bad Hersfeld, wo uns die Firma ausgiebig vorgestellt und Häppchen und Erfrischungen gereicht wurden. Wer es wünschte, war dazu eingeladen, bei Kirchner eine Ausbildung anzufangen. Nur ein Dutzend blieb, denn eine erneute Lehre und die Aussicht, anschließend auf Montage zu gehen, war für die meisten nicht lukrativ.

Ich erlernte in drei Jahren einen kompletten Zweitberuf, legte bei der IHK eine Prüfung ab und durfte mich fortan Baumaschinenführer nennen. Drei Jahre lang arbeiteten wir ehemaligen Kalikumpel bei Kirchner deutschlandweit auf Baustellen im Autobahn- und Eisenbahnbereich im Rahmen des Ausbaus der deutschen Verkehrswege. Als die Konjunktur abflaute und staatliche Fördermittel versiegten, sah sich Kirchner gezwungen, die Niederlassungen im Osten zu schließen. Wieder standen alle Schachtleute ohne eigenes Verschulden auf der Straße. Wieder waren wir arbeitslos.

Ich wollte raus aus diesem Schlamassel und mich wie Baron von Münchhausen am eigenen Zopf aus dem Sumpf ziehen. Ich hörte mich um. Ein paar meiner alten Freunde hatten im Westen als CNC-Dreher eine Arbeit gefunden. Fachkraft für computergesteuerte Dreh-

und Fräsmaschinen, das fand ich interessant. Die englische Abkürzung steht für Computergestützte Numerische Steuerung. Da gesamte Arbeitsprozesse inzwischen komplett über Computerprogramme liefen, stand der Dreher nicht mehr an der Maschine und kurbelte. Ich entdeckte ein Schulungsangebot in unserer Gegend und ging sofort aufs Arbeitsamt, um mich dafür zu bewerben. Die junge Frau hinterm Schreibtisch schaute skeptisch, weil ihr meine Schulnoten nicht gut genug waren. »Ich interessiere mich aber dafür«, blieb ich hart, »das ist was für die Zukunft!« Schließlich erteilte sie mir grünes Licht und ich durfte ein weiteres Dreivierteljahr die Schulbank drücken.

Wir waren 20 Mann in der Klasse, mit einer Handvoll von ihnen tat ich mich zusammen. Jeden Morgen kauften wir eine Cola und eine Flasche Rum. Zum Frühstück genehmigten wir uns die erste Tasse des Gemischs, zum Mittag eine zweite. Auf die Art hatten wir immer gute Laune. »Wenn der Geist was leisten soll, braucht der Körper Alkohol!«, lautete unser Motto. Am Ende stand vom ersten bis zum letzten Fach eine Eins auf meinem Zeugnis. Scheinbar hat der Rum tatsächlich meinen Geist beflügelt. Ich schloss als Lehrgangsbester ab. Einen Arbeitsplatz hatte ich damit aber noch nicht. So ging ich Klinken putzen. Und war wieder arbeitslos.

Zum Schluss bezog ich etwa 90 Mark Arbeitslosenhilfe im Monat, da das Einkommen meiner Frau mit angerechnet wurde. Rechnungen konnte ich nicht mehr selbst bezahlen. Meine Arbeit bestand darin, auf den verschiedenen Ämtern umherzustreunen. Dort wurde ich verhöhnt: »Tja, Herr Schmelzer, nun haben Sie aber lange genug auf dem Kanapee gelegen. Jetzt müssen Sie mal wieder was tun!« Ich war kurz davor, den Arbeitsamtsschnösel an die Wand zu drücken.

Durch Zufall fand ich im Nachbarort einen Betrieb, der, um den Auftragsüberhang abzubauen, kurzfristig einen CNC-Dreher brauchte, und erhielt eine befristete Stelle. Mehrfach wurde sie verlängert, bis schließlich eine Festanstellung daraus wurde. 21 Jahre lang arbeitete ich in der Ortsniederlassung des Märkischen Werkes.

Das Zusammengehörigkeitsgefühl war nicht annähernd so intensiv wie auf dem Schacht. Wir Mitarbeiter hatten keine gemeinsame

Ein Grabstein für die Marktwirtschaft

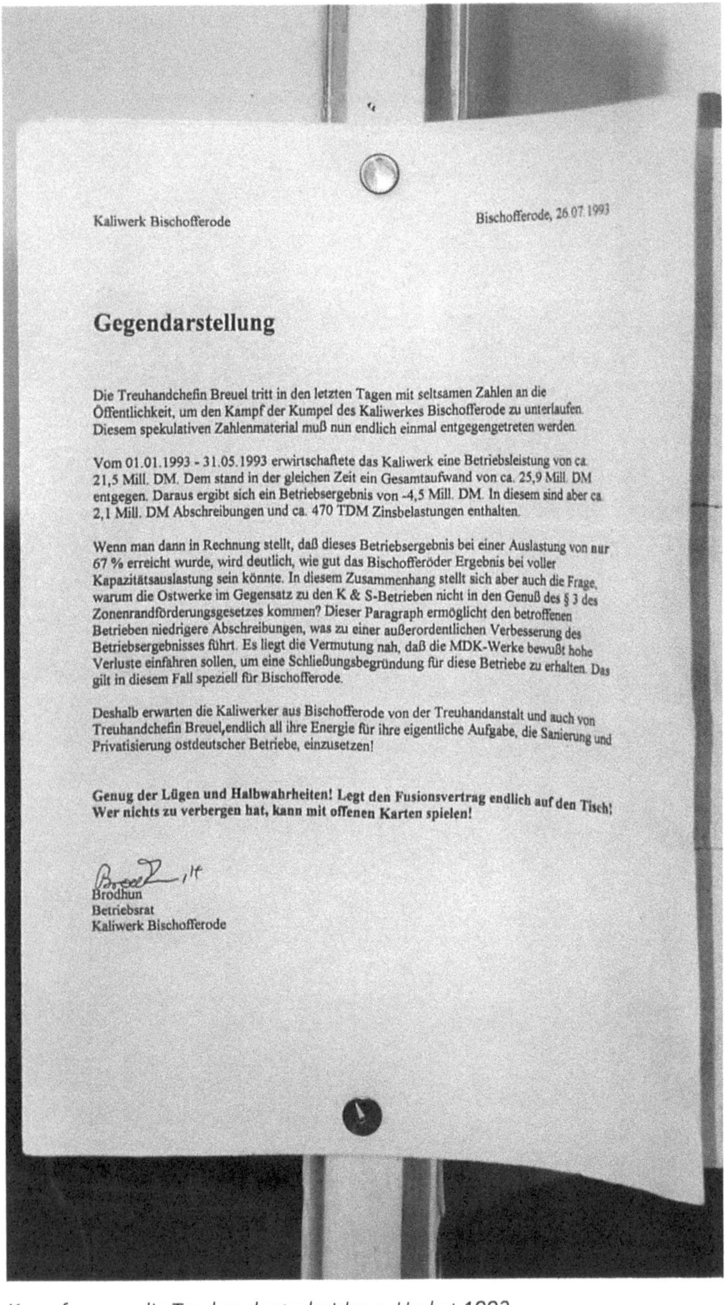

Kaliwerk Bischofferode

Bischofferode, 26.07.1993

Gegendarstellung

Die Treuhandchefin Breuel tritt in den letzten Tagen mit seltsamen Zahlen an die Öffentlichkeit, um den Kampf der Kumpel des Kaliwerkes Bischofferode zu unterlaufen. Diesem spekulativen Zahlenmaterial muß nun endlich einmal entgegengetreten werden.

Vom 01.01.1993 - 31.05.1993 erwirtschaftete das Kaliwerk eine Betriebsleistung von ca. 21,5 Mill. DM. Dem stand in der gleichen Zeit ein Gesamtaufwand von ca. 25,9 Mill. DM entgegen. Daraus ergibt sich ein Betriebsergebnis von -4,5 Mill. DM. In diesem sind aber ca. 2,1 Mill. DM Abschreibungen und ca. 470 TDM Zinsbelastungen enthalten.

Wenn man dann in Rechnung stellt, daß dieses Betriebsergebnis bei einer Auslastung von nur 67 % erreicht wurde, wird deutlich, wie gut das Bischofferöder Ergebnis bei voller Kapazitätsauslastung sein könnte. In diesem Zusammenhang stellt sich aber auch die Frage, warum die Ostwerke im Gegensatz zu den K & S-Betrieben nicht in den Genuß des § 3 des Zonenrandförderungsgesetzes kommen? Dieser Paragraph ermöglicht den betroffenen Betrieben niedrigere Abschreibungen, was zu einer außerordentlichen Verbesserung des Betriebsergebnisses führt. Es liegt die Vermutung nah, daß die MDK-Werke bewußt hohe Verluste einfahren sollen, um eine Schließungsbegründung für diese Betriebe zu erhalten. Das gilt in diesem Fall speziell für Bischofferode.

Deshalb erwarten die Kaliwerker aus Bischofferode von der Treuhandanstalt und auch von Treuhandchefin Breuel,endlich all ihre Energie für ihre eigentliche Aufgabe, die Sanierung und Privatisierung ostdeutscher Betriebe, einzusetzen!

Genug der Lügen und Halbwahrheiten! Legt den Fusionsvertrag endlich auf den Tisch! Wer nichts zu verbergen hat, kann mit offenen Karten spielen!

Brodhun
Betriebsrat
Kaliwerk Bischofferode

Kampf gegen die Treuhandentscheidung. Herbst 1993

Sozialisierung wie die Schächter. Jeder kämpfte für sich und seinen persönlichen Vorteil. Es gab nicht viele aufrichtige Kerle dort, dafür viele Schauspieler und Egoisten. Die Arbeit beim Märkischen Werk war eigentlich nur ein Job, um meine Brötchen zu verdienen. Mein Selbstwertgefühl bezog ich jedenfalls nicht aus dieser Tätigkeit, das vermittelte mir eher mein soziales Umfeld. Vor drei Jahren während der Corona-Pandemie wurde ich wegen des nächtlichen Nichttragens einer medizinischen Maske angeschwärzt und innerhalb einer Woche fristlos gekündigt. Seitdem bin ich unfreiwillig Frühpensionär.

In meinem Alter noch einmal loszugehen, um Arbeit zu suchen, darin sehe ich keinen Sinn. 40 Jahre im Schichtdienst fordern ihren Tribut. Ich leiste jetzt gesellschaftliche Arbeit. Ich unterstütze meine Mutter, die auf die neunzig zugeht, kümmere mich um unser Grundstück, ein bisschen um die Treuhand-Ausstellung und um das Kali-Bergbau-Museum in Bischofferode. Hier und da pflege ich das Umfeld im Dorf. Statt mich bei der Gemeinde zu beschweren, tue ich selbst etwas. Man findet immer Aufgaben, es wird nie langweilig.

Stünde ich heute noch einmal vor meinem von der Schließung bedrohten Schacht, würde ich wieder kämpfen. Mit der kleinen Abfindung von damals würde ich mich heute nicht mehr zufriedengeben. Sicherlich hätten wir den Kampf mit dem Wissen von heute härter und effektiver geführt. Ich hätte gewiss mithilfe der Gewerkschaft geklagt. Wir merkten erst hinterher, dass wir gegen einen erfahrenen, hinterhältigen Gegner gekämpft hatten, der uns aus Profitgründen hatte plattmachen wollen. Heute ist die Kaliproduktion wieder sehr lukrativ, auch aufgrund der Sanktionspolitik, durch die den großen Kaliproduzenten Belaruskali und Uralkali der Marktzugang verwehrt wird. Ein Unternehmen von der anderen Seite des Planeten hat das erkannt und will hier in Bischofferode nun die Bodenschätze ausbeuten. Die Gewinne werden wohl mitgenommen oder glaubt tatsächlich jemand, dass davon in unserer Region viel hängenbleibt?

Die Politiker behaupteten damals, niemand würde seine Arbeit verlieren. Das war Blabla. Sie versprechen viel, um die Leute ruhigzustellen, haben jedoch nicht die Macht, ihre Versprechen einzuhalten.

Nach der nächsten Wahl sind sie als Gesprächspartner zu ihren früheren Aussagen oft nicht mehr greifbar. Zum Schluss kommt meist wenig bis nichts dabei heraus. Wir Bischofferöder können ein Lied davon singen. Ich persönlich wollte nie die Entscheidung zwischen Heimat und Arbeit treffen. Darüber bin ich froh. Nichtsdestotrotz verödet meine Heimat seit der Schließung des Schachts. Sie wurde zum wahren Outback der Region: die Autobahn weit weg, die Bahnstrecke stillgelegt, keine große Stadt in der Nähe. Viele Freunde zogen in den Westen, gut bezahlten Arbeitsplätzen hinterher. Einige verfielen dem Alkohol, einige setzten ihrem Leben vorzeitig ein Ende. So mancher Bergmann baumelte in den Jahren nach 1989 an einem Baum. Mit Galgenhumor nannte man unseren Ort »Hängehausen«.

Heute bin ich froh, in einem Ort zu leben, in dem die Jugend sich noch an die Bräuche und Sitten ihrer Vorväter erinnert und sie pflegt. Doch das speziell bergmännische Brauchtum wird wohl nach ein paar Generationen geräuschlos in der Versenkung verschwinden.

Befehl von ganz oben - Ich hätte das Kalibergwerk gern weiterbetrieben, scheiterte aber am undurchdringlichen Filz aus Kalikartell West und CDU

Johannes Peine | Jahrgang 1944

Aufgewachsen in Scherfede (BRD), Lehre als Großhandels- und Speditionskaufmann, Firmeninhaber der DEUSA International GmbH.

Ich stamme aus einem kleinen Dorf mit 3.000 Einwohnern. Geboren wurde ich noch im Krieg. Mein Großvater betrieb einen Hoffmann'schen Ringofen zum Brennen von Kalk. Mein Vater bewirtschaftete 100 Morgen Land und zog parallel dazu einen Kohlenhandel auf, damals ein gängiges Geschäft. In unserem Dorf hatte man seine Kühe im Stall und brachte sich mit der Landwirtschaft vernünftig durch. Nach der Allgemeinschule besuchte ich eine Handelsschule, anschließend lernte ich Großhandels- und Speditionskaufmann. Anfang der 70er Jahre kam der Mineralölboom und ich stieg im großen Stil ins Mineralölgeschäft ein. Ich belieferte Händler im nordhessischen Raum, inklusive Kassel. Ich betrieb 140 Tank- und Silozüge, 40-Tonner-Laster. Dazu besaßen wir für Zementtransporte aus der Sowjetunion und Polen 500 eigene Waggons, drei Lokomotiven und ein 4000-Tonnen-Hochseeschiff. Im In- und Ausland eröffneten wir zwanzig Niederlassungen für Kalk- und Zementlieferungen.

Ich war umtriebig. Ab Ende der 70er Jahre fuhr ich in die DDR auf die Leipziger Messe und sah mich um. So lernte ich viele hiesige Wirtschaftsleute kennen. Mich interessierte Technik. Ich entdeckte die Kalkstreuer vom Landmaschinenbaukombinat »Fortschritt« in Güstrow und regte den Betriebsdirektor an, seine Kalkstreuer zu modernisieren, weil sie sich dadurch im Westen besser verkaufen ließen. Die Teile zur Modernisierung brachte ich kostenlos aus dem Westen mit, in Güstrow wurden sie eingebaut, wir erwarben die Maschinen und verkauften sie weiter nach Holland, in die Schweiz und innerhalb der BRD. Jedes Jahr kauften wir ungefähr 300 exzellente Kalkstreuer. Sie sind zum Teil heute noch im Einsatz.

Ich kam in Kontakt mit einem Betrieb in Aschersleben, der Walzen herstellte. Sie besaßen die Technik, um Bleche zu walzen, aus denen sich Silos bauen ließen. Wie ich wusste, gab es in Westeuropa einen großen Bedarf an Baustellensilos. Ich verhandelte mit dem Direktor, Herrn Zichos. Wir wurden uns einig, dass wir die Zeichnungen liefern und die Ascherslebener nach den Vorgaben die Silos bauen, die wir dann günstiger als die Konkurrenz im Westen anbieten konnten. Das lief holprig an, doch bald verkauften wir die Silos wie geschnitten Brot – jährlich rund 800 Stück.

Die Menschen, mit denen ich in der DDR zu tun hatte, waren wie ich. Ich hatte Vertrauen zu ihnen und sie zu mir. Mein Leitspruch war: Was ich sage, das tue ich auch. Darauf durfte man sich verlassen. Umgekehrt konnte ich mich auf meine Partner in der DDR verlassen. Ich war auf den Straßen der DDR zu Hause und erhielt bald ein Dauervisum. Das bekamen nur Leute, die verlässlich erschienen und seriös auftraten. Ich konnte mich im Osten absolut frei bewegen.

Die Gemeinschaft, die in den Betrieben gepflegt wurde, war großartig. Mitunter wurde ich zu rauschenden Festen eingeladen. Es wurden ergreifende Reden gehalten. Waren sie zu Ende, sorgten Kapelle und edle Getränke für gute Stimmung. Da ging die Post ab. Am nächsten Morgen standen alle wieder auf der Matte.

Anfang der 80er Jahre knüpfte ich Kontakte zu den drei größten Kalkwerken in Polen. Die hatten Kalk in einer Qualität, die es in der DDR nicht gab. Ich fuhr den Kalk per Waggon im Ganzzug – etwa 45 Waggons – von Polen nach Berlin-Steglitz oder Schwedt an der Oder. Dort wurden die Waggons entladen und per Lkw zum Kunden gebracht. Ich belieferte die Kalksandsteinwerke in Niederlehme und Zielitz für DDR-Mark im Kurs 1:5, den wir in der Staatsbank offiziell erhielten. Die Einnahmen tauschten wir dort offiziell in D-Mark um.

Anfang 1993 übernahm ich einen Kalibetrieb in Bleicherode und gründete am 23. Februar 1993 die DEUSA GmbH Bleicherode mit den Betrieben in Sollstedt, Bernterode und Angersdorf. DEUSA steht für Deutsche Solbergwerke- und Aufbereitungsanlagen. Ich entließ nicht einen Mitarbeiter. Die Deutsche Verkehrs-Kredit-Bank in Kassel war zu der Zeit auch Hausbank der damaligen Kali und Salz AG. Sie zwang mich, die DEUSA GmbH am 28. April 1994 zu verlassen. Die Geschäfte wurden von den damaligen Mitgeschäftsführern Klaus Lensch und Frank Walkhoff weitergeführt. Heute firmiert das Unternehmen unter DEUSA International GmbH. Ohne die Gründung der DEUSA GmbH durch mich wäre auch dieses Kaliunternehmen von der Treuhand damals vernichtet worden.

Im Zusammenhang mit Gesprächen und Bekanntschaften rund um die Betriebsübernahme in Bleicherode wurde ich auf Bischofferode aufmerksam. Zunächst hörten wir von den Abwässern, die neben schädlichen Substanzen auch hohe wertbestimmende Bestandteile enthielten. Es entstand die Idee, sie aufzubereiten. Wir errichteten eine Versuchsanlage, um auszuprobieren, wie das funktionieren kann. Die Bischofferöder Fabrikwässer fuhren wir zur DEUSA und entwickelten ein neues Produkt daraus: BISCHOFIT, ein Ur-Steinsalz, das per Wassereinfluss gelöst wurde. Die Pilotanlage funktionierte einwandfrei und sollte in eine Fabrik umgebaut werden. Ich hatte die gleichen Vorstellungen, wie jeder Bischofferöder: Wir wollten nach vorn kommen.

Im Sommer 1993 erfuhr ich, dass es im Kalibergwerk einen Hungerstreik gibt. Ich setzte mich für den Erhalt des Werkes ein und entschied, es zu übernehmen und zu investieren. So, wie ich groß geworden war, hatte ich Vertrauen, dass dies möglich sei. Die Gegend, aus der ich komme, war so katholisch und CDU-geprägt wie das Eichsfeld. Als Junge war ich Messdiener. Ging der Priester über die Straße, hatte man artig die Hand zu geben. Er war eine Autorität, dasselbe galt für den Schulrektor oder die Lehrer. Sie waren Respektspersonen, üblicherweise Mitglieder der CDU. Ich dachte, die wollen nur das Beste für die Menschen. Mir ging erst spät auf, was sie im Schilde führten. Sie hatten mich gründlich getäuscht. Nie hätte ich mir vorstellen können, was für Schweinereien CDU-Politiker mitmachten. Sie haben mich verraten.

Die CDU-Bundestagspräsidentin Prof. Dr. Rita Süßmuth war verantwortlich für das Eichsfeld und setzte sich – genau wie ich – für den Erhalt des Kalibergwerkes ein. Sie kannte mein komplettes Vorhaben und die in meinem Auftrag von einem Bergwerkassessor erstellte Studie zum Erhalt des Bergwerkes in Bischofferode. Eines Nachts um halb zwölf, ich lag schon im Bett, rief mich Prof. Rita Süßmuth an. Fast eine Stunde dauerte das Gespräch. Der entscheidende Satz lautete: »Befehl von ganz oben: Wir müssen gemeinsam umfallen.« Ich antwortete: »Frau Bundestagspräsidentin, das werden Sie bei mir niemals erleben. Ich habe 690 Leuten mein Wort gegeben.« Da ich hart blieb in meinem Entschluss, Bischofferode zu erhalten, informierte sie mich kühl: »Wenn Sie partout nicht wollen, werden Sie in Kürze Bankgespräche führen müssen.«

Zunächst dachte ich: In Ordnung, kein Problem. Ich unterhielt ein ungetrübtes Verhältnis zu meinen Banken und wurde stets zuvorkommend behandelt, denn meine Firma verfügte in der DDR, in Ost-Berlin und nahe der polnischen Grenze über 69.000 Kubikmeter Siloraum für die Zwischenlagerung von Kalk und Zement aus Polen und der Sowjetunion. Wir waren mit 400 Leuten und einem eigenen Labor am Markt. Der Gesamtumsatz belief sich, inklusive aller Niederlassungen, auf etwa 100 Million DM pro Jahr. Den angedrohten Bankgesprächen sah ich also zuversichtlich entgegen. Bald schon sollte ich jedoch erfahren, was »Befehl von oben« bedeutete. Von heute auf morgen zogen mir die Banken den Stecker und kündigten mir laufende und Kontokorrentkredite. Das bedeutete im Klartext: Ich konnte über kein Geld mehr verfügen und keinen Handel mehr betreiben.

Ich hatte zuvor einen Riesenfehler gemacht, indem ich selbstschuldnerische Bürgschaften unterschrieb. Das ist schlimmer als eine Insolvenz, weil die Banken sofort Zugriff auf mein gesamtes privates Vermögen hatten. Das Grundstück meiner Vorfahren, das einen Wert von rund 5,5 Millionen DM hatte, zog mir die Deutsche Bank unterm Hintern weg. Über Hedgefonds wurde es x-mal weiterverkauft. Immerhin gab es einen Banker, der mir half. Er hieß Rolf Lange. Er nahm meinen Sohn Christoph mit ins Boot, auf dessen

Kreativer Protest

Namen wir die Immobilie zurückkaufen konnten. Bis heute zahlen wir Schulden ab, konnten so aber im Haus bleiben. Die letzte Rate wird 2026 fällig. Erst dann wird uns wieder das gehören, was meine Eltern und mein Großvater einst aufgebaut haben. Die Wurzeln unseres Familienbetriebes lassen sich bis 1749 zurückverfolgen. Diese Tradition verpflichtet. Deswegen wollte ich das Haus unter keinen Umständen verlieren. Zum Glück gelang das.

Kürzlich erfuhr ich, dass auf dem Gelände der DEUSA in Benterode ein Schacht mit allen technischen Einrichtungen aus damaliger Zeit und fertig geteuft von der Südharz Kali genutzt werden soll. Das australische Unternehmen will das an Bischofferode angrenzende Vorkommen, welches meine Firma bereits in den 90er Jahren abbauen wollte, fördern. Meine Überlegungen waren demnach hundertprozentig richtig, die DEUSA zusammen mit dem Kaliwerk betreiben zu wollen.

Bischofferode und DEUSA wären heute das umweltfreundlichste und modernste Kalibergwerk der Welt. Leider begann unter Kanzler Helmut Kohl die Deindustrialisierung Deutschlands. Ich bin allerdings überzeugt davon, dass der Gestaltungswille im Osten wesentlich ausgeprägter ist als im Westen. Was die Produktivität anbelangt, wird der Osten den Westen spätestens 2030 überholt haben.

DIEDORF

Völlig von den Socken – Das Schicksal der ESDA-Strumpffabrik

Diedorf, bis in die 90er Jahre ein industriell geprägter Ort nahe der innerdeutschen Grenze, lebte jahrzehntelang im Takt der ESDA-Strumpffabrik. Über 2.000 Menschen arbeiteten hier. Ganze Generationen waren mit dem Betrieb verbunden. Die Produkte gingen in alle Welt. Nach der Wende aber erfolgte der Niedergang. Die Fabrik wurde abgewickelt, obwohl Nachfrage und Know-how vorhanden waren.

Mit dem Verlust der Arbeit ging mehr verloren als nur der Lohn: Das kulturelle, soziale und ökonomische Leben einer ganzen Region ging zugrunde. Lange wurde darüber geschwiegen. Erst die Erzählsalons öffneten einen Raum für kollektives Erinnern: würdevoll, nachdenklich und mit großer Freude.

Diedorf steht für viele kleine Orte, die im Wandel der Zeit übersehen wurden, obwohl ihre Geschichten viel zu erzählen haben: von Solidarität und Verlust, von Beharrlichkeit und stillem Widerstand.

Wir schufteten wie die Ochsen - Wir glaubten, dass es mit ESDA weitergeht, wenn wir nur noch aktueller, noch schneller werden

Maria Lange | Jahrgang 1954

Aufgewachsen in Diedorf, ab 1971 Lehre zur Textilfacharbeiterin, danach Studium zum Textilingenieurin, 1977 bis 1990 bei ESDA, 1993 bis 2004 bei der nachfolgenden ROGO Strumpfwerke GmbH, bis 2014 im Strumpf-Shop.

ESDA Diedorf war zu DDR-Zeiten der größte Kinderstumpfhosenhersteller Europas. Der Produktionsumfang lag zur Wendezeit bei circa 31 Millionen Strumpfwaren pro Jahr. Etwa 2.200 Beschäftigte arbeiteten bei ESDA Diedorf mit seinen Betriebsteilen in den umliegenden Ortschaften. Der Ort Diedorf hat nur etwa 1.200 Einwohner. Allein bei ESDA in Diedorf arbeiteten gut 600 Leute. So gab es kaum eine Familie ohne persönliche Bindung zum Betrieb. Wir gingen gemeinsam durch dick und dünn, erlebten schöne und schlechte Zeiten. Es gab Feiern und Freundschaften im Kollegenkreis. Manchmal beschimpfte man sich, wollte alles hinschmeißen und rannte fort. Doch wir rauften uns zusammen. Wir verlebten bei ESDA eine gute Zeit: kollegial, freundschaftlich, relativ sorgenfrei – ganz anders als heute.

Mein Vater war Landwirt in der LPG und meine Mutter selbstständige Schneiderin. Ich kam also nicht über die Familie in Berührung mit ESDA, sondern durch die Schule. In der Grundschule unternahm unsere Klasse eine Betriebsbesichtigung, das muss etwa 1963 gewesen sein. Meine Mitschüler und ich schauten uns sämtliche Produktionsschritte an, die es benötigt, um einen Strumpf herzustellen. In der Strickerei standen große Flachstrickmaschinen. Die Herrenstrümpfe, die damit hergestellt wurden, besaßen hinten eine Naht. Rundstrickmaschinen, wie sie heute genutzt werden, gab es noch nicht. Der höllisch laute Maschinensaal beeindruckte mich als Kind. Auch wenn es in anderen Abteilungen der Fertigung nicht so ohrenbetäubend laut war, konnte ich mir noch nicht vorstellen, später mal bei ESDA zu arbeiten.

ESDA war mir immer ein Begriff. Der Betrieb lag genau gegenüber der Schule. Ich bekam mit, wie sich das Firmengelände und die Produktionsgebäude im Laufe der Jahre vergrößerten. Wir Schüler besuchten Kultur- und Kinoveranstaltungen im ESDA-Kultursaal. Für uns Kinder auf dem Dorf war es etwas Besonderes, wenn was los war. Ein öffentliches Kino gab es nur in der nächsten Kreisstadt. Außerdem war es in den oberen Klassenstufen Teil des Schulunterrichts, alle zwei Wochen für mehrere Stunden bei ESDA in der Produktion zu sein, um das praktische Arbeiten kennenzulernen.

Nach dem Ende meiner Schulzeit stand die Lehre an. Hier auf dem Dorf gab es nur zwei Optionen: LPG oder ESDA. Ich entschied mich für die Strümpfe. Mir schwebte eine Bürotätigkeit vor, doch da ich keine persönlichen Beziehungen zu ESDA hatte, die diesen Weg befördert hätten, hieß es, ich könne im Betrieb den Beruf des Textilfacharbeiters lernen. Neben der Berufsschule verbrachte ich das erste Lehrhalbjahr in der Konfektion und nähte. Danach lernte ich die Strickerei kennen. Wer die Ausbildung zum Textilfacharbeiter absolvierte, konnte danach genau zwei Wege einschlagen: Entweder wurde man Stricker oder man wurde Näher in der Konfektion.

Ich entschied mich für die Strickerei. Nach anderthalb Jahren Lehre mit 65 DDR-Mark Lehrlingsgeld im Monat fing ich dort 1972 an, arbeitete in drei Schichten und bediente zwölf Maschinen. Ich strickte von kleinen Kinderkniestrümpfen bis hin zu Herrensocken in Größe 42 rund 700 Paar Strümpfe pro Tag. 1973 delegierte mich ESDA zum Ingenieurstudium nach Reichenbach. Meine Abschlussarbeit schrieb ich 1976 und saß danach bei ESDA im Büro. Damit hatte ich mein Ziel erreicht.

Man teilte mich der Abteilung WAO zu. Hier sollten wir den Produktionsarbeitern an den Maschinen auf die Hände schauen und im Monatstakt kontrollieren, wer die Norm erfüllt und wer nicht. Das war ganz und gar nicht mein Ding, weshalb ich 1977 in die Abteilung Technologie wechselte. Hier wurde ich Teil der Musterabteilung, die sich gerade im Aufbau befand. Untergebracht waren wir in einer alten Villa im Ortsteil Katharinenberg, wo wir Musterkollektionen herstellten. Teils entwarf die Muster ein Mustermeister, teils holten wir uns Anregungen aus Westkatalogen, die wir aufmerksam durchblätterten. Wir schauten, was aktuell war, und kopierten es. Wenn wir an Strümpfe westlicher Produktion herankamen, trennten wir sie säuberlich auf, untersuchten genau, welche Komponenten und Materialien verarbeitet worden waren, und konstruierten sie nach.

Jedes Jahr entwickelten wir zwei Kollektionen, die jeweils einen Umfang von etwa 200 verschiedenen Artikeln umfassten – eine für die Frühjahrs- und eine für die Herbstmesse in Leipzig. Alles, was dort vorgestellt wurde, war für das NSW bestimmt, wurde also in den Westen exportiert und dort verkauft. Für die DDR hingegen entwarfen wir keine eigenen Kollektionen. Das Geschäft auf dem Heimatmarkt lief parallel: Die DDR-Kollektion beinhaltete die Waren der Westkollektion und immer wiederkehrende Standardartikel.

1989 waren in der Musterabteilung 28 Personen (u.a. Musterentwickler, Maschinenentwickler, Ökonomen, Stricker, Konfektionäre und Endfertiger) beschäftigt. Unsere kleine Sonderabteilung hatte sich zu einer selbstständigen Strumpffertigung entwickelt, in der die Grundlagen für die gesamte Produktion des VEB ESDA Diedorf erarbeitet wurden. Meine Aufgabe war es unter anderem, für einen reibungslosen und termingerechten Produktionsablauf zu sorgen.

Dann kam die Wende und damit weitreichende Veränderungen. Unsere Abteilung zog aus der Villa aus und wurde mit verkleinerter Belegschaft in den Hauptbetrieb nach Diedorf verlegt. Wir schufteten wie die Ochsen. Wir glaubten, dass es mit ESDA weitergeht, wenn wir nur noch aktueller, noch schneller sind. Teils fingen wir nachts um 3 Uhr mit der Arbeit an, weil die Kollektionen pünktlich raus mussten. Die Kündigungswellen kamen trotzdem, von 1990 bis 1993 regelmäßig. Wer steht auf der Liste, wen trifft es dieses Mal?, war die Frage, die uns alle bewegte.

Junge Arbeiterinnen an einer Strumpfstrickmaschine in der ESDA

Ich hatte Glück und wurde auch 1993, beim letzten großen Kahlschlag, übernommen. Der neue Eigentümer hieß ROGO Strumpfwerke GmbH und unsere Musterabteilung bestand noch aus sieben Arbeitskollegen. Die ursprünglichen Musterkollektionen wurde massiv eingeschrumpft, da die Mitarbeiterzahl in der Produktion kündigungsbedingt abnahm. Die Geschäftsleitung des Betriebs lag bei ROGO in Oberlungwitz in Sachsen.

2004 war es so weit: Die Musterabteilung in Diedorf wurde endgültig aufgelöst. Mein Kollege Lothar und ich waren der klägliche Rest unserer Abteilung. Zur Alternative stand, die Kündigung anzunehmen oder in die Produktion zu wechseln. Wegen der schwierigen Situation auf dem ostdeutschen Arbeitsmarkt blieb für mich nur die zweite Option. Dort arbeitete ich in der Endfertigung und kümmerte mich um die Etikettierung und Verpackung der Strumpfwaren.

Die Mitarbeiterzahl schrumpfte weiter von etwa 70 Mitarbeitern bis auf 45. 2008 hatte man es geschafft: Schließung des Betriebs, der letzte Strumpf war gestrickt! Über 100 Jahre Strumpfproduktion in Diedorf wurden beerdigt.

Für mich war der Kontakt zu ESDA noch nicht beendet, denn nach der Schließung hatte ein ehemaliger Betriebsdirektor die Vision,

Maria Lange

mit einer kleinen Strumpfmanufaktur in den Räumen von ESDA die Strumpfherstellung wieder auferstehen zu lassen. Einen ersten Schritt tat er 2008 mit der Eröffnung eines Strumpf-Shops. Zwischenzeitlich waren bis zu drei Beschäftigte dort angestellt. Eine eigene Strumpfproduktion kam jedoch nicht zustande.

In dem Laden war ich bis 2014 als Verkäuferin tätig. Auch diese Arbeit bereitete mir Freude. Unsere Kunden kamen nicht nur aus Diedorf, sondern auch aus dem weiteren Umkreis. Viele unserer Waren stammten noch aus der ESDA- oder ROGO-Produktion und ESDA war immer noch ein Name in der Region. Aus verschiedenen Gründen blieb die Idee des früheren Betriebsdirektors jedoch nur eine Vision. 2014 musste auch der Strumpf-Shop seine Türen schließen. Damit war endgültig das Thema Strumpfwaren in Diedorf Geschichte. Ich war diejenige, die am 30. Dezember 2014 das Licht ausmachte und den Laden für immer abschloss. Aus heutiger Sicht muss ich sagen, dass ich bei ESDA meine schönste Zeit verlebt habe: Ich hatte keine Verantwortung zu tragen, hatte freundliche Kollegen und Spaß, wie das auf dem Dorf so ist. Es gab Dorftratsch auszutauschen, donnerstags gab es ein gemeinsames Frühstück mit Bockwurst, Brötchen und Eierlikör.

Trotz Gewinnen musste das ESDA schnellstmöglich weg - Die Treuhand bewertete den Betrieb neu und anerkannte die vorhandenen Werte nicht

Maria Weber | Jahrgang 1942

In Diedorf aufgewachsen, ab 1957 Lehre zur Industriekauffrau, von 1974 bis 1994 Bilanzbuchhalterin bei ESDA, ab 1995 u.a. im VHS Bildungswerk Mühlhausen, im Naturpark Fürstenhagen sowie in der Gemeinde Diedorf tätig.

Seit meiner Ausbildung arbeitete ich – abgesehen von kurzen Unterbrechungen nach der Geburt meiner Kinder – in der Finanzbuchhaltung. Was die Zahlen und sämtliche finanzielle Aktivitäten des ESDA anging, lag alles schwarz auf weiß auf meinem Schreibtisch. Als Bilanzbuchhalter kann ich bestens Auskunft darüber geben und ich sage es gleich vorweg: Das Kombinat hätte überleben können. Auch unser ESDA-Werk in Diedorf. Die Treuhand hätte uns nicht kaputtmachen dürfen. Die letzte Bilanz 1994 schloss ich im Plus ab, mit Gewinn. Bei der Treuhand allerdings interessierte das niemanden, denn längst war alles vorbereitet: Der Betrieb sollte zerschlagen werden, egal, wie die Zahlen ausfielen. Verhandlungen, selbst über einzelne Zweigwerke, nützten nichts.

Vor der Wende hatten wir keine Computer in der Buchhaltung, sondern benutzten eine simple Buchungsmaschine. Da wurde das Journal, in dem alle Einnahmen und Ausgaben chronologisch aufgeführt sind, eingespannt, die Konten davorgelegt und dann buchten wir händisch jeden einzelnen Posten. Für jeden Monatsabschluss addierten wir die Konten, berechneten danach die Positionen im Journal und prüften schließlich, ob alles übereinstimmt. Das tat es immer. Meine Buchhaltung stimmte stets auf Heller und Pfennig.

Nach der Wende bekamen wir Computer, aber keine Programme dafür. Mit der Technik kannte ich mich nicht aus. »Schickt mich in einen Westbetrieb«, verlangte ich, »ich will mir anschauen, wie die Buchführung per Computer funktioniert und ob ich das bei uns anwenden kann.« Gemeinsam mit unserer Abteilungsleiterin sowie Kollegen aus der Lohnbuchhaltung und Betriebsabrechnung fuhr ich in einen kleinen Betrieb, der ebenfalls Strümpfe produzierte. Unser Besuch war ernüchternd. Ich wollte alles ganz genau wissen, wollte erfahren, wie ich Warenwert, Transport und Verpackung einzeln verbuchen kann. Das tat im Westen aber niemand. Stattdessen wurden sämtliche Posten auf ein Konto geknallt. Die Damen in der Westbuchhaltung hatten ihre Programme, drückten ihre Tasten – und fertig war der Monatsabschluss. Eine Bilanz kam automatisch heraus und auf die Fragen, die ich stellte, wusste niemand eine Antwort. Schließlich installierten wir in Diedorf zusammen mit unserer Computerabteilung ein Programm ohne Westberatung. Wir bekamen die Einführung der neuen Technologie allein hin, im Grunde war es keine Schwierigkeit.

ESDA produzierte unter anderem Socken für die Bundeswehr, auch schon vor der Wende. Sie wurden klassisch gekettelt, es entstand also keine Naht. Die Maschen wurden sauber aneinandergehangen und zugenäht. Wir durften diese Socken aber nicht mit unseren eigenen Umbändern versehen, sondern bekamen die eines Westbetriebes. Von dem Auftraggeber erhielten wir kein Geld, sondern sogenannte Verrechnungseinheiten, mit denen wir Maschinen in Italien, England oder Japan erstehen konnten. Als der Zulieferbetrieb die Zustände bei uns vor Ort kennenlernen wollte, reisten circa 20 Leute im Bus an und staunten, wie modern wir bei ESDA ausgestattet waren. »Eure Maschinen sind besser als unsere«, hieß es. Warum wurde unser Betrieb später trotzdem kaputtgemacht?

Das ESDA-Grundvermögen, unsere Gebäude, mussten wir nach der Wende neu bewerten. Dafür reisten zwei Männer aus dem Westen an. Wahrscheinlich kamen sie von der Treuhand. Der eine war vorher schon mal da gewesen und informierte nun den anderen: »Bei Frau Weber braucht man gar nicht zu kontrollieren, da stimmt alles.« Er kam zu mir ins Büro, schaute sich an, welches Grundvermögen da

Maria Weber

war und wie wir es bewertet hatten. Er modifizierte die Bewertungen um Kleinigkeiten, und wir buchten entsprechend um, bis die Bilanzen stimmten. Das klappte prima.

Wir waren der Meinung, wir hätten endgültig die Umstellung auf die Westwirtschaft gemeistert: Die Buchführung stimmte, die Arbeit konnte weitergehen. Das war 1994. Nach der Umbewertung unserer Grundmittel schrieb ich noch einmal eine Bilanz. Wie immer stimmte alles.

Am nächsten Tag erhielt ich einen Brief. Darin steckte die Kündigung. Das war ein Riesenschock. Ich war stinksauer. Ich hatte mir alle Mühe gegeben, damit die Bilanzen stimmen – und dafür bekam ich nun die Kündigung?! Das konnte doch nicht wahr sein! Ich ärgerte mich unsäglich. Ich hatte alles richtig gemacht und trotzdem gaben mir diese Heinis die Kündigung. Es waren schon viele gekündigt worden, ich war in unserer Abteilung fast die Letzte und hatte deshalb geglaubt, dass ich bleiben kann.

Das war mein Ende. Die Treuhandleute aus Berlin machten alles kaputt. Sie sahen sich keine einzige Bilanz von uns an, sie wollten gar nicht wissen, wie wir dastanden. Wir hatten qualifizierte Arbeits-

Relikte des ROGO-Werkverkaufs (Foto 2023)

kräfte in Diedorf, auch das wurde nicht anerkannt. Ohne einen Blick in die Unterlagen zu werfen, fällten sie ihr Urteil: Das ESDA muss weg. Zusammen mit den gut laufenden Betrieben wurde die gesamte Verwaltung aufgelöst. Ich konnte und kann bis heute nicht verstehen, warum ein solider, gewinnbringender Betrieb dichtgemacht wurde. »Wir brauchen euch nicht mehr«, hieß es lapidar. Die schalteten uns so kaltschnäuzig ab, es war furchtbar. Wir hatten moderne Maschinen und hätten gut überleben können. Aber wir waren ja DDR und deshalb mussten die uns kaltmachen.

Nachdem ich entlassen worden war, überlegte ich: Was machst du jetzt? Ich musste zum Arbeitsamt und um Arbeit bitten. Ich bekam ABM-Stellen, drei hintereinander, die jeweils auf ein Jahr befristet waren. Bei der ersten Stelle war ich besser als die Buchhalterin, die sie hatten. Deshalb wollten sie mich am liebsten behalten – aber sie durften nicht, weil ich ABM war.

Die Unsicherheit war für mich eine Katastrophe. Genauso furchtbar war es für alle anderen, die entlassen wurden. Mit 60 ging ich schließlich in Rente.

Das ESDA war Familie - Für den Betrieb setzten wir uns nach Kräften ein, im Kollektiv wollten wir miteinander etwas erreichen

Heinrich Lange | Jahrgang 1951

Aufgewachsen in Diedorf, ab 1972 Lehre zum Textilfacharbeiter, bis 1976 Studium zum Ingenieur für Textiltechnik, ab 1975 in der Abteilung Beschaffung des ESDA.

Das ESDA war buchstäblich Familie: Mein Bruder hatte einen Posten in der Küche, mein Vater war Lagerarbeiter, meine Mutter Näherin in der Konfektion und meine Schwester Strickerin. So war das ESDA: Hier waren alle beisammen, man traf sich und schaffte gemeinsam. Wir liebten unsere Arbeit. Ich kam gern in den Betrieb.

1970 legte ich das Abitur ab und musste sofort anderthalb Jahre zur Armee. Lust zu studieren hatte ich danach keine. Ich spielte Fußball, was viel Zeit in Anspruch nahm. Deshalb ging ich lieber in die Produktion statt an die Universität und fing im ESDA an der Strickmaschine an. Nach einem Jahr allerdings kam einer der Leiter auf mich zu und fragte: »Du wirst doch mit Abitur nicht ewig an der Strickmaschine bleiben wollen?« Also wurde ich nach meinem Abschluss als Textilfacharbeiter mit Abitur 1973 zum Studium nach Reichenbach im Vogtland delegiert, zusammen mit meiner Kollegin Maria. Bereits während des Studiums wurden wir bestimmten Abteilungen im Betrieb zugeordnet, wussten also, wo wir später arbeiten würden. Im dritten Studienjahr waren wir abwechselnd drei Wochen praktisch im Betrieb tätig und eine Woche an der Uni. 1976 schloss ich als Ingenieur für Textiltechnik ab.

Von Mitte 1975 bis 1992 war ich allein für die Garnversorgung des ESDA zuständig. Gegen Ende der 80er Jahre stellten wir jährlich etwa 30 Millionen Strumpfwaren her: Kinder- und Damenstrumpfhosen,

Herrensocken, Kinderkniestrümpfe und -söckchen, Netzstrumpfhosen sowie Damen- und Herrenslips. Dafür wurden etwa 2.200 Tonnen Grundmaterial in verschiedenen Materialarten benötigt. Der größte Posten war das PAS-t (Polyamid texturiert). In der DDR war es als Dederon bekannt, im Westen als Nylon. Die anderen Materialarten wurden meist mit Polyamid kombiniert, weshalb wir verhältnismäßig viel davon benötigten.

Der zweitgrößte Posten war Acryl, ein Hochbauschgarn. In kleineren Mengen lieferten es DDR-Betriebe, den größten Teil erhielten wir aus Japan. Diese Zulieferungen kamen in Containern über Rostock, was den großen Nachteil hatte, dass wir Farbbestellungen teilweise fast ein halbes Jahr vorher aufgeben mussten. Zweimal im Jahr fand die Leipziger Messe statt, auf der sich entschied, welche Farben in der nächsten Saison gefragt waren. Da wir erst im Anschluss die Bestellung bei den japanischen Firmen aufgeben konnten, wurde es mitunter eng mit den Produktionszeitplänen. Es war nicht einfach, immer die richtigen Farben für unsere Produkte zu bestellen. Dass wir uns bei der Materialbeschaffung mit anderen Kombinatsbetrieben abstimmen und gegenseitig aushelfen konnten, half ein wenig. Aber eine langfristige Lösung war das nicht.

Bei der Wareneingangskontrolle führten wir Stichproben durch und stellten bei einer der Lieferungen fest, dass die Farben nicht stimmten. Proben des angelieferten Garns wurden mit Farbfächern aus einem Katalog verglichen. Dabei waren nur geringe Farbabweichungen zugelassen. Das Textilkontor Gera konnte uns nicht helfen und selbst im Außenhandelszentrum in Berlin kamen wir nicht weiter. Auf der Leipziger Messe sprachen wir schließlich direkt mit den Vertretern des japanischen Betriebes. Der Konzern stellte alles Mögliche her, von Garnen über Gartengeräte bis hin zu Autos. Der für Güterkontrolle zuständige TKO-Leiter und ich stellten während der Verhandlungen fest, dass die Japaner eine andere Prüfmethode anwandten als wir, um Farben zu vergleichen. Wir hatten gelernt, dass dies am Fenster im Nordlicht zu geschehen hatte, ohne dass die Sonne auf den Farbfächer schien. In Japan aber verglich man die Ware unter

Heinrich Lange

Neonlicht, sprich: unter den späteren Verkaufsbedingungen. Nachdem wir das geklärt hatten, bekamen wir von den Japanern einen Taschenrechner geschenkt. Zurück in Diedorf fragte uns der Produktionsdirektor als Erstes, ob wir auf der Messe Geschenke erhalten hätten. Wir erzählten vom Taschenrechner. »Den müsst ihr abgeben, der gehört dem Kombinat«, hieß es sofort. Gutgläubig, wie ich war, übergab ich ihn. Bald aber bekam ich mit, dass der Produktionsdirektor sich den Taschenrechner selbst unter den Nagel gerissen hatte …

Ungefähr 30 Prozent unserer Produktion, etwa zehn Millionen Strumpfwaren, landeten im NSW, vieles direkt in der Bundesrepublik. Dort war man vor allem auf Erzeugnisse aus Acryl scharf. Warum? Weil sie schnell kaputtgingen und der Kunde neu kaufte. Die gute Ware aus Baumwolle wollte der Westen gar nicht haben. Für uns hingegen war Baumwolle das beste Material auf dem Markt, der dritte wichtige Materialposten des ESDA. Wir bezogen die hochwertige Baumwolle aus dem Oberlausitzer Textilbetrieb Zittau.

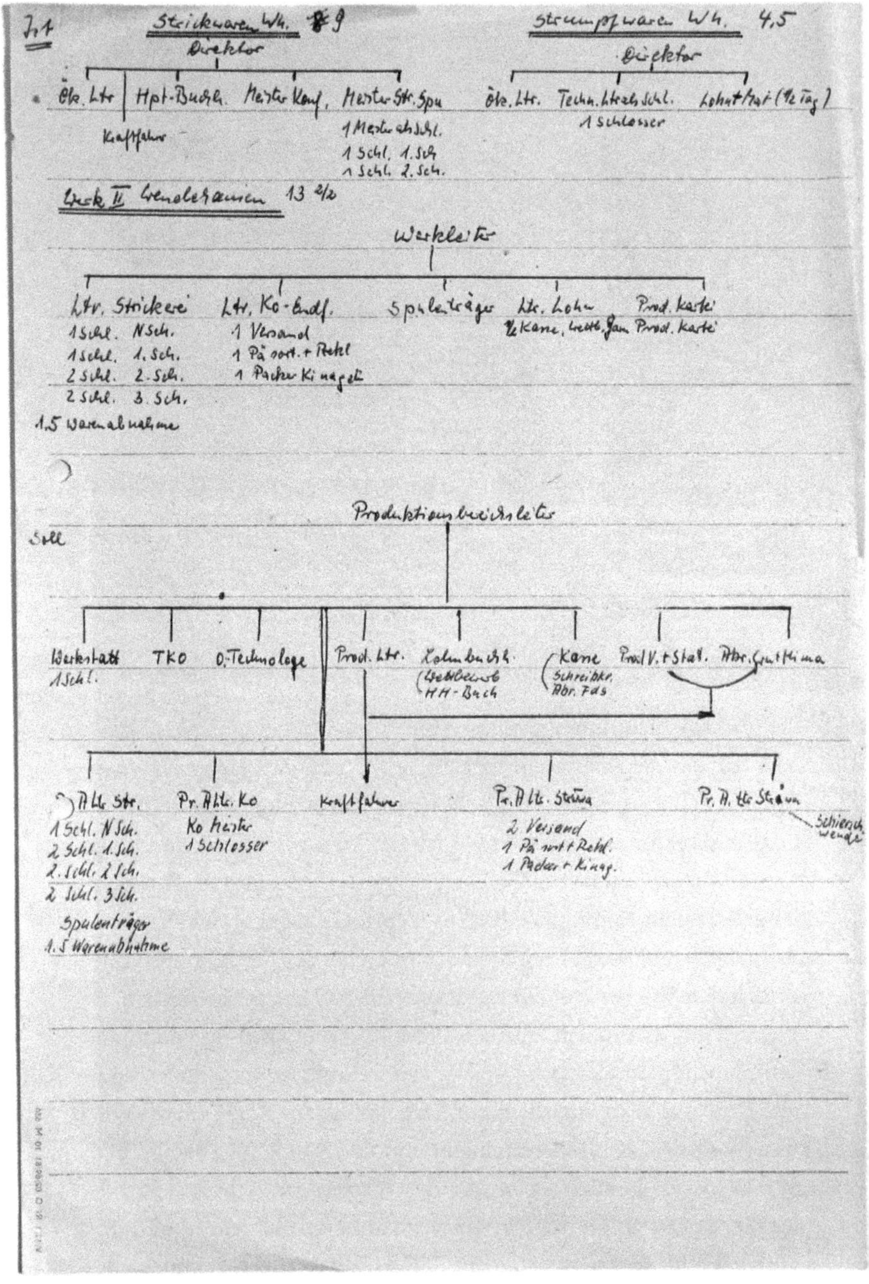

Organigramm zur Umstrukturierung der Betriebsführung (vor 1989)

Unser vierter Materialposten war Wolle aus den Buntgarnwerken Leipzig. Was daraus hergestellt wurde, ging überwiegend in den Export in die Sowjetunion. Die war ein pflegeleichter Abnehmer. Bei der Menge, die wir auslieferten, kam es nicht auf eine akkurate Farbabstimmung an. In Bezug auf die Planerfüllung war die gelieferte Menge an die Sowjetunion vorrangig, nicht so sehr die vereinbarte Farbsortierung. In der SU war man froh, wenn die vereinbarte Menge stimmte. Das erleichterte uns die Planerfüllung, selbst wenn die Versorgungslage angespannt war.

Die Versorgung mit Grundmaterial gestaltete sich von Jahr zu Jahr schwieriger. Im Zuge der Jahresplanungen gaben wir Zahlen ans Kombinat weiter, das wiederum entsprechende Kontingente festlegte, die die einzelnen Betriebe liefern sollten. Denen fehlten jedoch oft die Kapazitäten, sprich: das Material. Um das Problem zu lösen, sollten wir für Strumpfhosen oder Strumpfwaren jedes Jahr weniger Material einsetzen. Die Materialeinsparung sollte einerseits durch eine Optimierung der Produktion, also weniger Abfall, erreicht werden, andererseits sollten die Produkte leichter werden. Man sprach vom Einsatzgewicht. Ich fragte mich, ob wir irgendwann nur noch Füßlinge würden herstellen sollen. Um Schwankungen in der Materialversorgung kompensieren zu können, mussten wir 400 Tonnen Bestandsmaterial auf Lager haben. Darauf zugreifen zu können, sicherte eine durchgängige Produktion.

Als die Wende kam, war das alles plötzlich hinfällig. Die Bestände wurden von einer holländischen Firma zum Spottpreis aufgekauft. Sie ließ alles in Container laden. Man erzählte uns, das Material gehe nach Afrika. Dort sollte billiger weiterproduziert werden. Das darf man gar keinem erzählen. Leider war es aber so.

Ich begriff: Irgendwann ist Schluss bei ESDA, dann hängste in der Luft. Also ging ich, bevor der Betrieb geschlossen wurde. Der größte Verlust waren die Kollegen, die aus dem eigenen Betrieb und die aus anderen. Mit den Materialwirtschaftlern in den anderen Betrieben hatten wir ein sehr gutes Verhältnis, etwa mit denen aus der Baumwollspinnerei Leinefelde. Man half sich, wenn es Probleme gab. Wir fanden immer einen Weg. Und Probleme hatten wir wirklich genug.

Das Miteinander innerhalb der DDR-Textilbranche war nicht zu verbessern. Die Menschen waren miteinander verbunden. Es gab Kollektive und Brigaden, man besuchte gemeinsam Veranstaltungen. So wurde man einander vertraut und richtige Freundschaften entstanden. Weil keiner auf den anderen neidisch war. Heute gucken viele danach, was der andere besitzt, ob das Auto größer ist. Das hat bei uns damals keine Rolle gespielt.

Es war selbstverständlich, dass wir uns nach Kräften für den Betrieb einsetzten. Wir wollten miteinander etwas erreichen. Die Kollegialität untereinander war großartig. Deshalb bereitete uns die Arbeit auch so viel Spaß. Wenn man morgens mit Freude zur Arbeit geht, dann ist das schon Luxus. Die Zeit im ESDA prägte mein Leben. Ich will sie nicht missen. Da die meisten Menschen aus dem Dorf im Betrieb arbeiteten, war das Miteinander in allen Lebensbereichen, ob Arbeit, Sport oder Freizeit, viel enger als heute. Es war eine sehr schöne Zeit.

Nachdem ich das ESDA verlassen hatte, arbeitete ich als Baggerfahrer in einem Kiestagebau in Kalbsrieth im Kyffhäuserkreis. Es handelte sich um einen Familienbetrieb, den ich im Rahmen einer GbR gemeinsam mit meinem Schwiegervater führte. Heute leitet ihn mein Sohn.

Wir brauchen uns nicht zu schämen -»Ihr werdet plattgemacht. Das ist vorprogrammiert«, sagten uns westliche Vertreter

Wolfgang Germanus | Jahrgang 1950

Aufgewachsen in Schloßvippach, ab 1966 Lehre zum Elektromonteur und Kaufmann, danach Studium der Ökonomie, ab 1978 im VEB Mülana, von 1987 bis 1990 Leiter der Exportabteilung des ESDA, nach der Wende Berater im Verkauf bei Siemens, 1992 bis 2000 Prokurist bei Rofema in Heiligenstadt, von 2000 bis 2005 Koordinator der Evangelischen Heimstätte Kloster Zella.

Es mag absurd klingen, aber ich kam 1987 ins ESDA, weil meine Frau zu ihrem Onkel in den Westen reiste. Mein Betrieb VEB Mülana in Mühlhausen, der Damenstrickmode herstellte, die ich auch im Westen auf Messen verkaufte, fürchtete, dass meine Frau Betriebsgeheimnisse verrät. Deshalb wurde mir fristlos gekündigt. Der Buschfunk verbreitete die für DDR-Verhältnisse skandalöse Entscheidung schnell. Daraufhin kam der Kaderleiter des ESDA zu mir und sagte, ich könne sofort bei ihm anfangen. »Soll ich etwa den Hof kehren?«, fragte ich verwundert. »Nein, du wirst Abteilungsleiter Export«, gab er zurück. Ich verstand gar nichts mehr. Leiter des Exports war ich bei Mülana auch gewesen. Meine bestrafende Entlassung lief quasi ins Leere, weil ich kurz darauf die gleiche Stelle in Diedorf bekleidete.

Ich kannte die Obertrikotagen-Branche. Seit Jahren hatte ich mich auf den Binnenhandels- und Exportmessen getummelt. Nun tat ich es eben für das ESDA und verkaufte Strumpfwaren. Bis zur Wende leitete ich die Exportabteilung. Unsere Kunden kamen aus aller Welt. Ich hatte den Scheich von Jordanien am Tisch, seine Haupt- und Nebenfrauen im Schlepptau, und den kanadischen Großhändler Greenspoon, der gemeinsam mit seiner Frau nach Diedorf kam. Wir verschafften ihnen ein Zimmer im exklusiven Wartburg-Hotel in Eisenach, an das schwer heranzukommen war. Die Reservierung kostete mich ein paar Strumpfhosen – die waren immer eine gute Währung. Für Frau Greenspoon arrangierte ich sogar eine Führung auf der Wartburg. Trotz meines erbärmlichen Englischs war sie begeistert. Auch Holländer kamen nach Diedorf. Das waren kleine Stinkstiefel, die uns regelmäßig austricksen wollten. »Die Beine der Strumpfhosen sind zu lang«, hieß es da, doch ich antwortete gelassen: »Nun, wenn Sie sie langziehen, sind sie zu lang. Wenn Sie sie raffen, sind sie zu kurz. Legen Sie die Strümpfe doch einfach auf den Tisch und messen Sie.« Und plötzlich stimmte die Länge.

In Karl-Marx-Stadt gab es eine Außenhandelsorganisation, mit der wir uns absprechen mussten und denen wir alle Verträge vorzulegen hatten, bevor sie von den Partnern unterzeichnet wurden. Leider pfuschte uns Karl-Marx-Stadt zuweilen ins Handwerk. Man gab gern noch seinen Senf dazu oder bestimmte bereits ausgehandelte Preise neu.

Auf den Exportmessen in Leipzig fand der eigentliche Handel statt, auf den Binnenmessen wurde im Grunde nur noch vergeben, was übriggeblieben und an Herstellungskapazität noch nicht verplant war. Es wurde verteilt, nicht gehandelt. Reklamationen gab es kaum. Die Verträge, die wir in Leipzig oder bei uns im Haus abschlossen, wurden immer erfüllt, da gab es kein Pardon. Unsere Leute waren äußerst fleißig. Der Technische Leiter und der Produktionsleiter wurden zur Messe geschickt, um Verträge abzuschließen. Sie wussten genau um die Kapazitäten des ESDA. Sie hatte den Überblick, wie viele Strickmaschinen es gab und wie viel sie täglich, monatlich und jährlich produzieren konnten. In Leipzig waren sie stets dabei. Sie konnten genau einschätzen, was machbar war. Mehr Aufträge wurden eben nicht angenommen.

Für jeden Auftrag im Export wurde ein gewisser Überhang produziert, falls der Kunde etwas hätte nachbestellen wollen. War das nicht der Fall, kam die Ware in die sogenannten Industrieläden. Von einem Teil des im NSW erwirtschafteten Valuta-Geldes durften wir Maschinen oder Ersatzteile im Westen beschaffen, etwa spezielle Nadeln

Wolfgang Germanus

oder Verschleißteile, die in der DDR schlichtweg nicht zu bekommen waren. Unser Maschinenpark in Diedorf war in Schuss, wir besaßen gute Maschinen.

Ins Sozialistische Wirtschaftsgebiet ging überwiegend Massenware. Die wurde weniger streng kontrolliert als die Ware für den Westen. Die Holländer etwa kontrollierten jede Lieferung. Auch wenn sie bereits im Container verladen war, wollten sie plötzlich Karton Nummer XY inspizieren, der natürlich weit hinten stand. Erst dann wurde die gesamte Ware freigegeben und verzollt. Beim Beladen der Container war ohnehin häufig der Zoll dabei. Wenn unsere Männer unbeaufsichtigt beladen hatten, wurde hinterher gern ein Hund durch den Container gejagt, um auszuschließen, dass sich darin ein Versandarbeiter in den Westen absetzt.

Die letzten zwei, drei Jahre vor der Wende fing man auch in der DDR an, Markt- und Bedarfsforschung zu betreiben. Überall im Lande wurden Lehrgänge angeboten, auch in Sachsen, in der Nähe des Textilkombinats. Ich musste zu einem Lehrgang nach Finsterbergen

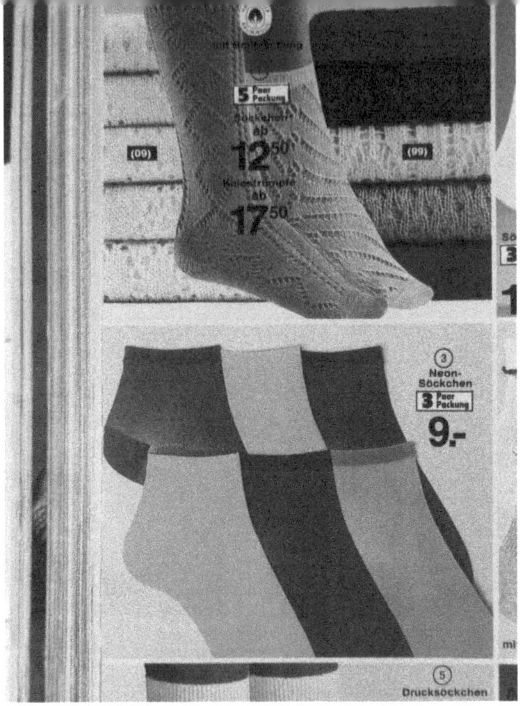

ESDA-Strümpfe in einem westdeutschen Werbekatalog

im Thüringer Wald, wo uns ein Herr vorgestellt wurde, der von der BRD in die DDR geflüchtet war und in einem großen Konzern tätig gewesen war. Er erzählte uns etwas über Marktwirtschaft. Im ESDA aber hatten wir im Grunde schon immer getan, was er uns nun vermittelte: Wir mausten Ideen von den Westlern und reagierten flexibel auf den Weltmarkt.

In der Planwirtschaft der DDR wurde oft nicht schnell genug auf die Markterfordernisse reagiert. Im ESDA waren wir zumindest teilweise schlauer. Unsere Westkunden verrieten uns ein paar Details, wenn es um Muster ging, um Größenabsprachen oder darum, welche Modefarben gerade im Kommen waren. Wenn Pink angesagt war, dann konnten wir natürlich nicht mehr nur blaue und schwarze Sachen produzieren. Die Kunden hatten eigene Vorstellungen und Wünsche. Einige kamen direkt in den Betrieb nach Diedorf und spezifizierten ihre Bestellung.

Ein wichtiger Informationsumschlagplatz waren die Leipziger Messen im Frühling und Herbst. Dort kam man an Westzeitschriften heran und konnte mit Einkäufern, Kollegen und Experten aus der

BRD reden. Wir fragten ab, was sie glaubten, wohin die Reise gehe und was der nächste Trend sei, und sprachen mit Kunden aus verschiedenen Ländern. In der ESDA-Forschungsabteilung in Katharinenberg hielt man stets die Augen offen. Auf der Messe bekamen wir vielfältige Anregungen und reagierten darauf, passten unsere Produktion entsprechend an. Bei den verschiedenen Anbietern konnte man sich vieles abschauen. Man musste das Ohr an der Masse haben, auch wenn es keine Garantien gab, dass sich ein bestimmter Trend durchsetzen würde. Heute gucken und morgen verkaufen – noch schneller geht es in der Branche dann doch nicht.

Die letzte Leipziger Exportmesse vor Auflösung der DDR fand im März 1990 statt. Der Haupteinkäufer der westdeutschen Firma Klawitter, einer unserer größten Abnehmer, lud uns zu diesem Anlass auf ein Glas Sekt ein. Er wollte sich bedanken und brachte einen Toast aus: »Sagen Sie Ihren Werktätigen, Sie hatten Spitzenprodukte! Wenn es die DDR nicht mehr gibt, dann muss ich zwangsläufig in Taiwan und Hongkong einkaufen. Da kriege ich Waren, die sind in einem halben Jahr kaputt.« Außerdem lobte der Mann unsere Liefertreue.

Wir brauchten uns wahrlich nicht zu schämen. Als ich später einmal die Ehre hatte, bei einer Weihnachtsfeier in Schloss Wiesentau mit einem Geschäftsführer von Siemens am Tisch zu sitzen, eröffnete er mir: »Sie hatten in der DDR eine Planwirtschaft, die haben wir auch. Wir müssen genauso nach Plan arbeiten, wir sagen es nur nicht.« In diesem Moment waren der Herr und ich wohlgemerkt noch vollkommen nüchtern.

Meiner Meinung nach hätte man die ostdeutschen Textilbetriebe nach der Wiedervereinigung nicht abschlachten dürfen. Wir mussten weg, weil wir unliebsame Konkurrenz waren. Als DDR-Betrieb war ESDA für die Westfirmen ein willkommener Billigproduzent gewesen. Nach der Wende hätte man uns hohe Gehälter zahlen müssen. Das war nicht mehr interessant.

Im Herbst 1990 gab es schon keine Messe mehr. Weitere Verräge wurden beim ESDA nicht abgeschlossen. Den Werksverkauf in Diedorf gab es noch, um die vollen Lager zu leeren. Viele Wessis tätigten Großeinkäufe bei uns. »Die Strumpfhosen sind spitze«, sagten sie, »vor allem die Kinderstrumpfhosen. Die gehen nicht kaputt und werden noch an jüngere Geschwister vererbt.«

Nach der Wende kam es uns zunächst so vor, als sei der Rasen im Westen grüner als bei uns. Die Oberflächen waren tatsächlich grauer im Osten. Im Grunde jedoch stand die DDR nicht schlecht da. Anfang 1990 gab es ein Treffen von Helmut Kohl und Hans Modrow, der dem Kanzler die wahren Bilanzen zeigte. Kohl erschrak mächtig, weil sie gar nicht schlecht waren. Davon hört man offiziell jedoch nie etwas. Der Osten subventionierte nach dem Mauerfall gewissermaßen den Westen. Die BRD litt an einer Absatzkrise. Die Firmen wurden nichts mehr los und waren froh, dass sich im Osten ein neuer Absatzmarkt auftat. Viele Westfirmen stießen sich auf diese Weise gesund. Als Dank sind alle Universitäten und Ausbildungszentren heute mit Leuten aus dem Westen besetzt. Die dritte Garnitur von damals.

Auf der letzten Leipziger Messe im Frühjahr 1990 hatte ich bereits gespürt, dass es nicht gut aussah für die Textilbranche. Man hörte schon von der Gründung einer Treuhandanstalt und munkelte, dass sie alles kaputtmachen würde. Die Vertreter aus dem westlichen Ausland prophezeiten uns: »Ihr werdet plattgemacht. Das ist vorprogrammiert.« Das zu hören, war ein Schock. Plötzlich mussten wir davon ausgehen, arbeitslos zu werden. Arbeitslosigkeit hatte es in der DDR de facto nicht gegeben. Niemals hatten wir damit gerechnet, arbeitslos zu werden – zumal der Betrieb gut lief. Ich hatte eine Familie zu ernähren und bekam Existenzangst. Ich fragte mich: Was machst du jetzt? Als gelernter Elektromonteur, Kaufmann und studierter Ökonom schaute ich mich intensiv nach einer neuen Arbeit um und bewarb mich bei Bosch. Zwei Wochen später erhielt ich einen Brief von Siemens. Sie luden mich zum Personalgespräch ins Verkaufsbüro nach Nürnberg ein. Das war Ende 1990.

Gemeinsam mit meiner Frau und meinem Sohn fuhr ich nach Nürnberg, wo sich die beiden erst gar nicht in das zwölfgeschossige Siemens-Gebäude trauten. Beim Bewerbungsgespräch musste ich schriftlich 80 Fragen beantworten: die eine Hälfte zur Elektrotechnik, die andere zum Handel. Als ich fertig war, wurden wir für zwei Stunden auf den Christkindlmarkt geschickt. In dieser Zeit sollte die Entscheidung fallen. Als ich wieder im Büro eintraf, fragte der Abteilungsleiter nur: »Wann können Sie anfangen?« »Wenn Sie mir Unterwäsche beschaffen, könnte ich gleich hierbleiben«, gab ich zurück.

Ich fing am darauffolgenden Montag bei Siemens an und pendelte zunächst ein Vierteljahr nach Nürnberg. Montags checkte ich ins Hotel ein, freitags fuhr ich heim. Nach der Einarbeitung wurde ich als Berater des Verkaufsbüros Nürnberg tätig, später für das Verkaufsbüro in Leipzig, das für Sachsen-Anhalt und Teile Thüringens zuständig war. Nach einem knappen Jahr wünschten meine Vorgesetzten, dass ich und meine Familie nach München ziehen. Sie gaben mir ein halbes Jahr Bedenkzeit. Doch ich wollte in der Heimat bleiben. Mein Sohn war acht Jahre alt und wir wollten ihm keinen Schulwechsel zumuten. Meine Frau hatte in einem Pflegeheim eine leitende Funktion inne, die sie nicht aufgeben wollte. Deshalb unterschrieb ich einen Aufhebungsvertrag und begann als Prokurist in der Firma Bauelemente Rofema Heiligenstadt. Meine Frau übernahm 2000 die Geschäftsführung des Pflegeheims im Kloster Zella und bat mich, sie bei der Sanierung des Heims zu unterstützen. So wurde ich Koordinator in der Evangelischen Heimstätte und blieb dort bis zum Rentenalter.

Ich war vollkommen blauäugig - Damit die Betriebskantine nach der Wende nicht geschlossen wird, übernahm ich sie selbständig

Lothar Lange | Jahrgang 1950

Aufgewachsen in Diedorf, ab 1965 Lehre als Fleischer und Koch, 1974 zunächst Küchenfleischer, von 1975 bis 1996 Küchenchef des ESDA in Diedorf, ab 1990 selbstständig.

Ich bin gelernter Fleischer und Koch und war 22 Jahre lang Küchenchef im ESDA Diedorf. Als ich am 1. November 1974 im Betrieb anfing, war ich 24 Jahre alt. Außer mir arbeiteten in der Küche drei Frauen, die alle über 60 waren. Obwohl das ESDA seit den 60er Jahren eine hochmoderne Küche besaß, kochten meine Kolleginnen jeden Tag an einem Kohleherd. Es war unmöglich, sie davon abzubringen. Sie saßen schon früh im Keller, schälten 20 Eimer Kartoffeln, aßen ihre Butterbrötchen und sangen »Ännchen von Tharau«. So begann ihr Tag. Um 10 Uhr füllten sie die Kessel und ab 11 gab es Mittag.

Die erste große Aufgabe, die ich als junger Küchenchef zu bewältigen hatte, war eine Betriebsfeier. Noch trauten mir die Kollegen nicht viel zu. Ich überlegte, was ich den Werktätigen zu diesem Anlass anbieten könnte, und dachte mir etwas Besonderes aus: ein Buffet. So etwas kannten die Leute in Diedorf nicht und es wurde der große Hit. Das brachte mir in der Küche einige Anerkennung ein.

In meinen Anfangsjahren galt es, täglich ungefähr 300 Mittagsessen zu kochen. Als bald Direktoren aus Mühlhausen und viele Städter zur Belegschaft dazukamen, die weit anreisten, musste eine Frühstücksversorgung aufgebaut werden. Das war nicht einfach auf dem Dorf. In Diedorf schlachtete man jährlich noch 300 Schweine, die Leute versorgten sich selbst und hatten jeden Tag geschmierte Brote dabei. Sie legten anfangs keinen Wert auf unser Frühstück. Dabei waren die

Preise legendär günstig: Ein Butterbrötchen kostete 20 Pfennig, eins mit Leberwurst 25, ein Wurstbrötchen 30. Eine Bockwurst kam 80, eine Tasse Kaffee 40 und ein ganzes Mittagessen 80 Pfennig. Für gut 2,60 DDR-Mark am Tag war man komplett versorgt und ging satt nach Hause.

Auf dem ESDA-Gelände gab es einen Feiersaal, in dem rund 100 Personen Platz fanden. Zwischen Küche und Speisesaal befanden sich drei Schalter: An dem einen verkauften wir zum Frühstück die geschmierten und belegten Brötchen, Getränke und Kaffee sowie Essensmarken für jeweils fünf Tage, an dem zweiten war die Essensausgabe zum Mittag und am dritten wurde das benutzte Geschirr zurückgegeben. Wer seine Essenmarken einmal nicht aufbrauchte, bekam sein Geld zurück oder konnte sie verrechnen lassen.

Eine Spülmaschine besaßen wir nicht, stattdessen wusch meine Kollegin mit ihren 66 Jahren jeden Tag über 300 Teller, Gläser und Kaffeetassen per Hand ab. Das kann man sich heute kaum noch vorstellen. Trotzdem war sie immer gut gelaunt.

Die gesamte Versorgung unter einen Hut zu bringen, war eine Herausforderung. Unsere Werktätigen aßen während ihrer Schichten, was im Tagesverlauf unterschiedliche Bedürfnisse bedeutete, je nachdem, wann ihre Schicht begann. Auch die Kinder in der Schulspeisung sollten pünktlich versorgt werden. Die Schule befand sich direkt gegenüber dem ESDA-Gelände auf der anderen Straßenseite. Die ersten Schüler saßen um 11 Uhr im Festsaal an den Tischen und sorgten für einen immensen Lärmpegel. Halb 12 kamen die Stricker und Schichtarbeiter, um 12 die Leute aus der Produktion und eine halbe Stunde später die Kollegen aus den Büros. Regelmäßig kamen ausländische Gäste dazu, etwa sowjetische Delegationen, die den Betrieb besichtigten oder Vorträge im ESDA besuchten.

Die Versorgung aller sollte gesichert sein, dafür bezahlte der Betrieb freigiebig die nötige Ausstattung. Wenn etwas fehlte, bekamen wir schnell Nachschub. 1978 wurde die Küche umfassend renoviert und modernisiert. Wir erhielten automatische Kaffeemaschinen – das war kein Standard. Die Versorgung im ESDA war vorzüglich, wir be-

Lothar Lange

trieben die beste Küche weit und breit. Pro Woche verarbeiteten wir 150 bis 200 Kilogramm Kartoffeln, verkauften täglich rund 300 Brötchen, 60 Bockwürste und 150 Tassen Kaffee. Teils war es schwer, an genügend Ware zu kommen. Die Lieferungen stimmten manchmal nicht mit den Bestellungen überein. Da kamen Gurken statt Blumenkohl oder Blutwurst statt Kotelett.

Unser Werk lief im Dreischichtbetrieb. Die Nachtschicht genoss gewisse Vorrechte. Sie erhielten eine Extraversorgung, manchmal Südfrüchte wie Bananen, und der nächtliche Kaffee war für sie gratis. Ab Mitte der 80er Jahre mussten wir sogar nachts kochen, jeweils zwei Personen schoben in der Küche fortan Nachtschicht. Das warme Essen war für die Nachtschichtbelegschaft ebenfalls gratis. Die Küche war pro Schicht mit zwei Leuten besetzt. Als Küchenchef war ich zwar nicht immer anwesend, stand aber für dringende Fragen zur Verfügung.

Etwa 100 Mittagessen lieferten wir nach Wendehausen, 50 Essen an die Firma Montag, die zum ESDA gehörte, und 30 Essen an eine Kistenfabrik. Die kleineren Betriebe besaßen keine eigene Küche und keinen Speisesaal wie das ESDA, trotzdem musste es dort Mittagessen für die Belegschaft geben. Der ESDA-Fuhrpark transportierte die dampfenden Essenkübel. Auch für die Verteilung der Mahlzeit waren unsere Leute zuständig.

Als eine unserer Kolleginnen aus unserem Gebäude zur Firma Montag versetzt und dort Abteilungsleiterin wurde, forderte sie: »Ich will meine Brötchen genauso wie vorne bei ESDA!« Fortan bekamen wir jeden Morgen einen Anruf aus ihrer Abteilung mit der Bestellung von zwölf oder 15 Brötchen, die wir zu ihr rüberbrachten. Unter der Überschrift »Mit Wilma kamen die Brötchen« erschien sogar ein Bericht mit Foto in der Zeitung »Das Volk«.

Die Küchenabfälle und die Reste aus der Essensversorgung gaben wir an einen Bauern ab, der uns dafür alle zwei Jahre ein Schwein liefern musste. Es war nicht immer das fetteste, aber es reichte, um für die Rentner der Volkssolidarität eine Weihnachtsfeier auszurichten. Wir konnten Rostbratwürste, Leberwurst, Sülze oder Wellfleisch anbieten. Mein Vater war Chef der Volkssolidarität Diedorf, er war auf die Idee gekommen.

Ich hatte Glück, dass unser Direktor gern aß. Deswegen nahm er mich zur Leipziger Frühjahrs- und Herbstmesse mit. In neuneinhalb Jahren war ich 19-mal dabei. An einem Rosenmontag erfuhr ich von meinem ersten Einsatz. Ich hatte Urlaub und saß gerade beim Frühschoppen in der örtlichen Gaststätte. »Lothar, du sollst bis 14 Uhr vorn beim Direktor sein«, ließ mich der Wirt wissen. Dass man zum Direktor zitiert wurde, hieß normalerweise nichts Gutes. »Nächste Woche fährst du mit mir nach Leipzig«, verfügte dieser, als ich vor ihm stand. »Du übernimmst die Küche vor Ort.«

Ich war ziemlich stolz, dass er mich ausgewählt hatte. Zur Messe durfte ich alles aus der ESDA-Küche mitnehmen, was ich für die fünf Tage in Leipzig brauchte: Wurst, Schinken, sogar Champignonleberwurst von der PGH Fleischer in Mühlhausen. So etwas gab es in Leipzig nicht. Unser Messestand war ungemein beliebt. Ich hatte stets ein paar Hundert Strumpfhosen dabei, um Tauschgeschäfte zu machen. Ich war bereits eine Woche früher vor Ort, um all die Waren zu besorgen, die ich brauchen würde. Ging ich im Ringmessehaus in den Keller, wo sich das Lager befand, musste ich nur ein paar Strumpfhosen rüberreichen und schon erhielt ich alles, was ich brauchte. Bezahlen musste ich allerdings trotzdem.

Der Speisesaal - genutzt als Kantine und für Betriebsfeste

Am 1. September 1990 machte ich mich selbstständig. Ich hatte nicht lange überlegt und verschwendete keinen Gedanken an eine drohende Arbeitslosigkeit. Ich glaubte, dass das Schulessen weitergeht, doch das war naiv. Wir hatten keine Ahnung, wie sich alles entwickeln würde. Ich übernahm die ESDA-Küche in Eigenregie, um zu verhindern, dass die Küche geschlossen wird. Die 15 Küchenfrauen wurden entlassen. Die Mitarbeiter sollten nun kein Essen mehr für 80 Pfennig bekommen.

Ich war völlig blauäugig gewesen, wie sich herausstellte. Denn langsam, aber sicher ging es bergab. Als die großen Kündigungswellen kamen, drehte jeder, der noch beschäftigt war, den Pfennig zweimal um. Die Leute hielten das Geld zusammen, denn keiner wusste, wann ihn die Kündigung trifft. Ich hatte zwei Kinder – und schlaflose Nächte.

Ich bot ein Schnitzel und das Mittagessen für 3 DM an. Die Leute kamen trotzdem nicht. Für das Schulessen hatten die Kinder in der DDR nur 55 Pfennig bezahlen müssen, nun kostete es 1,80 DM. Das war für viele Familien zu teuer. Auch die Mitarbeiter kamen seltener zur Essensausgabe. Die Menge der bestellten Portionen belief sich höchstens noch auf ein Viertel im Vergleich zu früher. Es aßen keine 50 Beschäftigten mehr mit. Schließlich ging es bis auf 10 runter. Vom Schulessen allein konnte ich nicht leben. So verkaufte ich am Wochenende in der Dorfdisko Hotdogs und Pommes und betreute den Getränkeausschank. Davon lebte ich. Meine Frau konnte nicht arbeiten gehen, denn sie pflegte zu Hause ihre kranke Mutter. Ihre Eltern bekamen Rente, davon lebten auch wir. Das kann sich keiner vorstellen, was das bedeutete …

Ich hätte aufgeben müssen, wenn ich 1993 nicht den Zuschlag für die Belieferung der Krankenhauspsychiatrie in Mühlhausen bekommen hätte. Ich arbeitete fünf Jahre durch, auch am Wochenende. Da stattete ich Hochzeiten kulinarisch aus, die gingen morgens bis 4 Uhr. Um 5 begann ich, fürs Krankenhaus zu kochen. Um 11 musste das Essen fertig sein. Was das für ein Kampf war, das kann sich heute keiner mehr vorstellen. Aber ich habe es gern gemacht.

Von 1996 bis 2002 übernahm ich deswegen weiterhin als Selbstständiger die Kantine der Firma Bode im hessischen Wanfried, das nur 8 Kilometer von Diedorf entfernt liegt. Die Angestellten, die wir dort verköstigten, standen unter spürbar größerem Druck als die früher bei uns im ESDA. Sie kamen zum Frühstück, hatten ihre Zigaretten parat, tranken einen Kaffee und aßen manchmal schnell noch ein Brötchen. Exakt eine Viertelstunde blieb ihnen dafür. Im ESDA hatte niemand auf die Minute geschaut. Mich behandelte die Firma Bode fair.

Nebenbei baute ich einen Partyservice auf, der im Osten jedoch überhaupt nicht lief. Nur Kunden aus dem nahen Westdeutschland buchten mich. Im Osten hatten die Leute kein Geld für so etwas. Wenn es einen Geburtstag oder eine andere Feier gab, sorgten sie selbst für die Verpflegung. Ab der Jahrtausendwende änderte sich die Situation allmählich. Zusammen mit ein paar Schulen, die ich weiterhin mit Mittagessen belieferte, sicherte das mein geschäftliches Überleben. Von zu Hause aus betreibe ich meinen Partyservice immer noch, beliefere seit 2017 aber nur noch Freunde und Bekannte.

ILMENAU

Der Käufer hat niemals den Kaufpreis bezahlt – Das Henneberger Prozellanwerk

Ilmenau war nicht nur Standort einer renommierten Technischen Hochschule und einer bedeutenden Glasindustrie, sondern auch ein Zentrum der Porzellanproduktion. Das traditionsreiche Henneberg-Werk galt bei seiner Eröffnung 1973 als modernstes Porzellanwerk Europas – ein Aushängeschild der DDR, exportstark, mit einer Belegschaft, die ihre Arbeit als Teilhabe verstand, als »Zuhause im Werk«.

Nach der Wende geriet auch dieses Vorzeigeunternehmen ins Strudeln. Trotz hoher Produktqualität und stabiler Kundenbeziehungen wurde es von der Treuhand privatisiert. Damit begann eine nervenaufreibende Odyssee auf der Suche nach neuen Produkten und Märkten. In mehreren Entlassungswellen verloren viele Beschäftigte nicht nur ihre Arbeit, sondern auch ihre gewachsene Gemeinschaft als Porzelliner.

Die Erzählungen in diesem Kapitel berichten von Zusammenhalt und Stolz, aber auch von Unsicherheit, Ohnmacht und stillen Abschieden. Sie zeigen, wie eng Arbeit und gesellschaftlicher Zusammenhalt miteinander verknüpft waren.

Ein Porzelliner ist ein Teamworker – Genau das fehlte uns nach der Kündigung

Frank Kühnlenz | Jahrgang 1953

Aufgewachsen in Ilmenau-Unterpörlitz, ab 1968 Lehre als Fernmeldebaummonteur im Fernmeldeamt Ilmenau, ab 1976 Facharbeiterausbildung zum Keramformer, von 1976 bis 2003 bei Henneberg.

Der neue Betrieb lief schon seit drei Jahren, als ich als 23-Jähriger im Januar 1976 im Werk begann. Zuvor hatte ich als Fernmeldebaumonteur beim Fernmeldeamt gearbeitet, wo man nicht allzu viel verdiente, nur um die 450 Mark. Ich hörte, dass sie bei Henneberg neu aufmachen, und beschloss, dort anzufangen. Als ich meine Kündigung im Fernmeldewerk einreichte, schlugen alle die Hände über dem Kopf zusammen: »Bist du verrückt? Da musst du in Schichten arbeiten. Hier hast du es doch viel besser.« Die Arbeit als Fernmeldebaummonteur machte ich wirklich gern, aber mit der Bezahlung wurde zu sehr geknausert. Schon Mitte Februar verdiente ich bei Henneberg, den Schichtzuschlag eingerechnet, fast das Doppelte, obwohl ich von Tuten und Blasen noch keine Ahnung hatte. Doch ich wusste: Porzellan ist weiß. Den Rest musste ich noch lernen.

Weil ich noch ahnungslos war, bekam ich gleich zu Beginn eine besondere Aufgabe: Ich musste bei verglühten Salz- und Pfefferstreuern von Hand die Löcher ausbohren, denn nach dem Gießen und Trocknen hatte man das Ausstechen vergessen – ein Wunder, dass die Streuer in der Produktionskette überhaupt so weit gekommen waren. An dieser Aufgabe saß ich 14 Tage lang und kam dabei schon ins Grübeln, ob es die richtige Entscheidung gewesen war, hier anzufangen.

Mein erster Schichtleiter in der C-Schicht war Manfred Gräve, der mich an der Plattenlinie einteilte. Hier bekam ich die Order, an einer halbautomatischen Maschine mittels einer Gipsform als Träger Platten mit einem Durchmesser von 26 bis 32 Zentimeter zu drehen – je nach Sortiment. Die Drehformen aus Gips mit aufgelegtem Masseblatt wurden während des gesamten Überformvorgangs durch Vakuum in der Drehspindel gehalten. Ein sich automatisch absenkender, beheizter Rollerkopf mit einer Temperatur von 100 Grad Celsius formte die Rückseite der Platte. Die Maschine gab dabei den Arbeitstakt vor, der jedoch einstellbar war.

Zu Beginn meiner Arbeit machte ich Fehler und meine Kollegen lachten sich ins Fäustchen. Schließlich erbarmte sich die junge Frau, die meine gedrehten Platten abrändern musste, weil sie alle gerissen bei ihr ankamen. »Das liegt bestimmt am durchgefahrenen Abschneider«, sagte sie fachmännisch. »Der hat ja einen richtigen Haken. Da kannst du deine Klamotten dran aufhängen oder dir damit ne Flasche aufmachen.« Ich war ratlos, was nun zu tun ist. »Du hast hier neue liegen, spann die doch ein«, riet sie mir. Gesagt, getan. Mit dem neuen Abschneider lief es rund.

Es war trotzdem nicht unkompliziert. Der Abschneider musste in einem ganz bestimmten Winkel stehen. Die Platten in der Maschine hatten zudem ein wenig Seitenschlag, da schnitt man auf der einen Seite etwas ab und schmierte auf der anderen, wenn man den Formling um 180 Grad drehte. Man musste mitteln, um dem beizukommen. Doch bis ich das richtig draufhatte, dauerte es eine Weile. Die Kollegen aber, die schon länger dabei waren, etwa mein Freund Reinhardt Steiner, drehten in einer Schicht sage und schreibe 1.400 Platten. Ich war froh, wenn ich 800 oder 900 schaffte. Später erreichte ich 1.100 bis 1.250 gedrehte Platten pro Schicht, wobei die Devise galt: Qualität geht vor Stückzahl.

Richtig angelernt wurde ich nicht. Ich musste mich selbst einfuchsen. Immerhin kam der Meister gelegentlich vorbei und schickte mir jemanden, der mir dies und das erklärte. Wenn etwas gar nicht funktionierte, ging ich zu einem Schrank, an dem man den Schalter »Technologe erforderlich« betätigen konnte. Auch einen Schlosser oder Elektriker konnte man anfordern. Doch die Schlosser hatten genug um die Ohren, kamen aber dennoch schnell und wetterten: »Ich bin doch kein Einrichter!« »Der Einrichter ist beschäftigt mit Umrüsten«, entschuldigte ich mich und dachte bei mir: So kann das nicht weitergehen. Ich schaute mir allerhand vom Einrichter ab, um diese Aufgabe selbst übernehmen zu können, und nach eineinhalb Jahren hatte ich alle nötigen Kniffe drauf und ersetzte den Einrichter. Wenn ich im Falle einer Havarie doch einmal den Rufschalter betätigen musste, war allen klar, dass das aus gutem Grund geschah.

Im Rahmen der Erwachsenenbildung qualifizierte ich mich ab Juni 1976 zwei Jahre lang zum Facharbeiter als Keramformer. Es ging dabei um die Feinkeramik in Theorie und Praxis: das Überformen und Einformen von Schüsseln und Terrinen sowie den Hohlguss von Kannen, Gießern, Krügen, Dosen. Sechs Wochen lang machte ich ein Praktikum in der Gießerei. Danach rutschte ich hoch in die Lohnstufe 5. Bei Henneberg wurde immer sehr gut und sehr zuverlässig bezahlt. Was mussten wir dagegen nach der Wende auf unsere Löhne warten, die außerdem ständig nachgeschliffen wurden – freilich nicht zu unseren Gunsten.

In der Produktion musste ich erstmal begreifen, dass eine ganze Kette von Fertigungen von mir abhängt: Viele Kollegen würden den Artikel, den ich drehte, weiterbearbeiten. Drehte man Ausschuss, drehten sie woanders Däumchen. »Hier kommt nur noch Mist aus dem Schrank raus. Was soll ich bitte damit machen?«, hieß es. »Wegschmeißen!«, ordnete der Meister an und die Zeit war vertan. Es dauerte mitunter zwei Stunden, bis der Lederharttrockner und der Weißtrockner wieder voll waren. In dieser Zeit mussten die Wartenden andere Aufgaben übernehmen. Daran sieht man: Ein Porzelliner ist ein Teamworker.

An die Arbeit in drei Schichten zu je acht Stunden gewöhnte ich mich bald. Am schlimmsten war die Nachtschicht. Um 3 Uhr kam die große Müdigkeit – da hing ich durch und die Leistung ließ nach. Gegen halb vier jedoch kam ein Hoch, sodass ich bis Schichtende die Norm schaffen konnte.

Wöchentlich wechselten wir mit unserem Team die Maschine: Mal drehte ich Schüsseln, mal Terrinen, mal Deckel. So ging es ein

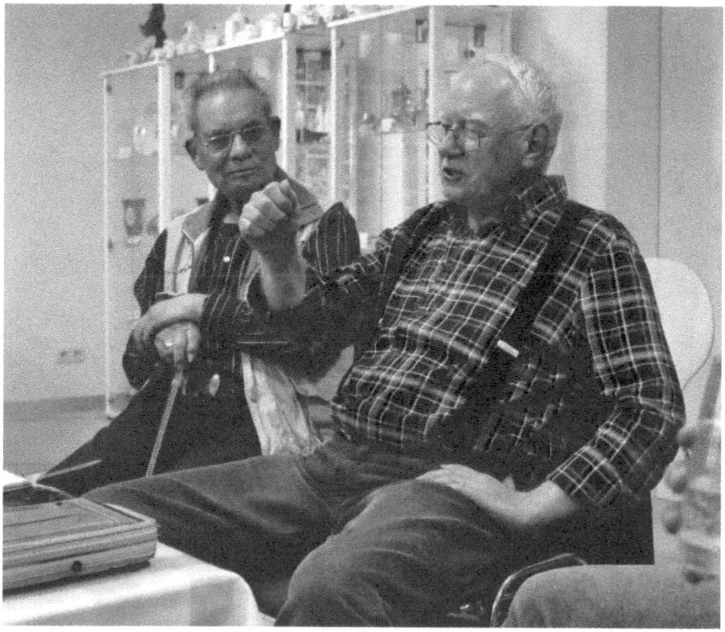

Frank Kühnlenz

paar Jahre, bis ich 1983 an die Becherlinie kam, wo wir mit Becherformen arbeiteten. Auch hier versuchte ich, mir alles selbst anzueignen, damit ich meine Maschinen umrüsten und einstellen und so auch den Einrichter vertreten konnte. An der Becherlinie wurde ich als Anlagenführer und Einrichter mit der Lohngruppe 6 entlohnt. Angefangen hatte ich im Januar 1976 mit der Lohngruppe 4. Die Erfahrungen der vergangenen Jahre kamen mir hier zugute und ich konnte weitgehend selbstständig arbeiten. Die Maschinen stellte ich nach den Vorgaben der Datenblätter, Zeichnungen und Qualitätsanforderungen selbst ein und führte auch kleinere Reparaturen eigenständig aus.

Unsere Essensversorgung im Ilmenauer Porzellanwerk war einwandfrei. Die Großküche befand sich im Extratrakt neben dem Haupteingang. Es gab einen großen Speisesaal und Kühlvitrinen mit belegten Brötchen, Kaffeeautomaten, Mineralwasser und Tee. An drei Essensausgaben hatte man die Auswahl zwischen dem Normalessen und zwei Wahlessen. In der Nachtschicht konnten wir um

High-Tech-Maschine im NPI

Bei der Essenausgabe in der Kantine

1 Uhr für eine halbe Stunde pausieren und wurden mit einer kostenlosen warmen Mahlzeit versorgt. In jede Schicht und jede Abteilung kam zudem ein Pausenwagen, der gut bestückt war mit allem, was man essen oder trinken wollte. Da konnten wir kurz unsere Maschinen anhalten und nach zehn Minuten ging es gut gestärkt weiter. Die NPI-Großküche war im Leistungsvergleich auf den vorderen Plätzen und belieferte auch andere Ilmenauer Betriebe.

Nach meiner Entlassung 1995 im Zuge der ersten Insolvenz von Henneberg-Porzellan wurde ich für eineinhalb Jahre in eine Auffanggesellschaft aufgenommen. Wir mussten nicht mehr benötigte Brennöfen abreißen und entsorgen – eine schwere und sehr staubige Arbeit, die wir ohne Atemmasken durchführten. Als mein ehemaliger Kollege Frank Löser krankheitsbedingt für lange Zeit ausfiel, holte man mich 1996 zurück in die Becherfertigung. Meine Aufgabe bestand darin, zwei Bechertaktstraßen als Anlagenfahrer und Einrichter zu bedienen, die Wartungsvorgabe eingeschlossen. Die beiden Maschinen standen etwa 15 Meter auseinander, an jeder arbeiteten drei Frauen. Je zwei von ihnen garnierten die Henkel an die verputzten Becher und stellten diese umgestülpt auf spezielle Unterlagen – Bomse –, damit diese sich nicht verzogen. Daraufhin trockneten sie im Weißtrockner bei 80 Grad Celsius. Nach einem Trockendurchlauf entnahm eine weitere Frau die Becher, kontrollierte sie und stellte sie auf Glühofenwagen.

Die Becherlinie der Firma Thuringia musste noch mechanisch eingestellt werden. Damit war ich vertraut. Die andere Becherlinie der Firma Lippert hingegen war voll computergesteuert. Beim Artikelwechsel musste ein Programm aus dem Speicher auf die Rollermaschine geladen werden. Die Einweisung hatte noch Frank Löser vorgenommen und ich fuchste mich schnell ein – schon aus Respekt vor dem Wert dieser 25 Meter langen Taktstraße: mehrere Hunderttausend Mark! Allein ein Servomotor dieser Taktstraße kostete 30.000 DM.

Mit dieser Anlage war es möglich, den Einformvorgang auf ein Hundertstelmillimeter genau einzustellen, ein Zehntelmillimeter reichte jedoch aus. Der Meister Hartmut Leeder ließ mir weitgehend freie Hand, ich war gewissermaßen mein eigener Chef und die Arbeit machte mir riesigen Spaß. Dabei sollte man aber keinesfalls die Leistung der Frauen an der Becherlinie vergessen – ohne ihr Können und ihre Fertigkeiten wäre kein qualitativer Produktionsablauf möglich gewesen. Wir arbeiteten von Montag bis Freitag im Zweischichtsystem: 5.30 bis 14 Uhr in der Früh- und 14 bis 22.30 Uhr in der Spätschicht. War die Auftragslage hoch, wurden am Samstag von 5.30 bis 12 Uhr Sonderschichten gearbeitet. Bei besonders großem Termindruck wurden auch Zwölfstundenschichten gefahren, jeweils 5.30 Uhr und 17.30 Uhr beginnend.

2003 verlangte die EU-Gelder in Höhe von etwa 200 Millionen Euro zurück, die wir angeblich zu Unrecht erhalten hatten. Damit war unser Schicksal besiegelt: Im Zuge dieser zweiten Insolvenz von Henneberg-Porzellan wurden wir schließlich alle entlassen.

Bis heute begreife ich nicht, warum gerade wir verloren haben – Wir waren im Vergleich nicht schlechter

Hartmut Leeder | Jahrgang 1950

Aufgewachsen in Königsee/Thüringen, 1967 bis 1970 Lehre zum Schlosser und Elektriker in Jena-Lobeda am Bau, ab 1973 Elektriker im Glaswerk in Haselbach, von 1974 bis 2002 bei Henneberg.

Anfang der 70er Jahre wohnten meine Frau und ich bei den Schwiegereltern in Haselbach auf dem Dachboden. Da war Streit vorprogrammiert, weshalb wir händeringend eine Wohnung suchten. Mein Vater erfuhr von einer Bekannten, dass es bei Henneberg Wohnungen gebe, und da hieß es für uns: Nichts wie hin!

Ruckzuck fanden wir uns in einer schicken Neubauwohnung am Henneberg wieder, und ich konnte im Mai 1974 im Porzellanwerk als Anlagenfahrer im Bereich Flachgeschirr beginnen. Schon zwei Jahre später wechselte ich als Lehrmeister in die Berufsschule. Rolf Gießler hatte mich angeworben. Leo Petschauer aus der Abteilung Flachgeschirr versuchte mich zwar zu halten und beteuerte: »Es läuft doch ganz gut hier«, doch ich blieb hart. In der Berufsschule bekam ich ausgerechnet den Bereich Gießerei zugeteilt. Von Porzellan hatte ich ja nach wie vor kaum Ahnung. Aber ich kämpfte mich durch und es machte Spaß.

»Willst du nicht den Lehrobermeister machen?«, fragte mich eines Tages ein Kollege und ich erwiderte: »Was soll ich da den ganzen Tag lang anfangen? Die sitzen doch nur in ihrer Baracke.« So kam es mir zumindest vor, schließlich bekam man die Lehrobermeister kaum zu Gesicht. Mit meinen Lehrlingen lief es so gut, das wollte ich ungern aufgeben für eine offenbar langweilige Tätigkeit. Ich lehnte also ab und ein anderer übernahm die Stelle. Als das nicht funktionierte,

Henneberger Porzellinerinnen in der Tassenherstellung

fragte man mich erneut. Ich sagte schließlich zu – und habe die Entscheidung nicht bereut.

Unsere 13 Lehrausbilder kümmerten sich pro Jahr im ganzen Betrieb um bis zu 130 Lehrlinge, die die verschiedenen Bereiche durchliefen. Das musste ich planen und organisieren. Langeweile kam dabei nicht auf: Es durfte keine Überschneidungen geben und es galt, unterschiedliche Kategorien zu berücksichtigen. Wir hatten beispielsweise Teilausbilder, die nicht unbedingt den Abschluss der achten Klasse hatten und nur eineinhalb Jahre im Betrieb lernten. Dann gab es die Keramformer mit Abschluss der achten Klasse, die zwei Jahre lernten, und die Keramtechniker, die die zehnte Klasse abgeschlossen hatten, drei Jahre lernten und somit etwas besser ausgebildet wurden. Dazu kamen die Kerammaler/Dekorierer, deren Ausbildung ebenfalls drei Jahre dauerte.

Wenn die Teilausbilder ausgelernt hatten, riss man sich in den Abteilungen um sie. Das waren oft sehr gute Arbeiter. Sie waren vielleicht in der Schule keine Leuchten gewesen, aber in der Praxis

Lehrausbilder Hartmut Leeder (2.v.l.) mit Kollegen

unschlagbar. Darunter fanden sich Leute, die man überall einsetzen konnte, und sie machten ihre Arbeit anstandslos. Deshalb waren sie sehr beliebt bei den Abteilungsleitern.

Nach der Wende wurden diese Berufe abgeschafft, weil es sie im Westen schlichtweg nicht gab: Teilausbilder und Keramfacharbeiter galten nicht als Ausbildungsberuf. Für den Weißbetrieb wurden keine neuen Lehrlinge eingestellt. Nur Porzellanmaler wurden nach 1990 weiterhin ausgebildet. Nachdem alle Lehrmeister entlassen worden waren, blieb ich zusammen mit Heidi Venier zurück. Sie führte die Ausbildung bis zum Abschluss weiter, ich übernahm die ABM-Leute, mit denen ich mich um den Abriss im Bereich Glattbrand sowie teilweise von Glühöfen im Außengelände kümmerte. Daraufhin wurde ich von 1991 bis 1993 Schichtleiter der Glasur- und Flachgeschirrfertigung.

Im Anschluss, es muss 1993 gewesen sein, wurden die drei, die ohnehin alles besser wussten, aus dem Westen angespült, um sich um den Umbau unseres Werkes nach westdeutschen Maßstäben zu kümmern. Die bestellten uns – dabei waren noch Eckhard Niemann und Christoff Straube – hoch zu sich ins Büro und sagten kurz und knapp: »Sie machen Fertigungsleiter, Sie machen die Planung und Sie machen die Technologie. Bis morgen früh sagen sie uns Bescheid.« Da saß ich nun mit verschränkten Armen einigermaßen baff und bekam zu hören: »So brauchen Sie sich gar nicht erst hierher zu setzen. Das ist Ablehnung und das können wir gar nicht gebrauchen.« Unser Technologe gab »aus Versehen« einem der drei Herren die Hand, woraufhin dessen Gesicht entglitt. Ich versuchte es gar nicht erst und der Mann aus dem Westen bestätigte mir: »Ist bei uns nicht üblich.«

Was hatten wir für eine Wahl? Ich machte also den Fertigungsleiter. Die Produktion lief gut, wir kannten alle, die meisten schon seit der Ausbildung, und sie vertrauten uns. Von oben bekamen wir die Anweisung, die Leute fortan mit »Sie« anzusprechen – die hätten sich totgelacht, hätten wir das ernsthaft versucht.

1998 kündigte ich in Ilmenau und arbeitete für zwei Jahre in Gehren als Produktionsleiter in der Glasveredelung. Dorthin winkten mich die Lust auf etwas Neues, mehr Geld, ein Dienstwagen und nicht zuletzt die freie Hand bei Entscheidungen. Zu DDR-Zeiten hatten wir in Ilmenau schon immer Glas für Gehren gebrannt, wenn deren Ofen mal wieder kaputt war. 2000 gingen sie pleite – einer der vielen Konkurse, die ich miterlebt, aber hoffentlich nicht verursacht habe.

Daraufhin fragte mich die Watzdorfer Brauerei, für die wir im NPI auch Gläser hergestellt hatten, ob ich nicht als deren Verkäufer arbeiten wolle. Ich willigte ein, zumindest auszuhelfen. Zu einer Biermesse schenkte ich also in Watzdorf kostenloses Bier aus. Der Andrang war immens: Vor mir standen 20 Gläser voller Schaum und 30 Mann mit großem Durst. Nach diesem aufregenden Abend rief mich der Geschäftsführer Frowein an und fragte: »Herr Leeder, was machen Sie denn? Ich hab gehört, Sie schenken Bier aus?« »Ja, ich bin arbeitslos, die Firma ist pleite gegangen«, antwortete ich. »Haben Sie Zeit? Können Sie heute Abend noch zu mir kommen?«, fragte er. Also fuhr ich nach Erfurt in seine Wohnung und er eröffnete mir: »Sie kön-

Hartmut Leeder

nen schon nächste Woche wieder bei uns anfangen.« »Aber als was denn?«, fragte ich verwundert. »Wieder als Fertigungsleiter«, antwortete Frowein. Doch ich hatte Bedenken: »Was ist denn mit dem Bernhardt? Den habe ich doch angelernt, dem will ich keine Probleme machen.« »Sie können ganz sicher sein: Der macht hundert Kreuze, wenn der das hinter sich hat.« Bernhardt Seupt war lieber Formenbauer für Druckfuß- und Presswerkzeuge – darin war er unschlagbar.

Also arbeitete ich bis 2002 noch einmal in der Fertigung des Porzellanwerks, bis die Österreicher mit ihrem »Passt scho…« hier und »Passt scho…« da kamen. Sie machten mir schmerzlich bewusst: Hier passt rein gar nichts mehr. Ein Jahr hielt ich es mit ihnen aus, dann bekam ich eine Kündigung serviert. In zwei lapidaren Sätzen teilten sie mir die Tatsache mit. Zwei Männer begleiteten mich wie einen Schwerverbrecher in mein Büro. Nachdem ich meine privaten Sachen geholt hatte, führten sie mich persönlich aus dem Betrieb raus. Das war sicher nicht jedem vergönnt.

Bei allen Schwierigkeiten hätte ich nie selbst gekündigt. Ich hing an den Menschen – das hatten mir diese zwei Jahre bewusst gemacht. Das beruhte wohl auf Gegenseitigkeit: Meine Leute aus der Glasur wollten streiken wegen der Kündigung. Denn wir verstanden uns gut. Jeden Sonnabend hatte ich Brötchen für alle mitgebracht und wir hatten zusammen gefrühstückt. Aber ich sagte zu ihnen: »Tut mir einen Gefallen: Lasst den Käse. Ihr bringt euch nur selbst in Schwierigkeiten.« Eckhard Niemann übernahm meinen Posten – zwei Chefs waren für die verbliebenen 160 Leute ohnehin zu viel.

Ich war erst einmal freigestellt, aber im Grunde war ich arbeitslos. Erwartet hatte ich das nicht. Ich bewarb mich völlig hektisch bei allen möglichen Betrieben. Doch der Arbeitsmarkt war voll. Es gab so viele Arbeitslose in dieser Zeit. Es war echt beschissen. Wo man sich auch bewarb: Es ging gar nichts. Für die einen galt man als überqualifiziert, für die anderen brachte man zu wenig mit. Dieses Hin und Her ging mir gehörig auf die Nerven. Ich meldete mich beim Arbeitsamt und bekam Arbeitslosengeld. Zum Glück erhielt ich den Tipp, mich selbstständig zu machen. Ab Mitte 2003 war ich dann als selbstständiger Qualitätsprüfer in der Autoindustrie unterwegs. Ich kam mehr als mir lieb war im Westen herum, denn ich wurde zu verschiedenen Firmen bestellt. Immer wieder spürte ich, wie sie dachten: »Oh je, ein Ossi, auch das noch …« Die trauten uns nicht zu, wie gut wir arbeiten konnten und wie viel. Dass wir im Vierschichtsystem gearbeitet hatten, glaubten sie mir nicht. Als ich sah, wie sie im Westen arbeiten, dachte ich: Wenn ich euch so angucke, begreife ich nicht, warum gerade wir verloren haben.

Lebenswege, die nichts zählten – Von der Demütigung, dass uns der Berufsstatus aberkannt wurde

Helga Kühnlenz | Jahrgang 1956

Aufgewachsen in Ilmenau, ab 1971 Facharbeiterausbildung zur Keramformerin in Kahla, von 1974 bis 2008 bei Henneberg.

Als ich 1974 ins Neue Porzellanwerk Ilmenau kam, gehörten die Startschwierigkeiten des Werkes bereits der Vergangenheit an. Die Maschinen liefen und die Mannschaft war eingespielt. Die Arbeit in der Gießerei war sehr schwer. Wir standen unter enormem Druck, da wir im vorgegebenen Takt der Maschinen zu arbeiten hatten. Außerdem war es heiß. Manche Frau fiel vor Erschöpfung oder Überhitzung um.

Zunächst kam ich in die Normalschicht. Da mussten wir viel manuell arbeiten, was auf die Hände und Schultern ging. Manchmal hatte ich die Nase voll, doch bald darauf kam ich wieder gern zur Arbeit. Als unsere Kinder klein waren, durften wir Frauen ohne Probleme verkürzt arbeiten, um mehr Zeit für sie zu haben. Auch eine schöne Neubauwohnung erhielten wir über den Betrieb. Vor allem aber hielten wir Mitarbeiter gut zusammen und standen uns bei. Wir waren ein tolles Kollektiv und feierten zu jedem nur denkbaren Anlass gemeinsam. Unsere Brigade »Clara Zetkin« mit etwa 50 Arbeitern aus den drei Schichten – darunter mehr Frauen als Männer – war diesbezüglich der Vorreiter.

Als die Wende kam, war die Aufregung groß. Das gesamte Werk wurde geputzt, um es für »die Neuen« schön zu machen. Zunächst gab es einen neuen Geschäftsführer, der wechselte jedoch häufiger. Zum Teil kamen die Männer aus unserem Werk, zum Teil von westdeutschen Unternehmensberatungen. Der erste Eigentümer nach der Wende war 1991 Hossein Jamalian aus dem Iran.

Helga Kühnlenz (links) beim Erzählsalon in Ilmenau am 3. April 2023

Das war aufregend. Wir hofften, die Arbeitsbedingungen würden besser – an jedem Arbeitsplatz gab es nun Wasser und wir mussten nicht mehr die schweren Planken mit Porzellan heben. Doch das Gegenteil war der Fall: Das Material wurde immer knapper. Wir mussten viel in kaltem Wasser arbeiten, weil nicht mehr genug heißes da war. Ab 1993 wurde es dunkler und kälter.

Besonders demütigend war es, als uns der Facharbeiterstatus aberkannt wurde. Eine Begründung dafür erhielten wir nicht. Sie wollten uns einfach weniger bezahlen, als wir laut Tarifvertrag hätten bekommen müssen. Wir erhielten drei oder vier neue Arbeitsverträge mit jeweils schlechteren Konditionen, was den Lohn betraf – ohne jede Erklärung. Plötzlich galten wir nur noch als Hilfsarbeiter. Entweder man unterschrieb oder man musste gehen. Was hatten wir da für eine Wahl?

Jedes Jahr um die Weihnachtszeit wurden viele unserer Arbeiter entlassen. Da war die Aufregung groß und die Stimmung bedrückend. In den ersten fünf Jahren nach der Wende mussten vor allem die jungen Kolleginnen mit Kindern ihren Platz räumen. Für die

Kannengießmaschine

älteren Arbeiter gab es eine Vorruhestandsregelung. Wir hielten dennoch zusammen. Im Zuge der ersten Insolvenz 1995 begannen die Leute jedoch, sich zu verändern. Sie wurden verschlossener – jeder machte nun sein eigenes Ding.

Ich arbeitete bis 2008 im Porzellanwerk und musste miterleben, wie der Betrieb darnieder ging. Es gab zusehends weniger Aufträge, die Maschinen wurden stillgelegt und verkauft, nach und nach wurden weniger Räume genutzt. Schließlich wurde die Produktion nach Triptis verlagert. In der letzten Zeit war es so kalt in unserem Arbeitsraum, dass wir uns dick anziehen mussten, um es überhaupt auszuhalten. Von 2002 an bis zur Schließung des Werkes war ich für alles Mögliche zuständig: Henkelfertigung, Becherlinie, Flachgeschirr, Bestücken des Glühwagens, Glasur, Abräumen des Glattbrandwagens und Schleiferei – und das als Hilfsarbeiter.

Trotz der schweren Arbeit habe ich gern Porzellan hergestellt, besonders für ein so traditionsreiches Werk wie Henneberg. Unser Porzellan ist in allen Ecken der Erde zu finden. Das macht mich schon ein wenig stolz. Ich bin ein richtiger Porzellanfan!

Vom Regen in die Traufe – Jeder war froh, wenn der Kelch der Kündigung an ihm vorüberging

Karl Schneider | Jahrgang 1947

Aufgewachsen in Trusetal, ab 1963 Lehre zum Buchdrucker und Schriftsetzer, danach Armee, ab 1969 in Breitungen/Immelborn im Kieswerk tätig, dort ab 1970 Qualifizierung zum Baumaschinist und Kran-, Bagger- und Planierraupenführer, 1972 bis 1997 Kranführer im Porzellanwerk.

Ich kam wegen der Wohnung nach Ilmenau, denn ich hatte eine Familie und brauchte eine Wohnung. Die gab es, wenn man im Porzellanwerk anfing. Als ich zu Henneberg kam, wollte mich der Arbeitskräftedispatcher in die Produktion stecken. Da legte ich ihm meine Befähigungsnachweise auf den Tisch – Kranführer, Baggerführer, Planierraupenführer – und sagte: »Ich habe noch nie in geschlossenen Räumen an Maschinen gearbeitet.« Da antwortete er: »Zum Glück bauen wir gerade einen großen Portalkran für den Warenumschlag des Porzellanwerkes und des gesamten Kreisgebietes. Wollen Sie da arbeiten?« Das klang schon besser! Ich ließ mich für die Stelle vormerken.

Im Sommer 1972 kam ich auf den neu gebauten Portalkran. Er war technisch interessant. Ich saß hoch oben in der Gondel und genoss den schönen Ausblick auf die Bahnanlagen bis zum Glaswerk, ich sah den großen Schornstein vom Heizwerk und den herrlichen Wald.

Wir waren die Abteilung Be- und Entladung. Das Kaolin wurde in Loren angeliefert und mit dem Greifer des Krans ausgeschaufelt. Der Quarzsand aus Köln/Frechen kam in Säcken per Lkw. Wir wuchteten die 50 Kilo schweren Quarzsäcke vom Laster und fuhren sie mit dem Gabelstapler in die Massemühle. Der Gips kam mit Waggons aus Rottsleberode im Harz. Die Gipssäcke wogen nur 30 Kilo, die schmissen wir freihändig aus den Waggons. Darin hatten wir

Übung. Das Dolomit kam in Plastesäcken verpackt in Waggons aus Ungarn. Die ungarischen Waggons waren die schlimmsten: wie aus dem 19. Jahrhundert. Da waren Nägel in die Bretter reingehauen, die die Säcke aufschlitzten. Wenn wir den Dolomit ausluden, sahen wir aus wie die Bäcker, ganz weiß. Wenn wir mit dem Ausladen fertig waren, säuberten wir uns mit Pressluft, bis allen die Haare zu Berge standen.

Wellpappe zur Verpackung des Porzellans kam aus Arnstadt oder Gerstungen, ebenfalls in Waggons. Die mussten wir Stück für Stück auflesen und auf Paletten stapeln. Die Paletten, die wir benutzten, waren zusammengenagelt. Europaletten waren undenkbar, die kosteten 25 D-Mark pro Stück. Mit dem Gabelstapler verteilte ich die Zuschlagstoffe in die verschiedenen Abteilungen, je nachdem, was gerade anlag. Ich fuhr in die Dekorabteilung, um denen Material zu bringen, wenn wieder mal etwas kaputt war. Ich fuhr in die Massemühle. Die Wellpappe brachte ich in den Versand. Deshalb kannte ich viele Kollegen. Meine Henneberger erkannte ich auf der Straße sofort.

Sonn- und feiertags machte unsere Abteilung Überstunden, wenn Waggons in Ilmenau ankamen. War am Monatsende die Planerfüllung des Porzellanwerkes gefährdet – und das war regelmäßig der Fall –, halfen wir den Kollegen im Versand und beluden die Gabelstapler mit den gepackten Porzellankartons. Besonders lustig wurde es, wenn die Waggons für den Versand des Porzellans eintrafen. Diejenigen aus dem NSW, etwa aus Schweden, Dänemark und der Bundesrepublik, kamen von der Deutschen Bundesbahn. Die Türen und Scharniere waren so leichtgängig, dass man sie quasi mit dem kleinen Finger öffnen konnte. Die Türen der Waggons aus dem sozialistischen Ausland mussten wir hingegen mit an den Kran gehängten Stahlseilen aufziehen. Das Seil war gespannt, bis es schließlich ruckte und die Tür sonst wohin flog. Wenn die Container länger in Rostock am Hafen gelagert hatten, stanken sie furchtbar nach Fisch. Das war für mich oben im Kran gar nicht so schlimm wie für meine Kollegen, die unten die Container mit dem Porzellan beluden.

Aus politischen Gründen wurde ich einmal von unserem Meister vorgeladen. Als 1984 in Polen die Solidarność-Bewegung aufkam, diskutierten wir in der Brigade darüber und ich sagte offen, dass ich diese Bewegung gut finde. Bei einer Brigadeversammlung mit Parteisekretär und Produktionsleiter sollten wir »auf Linie« gebracht werden. Meine Kollegen ermunterten mich, meine Meinung zu sagen. Jeder Beschäftigte wurde befragt, was er über Solidarność dachte. Als ich an der Reihe war, sagte ich ehrlich: »Ist doch nicht schlecht, wenn mal ein frischer Wind in die verfilzte Gesellschaft rein weht. Reformen sind gut – dann geht es nicht mehr nur um erstunkene und erlogene Planerfüllung.« Und was taten meine Kollegen? Sie schwiegen. Da stand ich da wie ein Depp. Aber meine Äußerungen hatten keine Folgen.

Im Laufe der Jahre nutzte sich mein Rücken total ab. Ich konnte nicht mehr in den Gabelstapler einsteigen, weil mir das Kreuz so wehtat. Es war eine einzige Schinderei. Deshalb ging ich zum BGLer und bat um eine Heilkur. »Ich krauche auf dem Zahnfleisch«, fasste ich meine Situation zusammen. Seine Antwort werde ich wohl nie vergessen: »Nee, nee, nee, so geht das nicht. Wir haben noch welche in der Verwaltung, die haben eine Kur viel nötiger als Sie.« Ich war fassungslos. »Ich bin gleich wieder da«, sagte ich knapp und ging in den Keller zu meinem Spind. Mit meinem Gewerkschaftsbuch in der Hand kam ich zurück, ging, ohne anzuklopfen, ins Gewerkschaftsbüro und rief: »Danke für die Kur! Hier hast du mein Gewerkschaftsbuch.« Der BGLer guckte verdutzt und ich setzte nach: »Mit euch bin ich fertig. Und mit der Deutsch-Sowjetischen Freundschaft brauchst du mir auch nicht mehr zu kommen, wenn ihr für uns nichts macht, sondern nur für die Sesselfurzer!« Damit war die Sache für mich erledigt.

Nach der Wende waren alle Parteigenossen plötzlich Widerstandskämpfer. Gerade von denen, die die Fahne hochgehalten hatten, machten sich viele selbstständig und stellten Leute zu schlechten Arbeitsbedingungen an. Was sie im Parteilehrjahr über den englischen Frühkapitalismus gelernt hatten, setzten sie nun selbst in die Tat um.

Ilmenau mit dem Neubaugebiet, das vielen eine neue Wohnung bot

Das neue System nutzten sie nach Strich und Faden für ihren eigenen Profit.

Als es bei Henneberg 1991 mit den Entlassungen losging, war jeder froh, wenn der Kelch an ihm vorüberging. Doch aus heutiger Sicht war das Quatsch. Besser, man wäre gleich unter den Ersten arbeitslos geworden, da hätte man noch ganz gute Arbeit finden können. In den späten 90er Jahren war alles wie leergefegt und man konnte nur noch mit Stückwerk – ABM, befristete Arbeitsverhältnisse und schlecht bezahlte Minijobs – rechnen.

Meine Entlassung erfolgte 1997. Danach arbeitete ich für ein Vierteljahr in der Campingabteilung des Baumarkts und brachte Ordnung ins Chaos. Der Baumarkt stellte Leute an, die das Arbeitsamt schickte und Fördermittel bezahlte. Ich hing mich richtig rein in die Aufgaben. Es war eine schwere Arbeit, etwa Schirmständer schleppen. Das ging wieder aufs Kreuz. Trotzdem wurde ich nach der Probezeit entlassen. Mein Vorgesetzter weigerte sich, mir den Grund zu nennen. Es sollte wohl einfach der Nächste vom Arbeitsamt kommen, mit Fördergeld im Gepäck.

Gabelstaplerfahrer im NPI

Danach kommissionierte ich im Drogerielager Waren und verlud sie auf Lkw. Es folgten noch viele andere Arbeiten, immer nur befristet für ein paar Monate. Schließlich beantragte ich EU-Rente, Erwerbsunfähigkeitsrente, bei der man nicht mal 50 Prozent vom Lohn erhält. Wir kamen vom Regen in die Traufe.

Vor Kurzem stand in der Zeitung, dass der Portalkran, den ich bedient habe, demnächst abgerissen wird. Das ist das endgültige Ende. Ich will mit meinem Rollstuhl noch mal aufs Werksgelände fahren und mir alles anschauen: Ein Abschied für immer.

Erst aufbauen, dann abreißen - Zum Aufbau des neuen Porzellanwerks kam ich nach Ilmenau und entließ am Ende unzählige Kollegen

Georg Fimmel | Jahrgang 1939

Aufgewachsen in Gräfenroda, ab 1957 Praktikum beim VEB Gräfenroda in verschiedenen Abteilungen des Betriebes, Fachschulabschluss als Ingenieur für Feinkeramik in Hermsdorf, ab 1961 Technologe im VEB Porzellanwerk Triptis, ab 1965 Fernstudium an der Ingenieurschule für Maschinenbau Schmalkalden, Fachrichtung Technologie des Maschinen-, Apparate- und Gerätebaus, von 1969 bis 1991 bei Henneberg, 1992 bis 1994 Anpassungsqualifizierung zum Umwelttechnologen, 1996 bis 1997 Anpassungsqualifizierung zum Wirtschaftsinformatiker/Wirtschaftsingenieur.

Im Jahr 1969 wurde ich von der VVB Keramik nach Ilmenau delegiert, um den Aufbau des neuen Porzellanwerkes zu unterstützen. Ich war zunächst als Technologe im Direktionsbereich Reproduktion tätig und ab 1971 als Gruppenleiter der Technologie im Bereich Auftragsleitung. So war ich fast von Anfang an bis zur Inbetriebnahme 1973 am Aufbau des Ilmenauer Werkes beteiligt.

Aufgrund einer Strukturänderung im Porzellanwerk wurde unser Bereich Auftragsleitung 1974 aufgelöst. Wir vier Mitarbeiter wurden anderweitig eingesetzt. Ich übernahm die Funktion des Arbeitsvorbereiters in der Hauptabteilung Zentralwerkstatt, war somit wieder in die Produktion involviert und kümmerte mich um die Bearbeitung von Handwerkeraufträgen. 1975 wurde die Dispatcherzentrale in Betrieb genommen. Dort arbeitete ich als technischer Dispatcher zunächst im Drei-, später im Vierschichtbetrieb. Bis zur Auflösung des Werkes verantwortete ich den optimalen Einsatz der operativ arbeitenden Instandhaltungskräfte zur allseitigen Absicherung der Produktion.

Georg Fimmel

Kurz vor Weihnachten 1990 erhielt ich meine Kündigung durch Herrn Hoppe, den Geschäftsführer der Graf von Henneberg-Porzellan GmbH. Nach fast 21-jähriger Tätigkeit im Werk wurde mir zum 31. Mai 1991 gekündigt, immerhin unter Einhaltung der durch meine Betriebszugehörigkeit bestimmten Frist zuzüglich einer Verlängerungsfrist. Noch zum 1. April erfolgte außerdem die Einstufung in eine höhere Gehaltsgruppe auf der Grundlage des Tarifabschlusses vom 8. März 1991, was für meine spätere Rente nicht unbedeutend war.

Verlief die Kündigung noch einigermaßen moderat, begannen nun turbulente und anstrengende Zeiten, wie ich sie mir nicht hatte vorstellen können: Auf befristete Stellen folgte Arbeitslosigkeit, Qualifizierungen über das Arbeitsamt, erneute Arbeitslosigkeit und wieder eine befristete Stelle.

Nach nur einem Monat Arbeitslosigkeit nahm ich am 1. Juli 1991 eine befristete Tätigkeit als Vertreter der Henneberg-Porzellan GmbH in der Ilmenauer Entwicklungsgesellschaft, der Ilmeg GmbH, auf. Gemeinsam mit dem Geschäftsführer Rainer Kröning als Vertreter des Glaswerkes und mit unserem Prokuristen Rainer Pausch,

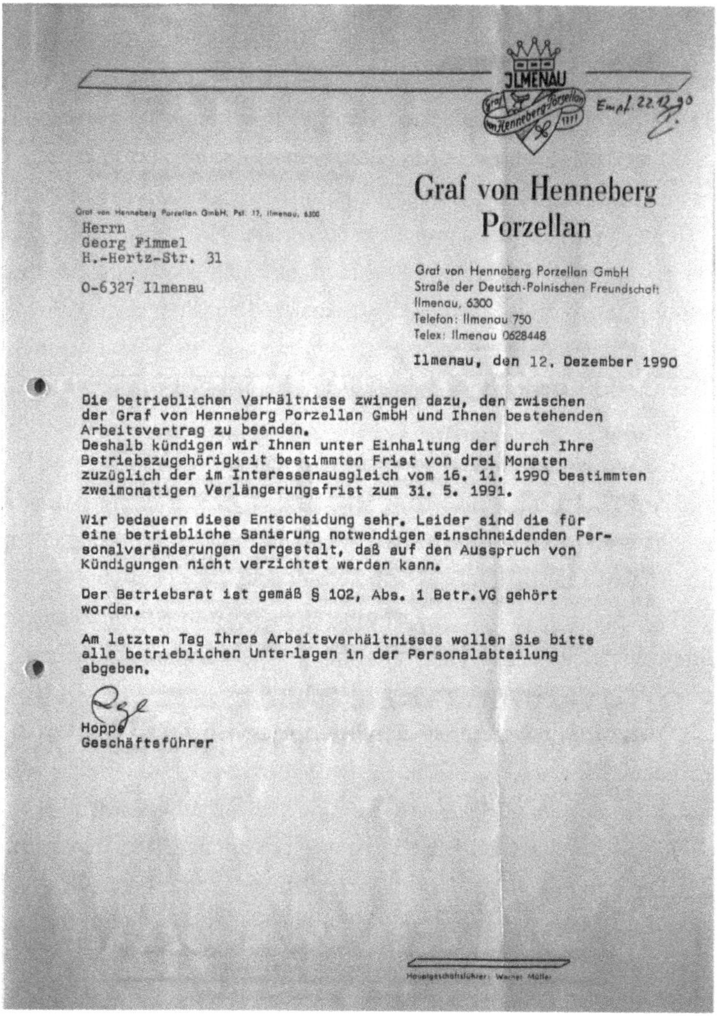

ILMENAU
Graf von Henneberg Porzellan

Empf. 22.12.90

Graf von Henneberg Porzellan

Graf von Henneberg Porzellan GmbH, Pst. 17, Ilmenau, 6300

Herrn
Georg Fimmel
H.-Hertz-Str. 31

O-6327 Ilmenau

Graf von Henneberg Porzellan GmbH
Straße der Deutsch-Polnischen Freundschaft
Ilmenau, 6300
Telefon: Ilmenau 750
Telex: Ilmenau 0628448

Ilmenau, den 12. Dezember 1990

Die betrieblichen Verhältnisse zwingen dazu, den zwischen der Graf von Henneberg Porzellan GmbH und Ihnen bestehenden Arbeitsvertrag zu beenden.
Deshalb kündigen wir Ihnen unter Einhaltung der durch Ihre Betriebszugehörigkeit bestimmten Frist von drei Monaten zuzüglich der im Interessenausgleich vom 16. 11. 1990 bestimmten zweimonatigen Verlängerungsfrist zum 31. 5. 1991.

Wir bedauern diese Entscheidung sehr. Leider sind die für eine betriebliche Sanierung notwendigen einschneidenden Personalveränderungen dergestalt, daß auf den Ausspruch von Kündigungen nicht verzichtet werden kann.

Der Betriebsrat ist gemäß § 102, Abs. 1 Betr.VG gehört worden.

Am letzten Tag Ihres Arbeitsverhältnisses wollen Sie bitte alle betrieblichen Unterlagen in der Personalabteilung abgeben.

Hoppe
Geschäftsführer

Hauptgeschäftsführer: Werner Müller

Kündigung nach 21-jähriger Werkszugehörigkeit

der die Labortechnik vertrat, bauten wir das Unternehmen auf. Wir hatten unseren Sitz in Unterpörlitz, Kirchgasse 18. Von dort aus organisierten wir für die entlassenen Werktätigen des Industriegeländes Arbeitsbeschaffungsmaßnahmen und führten diese durch. Nach einem Jahr musste ich meine Tätigkeit bei der Ilmeg GmbH aufgeben, da der Vertrag auslief.

Im Anschluss bewarb ich mich bei der Berufsakademie Arnstadt, mit Sitz in Erfurt, im Rahmen einer Anpassungsqualifizierung zum Umwelttechnologen, die ich von Juni 1992 bis Januar 1994 absolvierte. Danach war ich für acht Monate arbeitslos, bis ich vom Arbeitsamt Ilmenau das Angebot für eine Stelle in der Stegau GmbH in Zella-Mehlis erhielt. Dort begann ich im November 1994 zu arbeiten zum Thema »Fenster für Blinde – Lernmethodik und Akzeptanzkriterien beim Einsatz von Hilfsmitteln der tragbaren Bilderkennung«. Wir waren zu dritt in unserer Arbeitsgruppe, unter uns ein blinder Mensch. Unser Bericht landete später sogar bei der Hochschule in Ilmenau.

Danach war ich von November 1995 bis Februar 1996 arbeitslos. Inzwischen wohnte ich bei meiner Lebensgefährtin in Erfurt und bewarb mich dort noch ein letztes Mal auf eine einjährige Anpassungsqualifizierung zum Wirtschaftsinformatiker und Wirtschaftsingenieur bei der Berufsakademie Erfurt und schloss diese im Februar 1997 ab. Nun blieben mir nur noch 22 Monate, die ich mit Arbeitslosengeld überbrückte, bevor ich mich mit 60 Jahren – gewissermaßen überqualifiziert – in die Rente verabschieden durfte.

Durch die verschiedenen Qualifizierungsmaßnahmen ließ sich die turbulente Zeit nach der Wende abwechslungsreich und interessant gestalten. Und dank der Einstufung als Schichthauptmechaniker zu DDR-Zeiten konnte ich schließlich sogar die Intelligenzrente beantragen. Das lohnte sich. Die Zeit im Porzellanwerk war für mich prägend gewesen und besonders auf gesellschaftlichem Gebiet sehr interessant. Leider brach mit dem Ende meiner Tätigkeit auch jeglicher Kontakt zum Henneberg-Porzellan und den Kollegen ab. Erst durch den Ilmenauer Porzellantradition e.V. war es mir möglich, nach über 30 Jahren erneut Verbindung aufzunehmen, wofür ich sehr dankbar bin.

Jede Entlassung ein Schock - Arbeitslosigkeit hatte es in der DDR nicht gegeben und nun saßen wir auf der Straße

Rainer Kubitza | Jahrgang 1954

Aufgewachsen in Großbreitenbach, ab 1971 Ausbildung zum Werkzeugmacher in der Relaistechnik in Großbreitenbach, 1974 Facharbeiter für Fertigungsmittel, von 1980 bis 2003 im Ratiomittelbau bei Henneberg.

Nach unserem Umzug nach Ilmenau begann ich als gelernter Werkzeugmacher 1980 im Ratiomittelbau des VEB Henneberg-Porzellan zu arbeiten. Meine Frau Kerstin war dort bereits als Keramdekorateurin tätig.

Der Ratiomittelbau war eine Abteilung des Sondermaschinenbaus, der spezielle Geräte, Apparate und Sondermaschinen – etwa eine Anrakelmaschine für die Dekoration – herstellte. Er wurde in den 70er Jahren außerhalb des Hauptbetriebes hinter dem Wohngebiet Eichicht errichtet: eine lange Halle, in der 15 Mitarbeiter beschäftigt waren. In unserer Abteilung arbeiteten ausgebildete Fachkräfte wie Dreher, Fräser, Klempner, Werkzeugmacher, Schlosser und Schweißer. Den Ersatz für defekte Teile einer Produktionsmaschine fertigten die Mitarbeiter des Ratiomittelbaus selbst: Dreher drehten Wellen, Fräser stellten Zahnräder mit Teilkopf her, Schweißer fertigten besondere Schweißteile.

Vier Kollegen hatten das ganze Jahr über mit der Fertigung und Reparatur der Brennkörbe für die Aufglasurdekoration zu tun. Weiterhin gab es einen Elektriker, der für die Anschlüsse der neu entwickelten Maschinen zuständig war und besondere Stromkästen baute. Er war auch mit den Betriebselektrikern des HePo in anderen Abteilungen der Produktion für die Reparatur der Produktionsanlagen zuständig.

Vier weitere Mitarbeiter waren Abteilungsleiter, Ingenieure und technische Zeichner. Sie entwickelten Maschinen für die Produktion, um Arbeitsprozesse zu erleichtern. Für die Gießerei waren das etwa Henkelgießtürme, mit denen die Henkel maschinell gegossen werden konnten, oder Gießhähne, um den Schlicker in die Formen einzugießen. Auch für die Dekoration wurden Neuerungen entwickelt: Anrakelmaschinen, mit deren Hilfe die zahlreichen Dekorationsbilder nicht mehr von Hand auf die Teller angerakelt werden mussten, sowie Halterungen für Kaffeekannen, Schüsseln und Terrinen, die dekoriert werden sollten. Außerdem wurde ein Abwischband für Becher entwickelt und gefertigt. Diese Arbeit hatte zuvor eine Kollegin von Hand erledigen müssen. Über einige Wochen arbeitete ein sehr guter Schriftmaler bei uns, der die Urkunden für die Beschäftigten gestaltete. Diese wurden zum Beispiel am 8. März oder am 1. Mai als Aktivist, Qualitätsarbeiter oder für die lange Betriebszugehörigkeit ausgezeichnet. Die Auszeichnungen waren mit einer Geldprämie verbunden und wurden vom Betriebsdirektor oder der Gewerkschaftsleitung überreicht. Der Schriftmaler gestaltete außerdem Werbeschilder und Plakate, die für die 1. Mai-Demonstration an die beiden Betriebs-Lkw angebracht wurden.

Das Neuererwesen war in der DDR ein staatlich gelenktes Verfahren, um mithilfe von Verbesserungsvorschlägen der Werktätigen die Produktivität zu steigern. Wir als Ratiomittelbauer reichten selbst viele Neuerervorschläge ein. Deren Vergütung sammelten wir in einer gemeinsamen Kasse und finanzierten damit unsere Abteilungsfeiern. Wir gingen zusammen in die Gaststätte, kegelten gemeinsam mit anderen Abteilungen auf der Kegelbahn Kim in Manebach oder veranstalteten zu Himmelfahrt im Garten eines Kollegen ein traditionelles Spanferkelessen.

Das Miteinander im Team Ratiomittelbau war sehr kollegial, alle waren hilfsbereit. Bei Problemen in der Produktion waren wir stets zur Stelle. Auch halfen wir aus, wenn Sonderschichten geleistet werden mussten und unterstützen die anderen Abteilungen bei Reparaturen.

Porzellinerinnen beim Anrakeln von Dekorationsbildern

In den Jahren nach der Wende erlebten meine Frau und ich, wie unsere Kollegen entlassen wurden. Das war eine Tragödie. Es war für uns völlig neu, dass wir unseren Arbeitsplatz verlieren können. Das gab es in der DDR nicht. Unsere Kündigung von Henneberg bekamen meine Frau und ich als zwei der Letzten gleichzeitig 2003. Die Löhne waren oft nur verzögert gezahlt worden. Erst 1.000 Euro und später noch mal 1.000 Euro. Außerdem hatten sie unsere Löhne vorher schon permanent gekürzt. Da wir gemeinsam entlassen wurden, fehlten gleich zwei Gehälter. Eine Katastrophe. Die Miete war inzwischen gestiegen und wir mussten sie trotz Arbeitslosigkeit weiterbezahlen. Aus der Insolvenzmasse erhielt ich 27 Euro als Abfindung. Kerstin bekam 29 Euro. Viele, die gleich nach der Wende entlassen worden waren, hatten Abfindungen in Höhe von mehreren Tausend Mark erhalten.

Wir wollten nicht sitzen und warten, bis das Arbeitsamt uns Arbeit vermittelt. Kerstin und ich kümmerten uns selbst darum. Ein halbes, ein Dreivierteljahr dauerte es etwa, bis ich bei einer Zeitarbeitsfirma in Erfurt unterkam. Ich schlug mich durch. Zum Schluss war ich bei der Firma Hörmann im Bereich Sonderaufgaben tätig und ging schließlich in Rente. Meine Frau hatte in einer Schule einen 1-Euro-Job, arbeitete sich dort hoch zum Minijob und wurde irgendwann richtig eingestellt – bis zur Rente.

Inzwischen leide ich unter vielen gesundheitlichen Problemen. Vielen Verwandten ergeht es ebenso. So erlebe ich, was im heutigen Gesundheitswesen los ist. Es ist traurig. Untersuchungen werden nur gemacht, wenn sie Geld einbringen. Sieben Wochen wartet man auf einen CT-Termin. Das Gesundheitswesen der DDR war viel besser als heute. Wir fühlten uns rundum gut versorgt und betreut.

Die wechselvolle Geschichte von Henneberg-Porzellan von 1989 bis 2009

Michael Kühnlenz | Jahrgang 1979

Aufgewachsen in Ilmenau als Sohn der Henneberg-Porzelliner Helga und Frank Kühnlenz, 1996 bis 1999 Ausbildung zur Examinierten Altenpflegefachkraft, seitdem im Diakonischen Altenhilfezentrum Bad Blankenburg beschäftigt, seit Gründung des Ilmenauer Porzellantradition e.V. im Oktober 2019 Vereinsvorsitzender und Schatzmeister.

Im Porzellanwerk Ilmenau biss sich 1989 der revolutionäre Elan zunächst an verschenkten Frühstücksbrettchen und an Bauleistungen fest, die der Direktor von Betriebshandwerkern an seinem Privathaus hatte ausführen lassen. Genosse Horst Eger musste gehen, auch wenn die Staatsanwaltschaft das Verfahren einstellte.

Mit der führenden Rolle der Partei zerbrach 1989 auch der Glanz der Propaganda. Henneberg-Porzellan erwies sich als tönerner Koloss: Bis 1985, so teilte es Egers Nachfolger Werner Müller – zuvor Egers Stellvertreter sowie Absatzleiter – mit, sei HePo ein »gestützter Betrieb« gewesen. Der Staat hatte mehr Geld hineingesteckt, als Erträge herauskamen. 15 Jahre nach Neubau waren nicht einmal die Baukosten erwirtschaftet, der Westexport war rückläufig. Henneberg hatte seit Jahren die Investitionen vernachlässigt und Masse produziert, die zu über 80 Prozent in den sozialistischen Markt ging, dessen Ende bald absehbar sein würde.

Anfang 1990 befand sich das Werk im freien Fall. Fast täglich verabschiedeten sich Kollegen gen Westen. Innerhalb von zwei Monaten brachen die Gewinne um ein Fünftel ein. Direktor Müller warnte vor den Hoffnungen, die sich gen Bayern richteten: »Die Westfirmen müssten ja dumm sein, einen 10.000-Tonnen-Betrieb wie den unsrigen aufzupäppeln.«

Mit fast 1.800 Beschäftigten – zu Höchstzeiten 1985 waren es 2.330, davon 1.280 Frauen – und in tiefroten Zahlen entstand am 1. März 1990 aus dem VEB Henneberg-Porzellan Ilmenau eine private Kapitalgesellschaft mit der Firmenbezeichnung Graf von Henneberg-Porzellan GmbH. Die Eintragung im Handelsregister beim Amtsgericht Meiningen erfolgte am 23. August 1990. Auf den Tag genau ein Jahr später privatisierte die Treuhandanstalt die GmbH nach einem offenen Ausschreibungsverfahren zu einem Verkaufspreis von 7,5 Millionen Mark an den Iraner Mohammad Hossein Jamalian und übernahm zeitgleich die Altschulden des Betriebes von vor dem 1. Juli 1990 in Höhe von 24,051 Millionen Mark sowie Kredite der Deutschen Bank Ilmenau in Höhe von 22,690 Millionen Mark. Die Wirksamkeit des Verkaufs an Jamalian stand unter der aufschiebenden Bedingung der Kaufpreiszahlung, auf die die Treuhandanstalt jedoch am 17. September 1992 verzichtete. Am nächsten Tag wurde Jamalian alleiniger Geschäftsführer und Gesellschafter des Unternehmens. Am 7. Januar 1993 revidierte die Treuhandanstalt den Privatisierungsvertrag, wobei sie auf die Kaufpreiszahlung und andere Verpflichtungen verzichtete, die bei der Privatisierung vereinbart worden waren. Jamalian stimmte zu, eine Kapitalanlage von 7,5 Millionen Mark zu leisten. Dies geschah jedoch zu keinem Zeitpunkt. Mohammad Hossein Jamalian hat somit weder den Kaufpreis für die Graf von Henneberg-Porzellan GmbH gezahlt noch seine Einlage in das Stammkapital der GmbH geleistet, wie es mit der Treuhandanstalt bei der Revision des Privatisierungsvertrages vereinbart worden war. Ebenfalls am 7. Januar 1993 sicherte die Treuhandanstalt Jamalian eine Bürgschaft von 8,629 Millionen Mark sowie Zuschüsse in Höhe von 13,871 Millionen Mark zu.

70 Prozent der Ilmenauer Porzellanproduktion wurden zu diesem Zeitpunkt in den Iran geliefert, während dieser Absatzmarkt durch politische Veränderungen im Mittleren und Nahen Osten finanzpolitisch abstürzte und somit in Zahlungsschwierigkeiten geriet. Das Iran-Geschäft wurde im April 1993 auf Eis gelegt. Die Hoffnung, dass der iranische Unternehmenschef in der Lage sei, seinen Gesellschafteranteil an die Treuhandanstalt zu zahlen, zerschlug sich. Mit dem

zurückgehenden Umsatz schrumpfte auch die Belegschaft weiter: 1992 gab es noch 625 Beschäftigte, 1993 563, 1996 334, 1997 309, 1998 296, 1999 269 und 2000 nur noch 210. Die Weihnachtszeit und der Jahreswechsel waren geprägt von der steten Angst der Arbeiter, ihren Arbeitsplatz zu verlieren. Mehrere Entlassungswellen schwappten durchs Werk. Kündigungen schlugen ein wie feindliches Feuer. Lücken am Fließband und Sprachlosigkeit, wenn Kollegen ihren Spind ausräumen mussten.

Die Graf von Henneberg-Porzellan GmbH erlangte mit der Herstellung von qualitativ hochwertigem und vielfältig dekoriertem Haushaltsgeschirr ihren weltweit guten Ruf und erweiterte ihr Sortiment im Jahr 1992 um Geschirr für Hotel und Gastronomie mit Nachkaufgarantie. Ausgewählte Formen der stillgelegten Porzellanfabrik Zeh Scherzer Rehau wurden in die Produktion übernommen, um auf dem italienischen Markt Fuß zu fassen. Die Bundeswehr wurde mit Systemgeschirr beliefert. Auf Fachmessen wie der AMBIENTE in Frankfurt am Main war Henneberg regelmäßig mit einem großen und aufwendig gestalteten Stand vertreten. Hinzu kamen moderne Entwürfe von namhaften Designern wie Ambrogio Rossari, Victor Colani oder Hans Theo Baumann, aber auch Entwürfe ostdeutscher Designer wie Antje Dietrich, Peter Smalun, Steffen Schröter, Ulrike Papenfuß oder Karla Kaiser gingen in Serie.

Mohammad Hossein Jamalian, der »Wundertäter« aus dem Orient, zahlte nie eine Mark, kassierte aber bis Anfang 1993 Millionen von der Treuhand für faule Ostaufträge und durch 25 Prozent Provision für jede Tasse, die er in den Iran verscherbelte. Irgendwo in Dubai sollte noch Ilmenauer Porzellan im Wert von 6 Millionen Mark herumliegen, doch selbst eisenharte Inkasso-Profis kehrten schwer verstört zurück, erinnert sich Betriebsratschef Andreas Schnee: »Die haben gezittert wie Espenlaub, weil sie um ihr Leben fürchteten.«

Nachdem die Landesregierung über Monate dem lustigen Schlachtefest Jamalians zugeschaut hatte, ließ sich die Thüringer Industrie-Beteiligungsgesellschaft (TIB) im März 1993 von der Belegschaft wecken und wendete mit 6,5 Millionen Mark Soforthilfe den Konkurs

Michael Kühnlenz

ab. Damit kam Henneberg an die Kandare der Banken. Die setzten für 1994 eine nochmalige Halbierung der Belegschaft auf nur noch 395 Leute durch. Bis zur Gründung einer Auffanggesellschaft verstrich ein halbes Jahr ergebnislos, abgesehen von praktisch auf null fallenden Auftragseingängen. Bis August 1995 verbrauchte die TIB drei Geschäftsführer und pumpte die Summe öffentlicher Förderung in schwindelerregende Höhen. Gefördert wurde durch das Land Thüringen, das Thüringische Ministerium für Wirtschaft und Verkehr, das Bundeswirtschaftsministerium (FuE-Zuschuss), die Bundesanstalt für Arbeit (AFG-Maßnahmen) sowie Kredite der Bayerischen Landesbank, der Hessischen Landesbank und der Sparkassen in Ilmenau und Erfurt. Henneberg ging trotzdem in Konkurs. Danach wurde kleinlaut eingeräumt, dass man wohl die Marktentwicklung verschlafen habe.

Das Jahr 1996 begann zunächst wieder hoffnungsvoll. Jürgen Weiß, der zu DDR-Zeiten im Werk unter anderem Leiter des Organisations- und Rechenzentrums gewesen war, übernahm die Geschäftsführung von Henneberg 2, an der wiederum Rechtsanwalt Rolf Rombach als

Sequestor von Henneberg 1 (in Abwicklung) treuhänderisch 51 Prozent der Anteile hielt. Der Rest lag bei der TIB. Eigentlich hätte die Graf von Henneberg-Porzellan GmbH nach dem Konkurs 1995 komplett umstrukturiert und an die aktuelle Marktlage angepasst werden müssen. Stattdessen wurde ein Teil der GmbH durch Rombach abgewickelt und durch die TIB als privaten Investor weitergeführt. Die GmbH erwirtschaftete jedoch nach Ansicht der EU-Kommission nie einen Gewinn, sodass die Rolle der TIB als Investor infrage gestellt wurde.

Die Auftragslage sah 1996 gut aus, Weiß senkte Kosten, kündigte flexiblere Arbeitszeiten und einen neuen Haustarif für die inzwischen noch 300 Beschäftigten an. Jedoch verdarb die allgemeine Konjunkturflaute die Umsatzziele. Technisch war das Unternehmen wettbewerbsfähig, doch im Absatz klafften die alten Probleme. Die sollte ab April 1997 Roland Tischbier lösen, ein ausgewiesener Marketingexperte, der zunächst einigen Erfolg hatte. Doch statt Tischbier den Markt aufmischen und Weiß administrieren zu lassen, drückte die TIB dem Absatzexperten die alleinige Führung der GmbH auf. So erreichte der Umsatz ein nur geringes Wachstum und Kostensenkungen blieben Hauptziel. Investoren mussten her.

Das Porzellanwerk Kahla, im Besitz der Familie Raithel, wollte in Ilmenau mit kaum 200 Leuten wenig mehr als eine verlängerte Werkbank halten. Birger Ihle, Vorstand im fränkischen Winterling-Konzern und Gesellschafter bei Triptis-Porzellan, hingegen wollte sogar 60 neue Arbeitsplätze schaffen und die Verbindlichkeiten von Henneberg übernehmen. Betriebsrat und Gesellschafter votierten für Ihle, offiziell auch die Landesregierung. Doch hinter den Kulissen wurde gehakelt. In einer Studie der Uni Jena war später von einer »Männerfreundschaft« in den Führungsetagen von TIB und Kahla-Porzellan die Rede, die bis ins Wirtschaftsministerium gereicht haben soll. Es begann ein Spiel auf Zeit, die Ihle nicht hatte, denn seine Großaufträge drängten. Man ließ ihn zappeln. Im August 1998 gab er endgültig auf. Vom Kahla-Konzept sprach sowieso niemand mehr. Alles schien auf Konkurs hinauszulaufen.

Für 180.000 Mark wurde Henneberg vier Wochen später an Rolf Frowein verkauft, der eigentlich wissen musste, worauf er sich einlässt. Schließlich war er seit 1995 Beteiligungsmanager der TIB gewesen, unter anderem für Henneberg. Frowein glaubte, gegenüber der Landesregierung und der TIB ein Ass im Ärmel zu haben: die schweren förderrechtlichen Fehler des Freistaates, die Staatskanzlei, Wirtschafts- und Finanzministerium um die Ohren schlagen würden, konnte er als Druckmittel in den Verhandlungen nutzen.

In Thüringen standen 1999 Wahlen an. Tatsächlich steuerte das Unternehmen wieder in tiefere Wasser, auch wenn Frowein feststellen musste, dass er mit geschönten Zahlen gelockt worden war und die Landesregierung die zugesicherte Entschuldungsvereinbarung monatelang verschleppte. Ins Jahr 1999 startete Henneberg mit 4 Millionen Mark Auftragsvolumen – so viel wie lange nicht. Frowein setzte auf eine konsequente Verjüngung des Sortiments, der Export sprang an, außerdem machte der Betrieb durch Vermietung gutes Geld. DB Schenker war der größte Mieter, aber auch kleinere Unternehmen wie ein Baustoffhandel zählten dazu. Vermietet wurden die ehemaligen Lagerhallen der Versandabteilung. Mit aufsässigen Mitarbeitern sprang der Chef gelegentlich rabiat um, kanzelte sie per Fax als »Aufwiegler« und »letzte Trauergäste des Sozialismus« ab. Die Belegschaft arbeitete wieder in Vollzeitschichten, schaffte die Norm und beklagte sich nicht. Jeder wusste, dass draußen genug Fachkräfte warten, dass es in den kleinen Porzellanbuden der Region kaum Jobs gibt und wenn, dann für 6 oder 7 Mark die Stunde statt für 15 bis 16, die Henneberg zahlte.

Das letzte Kapitel von Hennebergs 225 Jahren hatte begonnen, als Herr Käppeli aus Davos in der Schweiz befand, dass er diesen halbstarken Politikern in Thüringen mal zeigen müsse, wo der Hammer hängt. Käppeli war mit Rhön-Porzellan in Stadtlengsfeld krachen gegangen, weil der Freistaat, wie er meinte, aus politischen Erwägungen alles Geld nach Ilmenau, Triptis und Kahla lenkte, nicht jedoch in seine Firma. Also schrieb er der EU-Kommission zwei detailreiche Briefe. Im Herbst 1999 sprang die Prüfmaschine in Brüssel an und spie

Nach der Privatisierung wurde aus dem NPI die Graf-von-Henneberg-Porzellan GmbH.

ein Jahr später zornigen Qualm aus: Fast 175 Millionen Mark, die über die Jahre nach Ilmenau geflossen waren, könnten unberechtigt und also wieder einzutreiben sein, gar vom Unternehmen selbst, weil aus Sicht der Wettbewerbshüter Henneberg 1 mehr oder weniger fließend in Henneberg 2 übergegangen war.

Gegenargumente der deutschen Seite erzielten nur begrenzt Wirkung: Am 31. Oktober 2001 erteilte die EU den endgültigen Regressbescheid über 139,4 Millionen Mark. Schon im August hatte man in Erfurt geahnt, dass es dazu kommen würde. Frowein bekam es zu spüren: Die Zinsstundung für die Hälfte des Landesdarlehens wurde aufgekündigt. Statt wie vereinbart für 6 sollte er nun für 11,5 Millionen Mark Kredit Zinsen zahlen. Das konnte er nicht leisten. Anfang September stellte die Thüringer Aufbaubank die Kredite fällig. Das war das Ende, dem 110 Mann Restbelegschaft nun zweischichtig entgegenarbeiteten. Ein sauberer Konkurs, Brüssel griff ins Leere, Landesregierung und TIB waren fein raus.

Mit der Insolvenz 2001 erfolgte die EU-weite Ausschreibung des gesamten Werkes an Interessenten aller Branchen, es gab also für Kaufinteressenten keine Verpflichtung, weiterhin Porzellan herzustellen. Geschäftsführer Frowein, zeitweilig im Dauerclinch mit den Ministerien, haderte nicht lange und setzte auf Steingut-Leute aus Österreich. Der traditionsreiche Firmenname Graf von Henneberg wurde aufgegeben und das Werk in Keramtechnologie Ilmenau GmbH umbenannt. 2 Millionen Euro wurden in Umrüstung und den Kauf neuer Maschinen für die Herstellung von Keramik des österreichischen Unternehmens Gmundner Keramik investiert. Allein für die Anschaffung einer Henkeldruckguss- und Garniermaschine wurden 400.000 Euro aufgebracht. Für die auf 265 Mitarbeiter, davon 178 Frauen, aufgestockte Belegschaft bedeutete dies 2002 jedoch nur für kurze Zeit Hoffnung, trotz 30.000 Stück Tagesproduktion in vier Schichten für einen Stundenlohn zwischen 6 und 7,50 Euro.

Mit negativen Schlagzeilen der österreichischen Presse wie »Gmundner Keramik aus der Ex-DDR« wurde die für eine Treue-Rabatt-Aktion der Kaufhauskette BILLA produzierte Serie TRAUNSEE schlechtgeredet. Die produzierte Keramik konnte nicht vollends abgesetzt werden und Folgeaufträge der Österreicher blieben 2003 aus. Daraufhin kaufte Rolf Frowein das Werk zurück und gründete die Neue Porzellanfabrik Ilmenau GmbH, die nun wieder Graf von Henneberg-Porzellan produzierte. Mit HERO Design gründete sich zudem eine eigene Vertriebsfirma, die von Heike Simon – bereits im VEB Henneberg-Porzellan Ilmenau im Absatz/Vertrieb tätig – bis 2018 im ehemaligen Speisesaal des Ilmenauer Porzellanwerkes geleitet wurde.

Bis zum endgültigen Ende der Produktion im Jahr 2009 stellten nur noch eine Handvoll Arbeiter Weißware für die Porzellanfabrik Triptis her, der nach ihrer Insolvenz im Oktober 2004 Rolf Frowein als neuer Geschäftsführer vorstand. Der Maschinenpark des Ilmenauer Porzellanwerkes wurde verkauft und zahlreiche Ilmenauer Porzelliner zogen entweder nach Triptis oder ins Fränkische, um in der dortigen Porzellanindustrie Arbeit zu finden. Bis auch in Triptis zum Jahresende 2022 die Porzellanproduktion aufgrund der gestiegenen Energiepreise eingestellt werden sollte, wurden noch einzelne Serviceformen der Graf von Henneberg-Porzellan GmbH mit deren Bodenmarke produziert. Das war das Ende.

Als Warenzeichen ist die Marke noch immer geschützt. Frowein lagerte die Produktion nach Java und Polen aus, wo noch billiger produziert werden kann. Der 2019 gegründete Ilmenauer Porzellantradition e.V. bemühte sich, für seine Ausstellung einige Henneberg-Porzellan-Modellkerne von Frowein zu gewinnen. Vergeblich.

Qualitäts-
MÖBEL
vom
VEB
MÖBELKOMBINAT

EISENBERG

Die Treuhand verhinderte, dass wir ostdeutschen Führungskräfte das Möbelwerk übernehmen

Das Möbelwerk (MK) Eisenberg war über Jahrzehnte mehr als ein Arbeitgeber. Es war ein Ort der Zugehörigkeit, des Stolzes, der sozialen Sicherheit. Generationen verbanden sich mit dem Betrieb in Ausbildung, Beruf und biografischer Prägung. Das Werk stand für Qualität, Innovation und regionale Identität. Wer in Eisenberg »bei Möbels« arbeitete, war Teil eines Ganzen.

Doch die politischen und wirtschaftlichen Umwälzungen der Nachwendezeit trafen auch diesen Betrieb mit voller Wucht. Die Treuhandanstalt verweigerte eine Übernahme durch die erfahrene Werksleitung. Stattdessen folgten Massenentlassungen, unsichere Übergänge, ein schleichender Verfall. 2007, nach einer Phase des neuerlichen Aufbruchs und unternehmerischer Eigeninitiative, folgte die endgültige Insolvenz.

In diesem Kapitel sprechen ehemalige Mitarbeitende erstmals öffentlich über diesen Bruch. Über Jahrzehnte war das Schweigen groß. Zu schwer wog das Unausgesprochene. Dass heute wieder über das Möbelwerk gesprochen wird, ist mutigen Stimmen zu verdanken. Die Erzählungen sind fragmentarisch und kraftvoll zugleich. Sie berichten von großem Engagement inmitten von Unsicherheit, von Hoffnung und Enttäuschung und von der Erfahrung, wie ein Ort, der einst das Leben strukturierte, langsam zerfiel. Und sie fragen: Was bleibt von Möbels in Eisenberg?

Es war fast abartig – Um die Firma zu retten, mussten wir 1.354 Möbelwerker entlassen

Roland Steudel | Jahrgang 1956

Studium der Sozialpsychologie an der Friedrich-Schiller-Universität in Jena, dann Ausbildungsleiter im Möbelwerk Eisenberg, bis 1990 Mitarbeiter beim Betriebsleiter, ab 1995 Personalleiter, von 1995 bis 2005 Geschäftsführer der Eisenberger Wohnraummöbel GmbH.

Vorn am Einfahrtstor zur Bibliothek an der Giebelwand ist noch die verblassende Werbung für das 1969 gegründete Möbelkombinat Eisenberg zu sehen. Nachdem das Kombinat aus 13 überwiegend kleinen privaten oder halbstaatlichen Betrieben und 23 weiteren Betrieben aus der näheren und weiteren Umgebung gebildet worden und unser Möbelwerk zum Stammbetrieb auserkoren worden war, begann eine Zeit des Aufschwungs. In der Bahnhofstraße Eisenberg entstand 1972 eine neue Werkhalle für die Vorstufe und eine weitere für die Oberfläche. Zeitnah wurde eine neue Montagehalle in Betrieb genommen sowie neue Lagerräume gebaut. Dazu wurden neue Maschinen und Anlagen gekauft. Bald konnten wir Massenmöbel in Größenordnungen produzieren, die zuvor undenkbar gewesen wären: Ab 1972 wurden an einem Tag 100.000 Möbelteile bearbeitet beziehungsweise mit Folie beklebt. Die DDR investierte enorm in die Möbelproduktion. Auch aus dem NSW wurden Maschinen angeschafft, so zum Beispiel aus Italien, Maschinen für die Oberflächenbeschichtung der Möbel. Damals war es modern, dass die Möbelfronten glänzten. Die Hausfrauen hatten ihre helle Freude daran: Kaum, dass einer mal an die Tür gefasst hatte, sah man sofort die Fingerabdrücke.

Das Wirken des Kombinatsdirektors Rudi Oertel bestimmte in den 70er Jahren die Entwicklung des Möbelwerkes und die Entwicklung in Eisenberg. Das Kombinat entwickelte sich rasant. Von allen hier produzierten Möbeln verblieben nur 10 Prozent in der DDR, der Rest wurde ins sozialistische und nichtsozialistische Ausland verkauft. Die im Land verbliebenen Möbel standen allerdings nicht allen DDR-Bürgern zur Verfügung. Bevorzugt beliefert wurde Berlin, die Hauptstadt der DDR. Unsere Möbel sollten der repräsentativen Ausstattung der Berliner Neubauwohnungen dienen. Dafür wurde eigens ein Industrieladen eingerichtet, in dem man die »Berliner Möbel« aus Eisenberg kaufen konnte. Für Leute aus der Provinz, etwa aus Eisenberg oder Gera, war es hingegen schwierig, eine Schrankwand zu ergattern. Man musste lange warten oder Beziehungen haben, damit die »Berliner Möbel« ihren Weg von Berlin nach Eisenberg, Gera oder Jena fanden.

Ein Großteil der Möbel wurde in die Sowjetunion geliefert. Im Schnitt fuhren von Eisenberg aus täglich zwei, zu Beginn der 80er Jahre vier bis fünf Waggons in die Sowjetunion. Wer dort mitgearbeitet hat, weiß, was das hieß: Nur Heiligabend und Silvester war Ruhe, an jedem anderen Tag des Jahres wurden Möbel verladen. Der »Häuptling« dieses Zweigs war Kurt Meister, ein kleiner untersetzter Mann, der immer Druck zu machen pflegte. Auf seinen Befehl hin fuhren wir die großen Couchen durch die Gegend. Manchmal wussten wir gar nicht, wohin eigentlich.

Günter Peuckert im Absatzbereich war dafür zuständig, die Waggons zu besorgen. Manchmal kriegten wir drei Tage lang keinen einzigen, ein andermal bekamen wir einen ganzen Zug. In diesen mussten wir unsere Möbel verladen. Dann ging es los in die Sowjetunion. Ungefähr 80 Prozent unserer Lieferungen gingen nach Moskau. Dort saß ein Beauftragter von uns, der die Verteilung der Möbel in die Hand nahm.

In meiner neuen Funktion als Geschäftsführer war ich 1995 das erste Mal in Russland und sah mit eigenen Augen, wie die Verteilung der Möbel erfolgte. Ich hatte keine Ahnung davon, denn ich kam aus der Personalabteilung und nicht aus der Möbelproduktion. Ich ging zu einem der Magazine, die in Moskau nummeriert waren. In Nummer 13 oder 14 zeigte man mir die Warteliste für Eisenberger Möbel.

Sie war mit 14 Jahren ausgewiesen. In Russland musste man also ähnlich lang warten wie bei uns zuvor in der DDR auf einen Trabant. Eine russische Möbelindustrie gab es quasi nicht beziehungsweise sie produzierte in einer Qualität, die man mit der der russischen Autos vergleichen kann.

Die Kombinatszeit endete jäh im Jahr 1980. Dies geschah unter merkwürdigen Umständen. Es fand die »Aktion Rote Pfütze« statt. Unser Kombinatsdirektor, der mit Leidenschaft Bauprojekte wie die Betriebsberufsschule, Betriebswohnungen, Ferienobjekte, eine Kaufhalle, diverse Erweiterungsbauten von Produktionsstätten, ein Bettenhaus für ausländische Vertragsarbeiter und vieles mehr auf den Weg gebracht hatte, wurde 1979 gegangen.

Im Rahmen einer Umstrukturierung hin zu Großkombinaten verlor das Werk seinen Status als Stammbetrieb. Als 1987, nachdem das kleine Sputnik-Heft verboten worden war, die sozialistische Reformbewegung laut wurde, begann auch im Eisenberger Werk ein Aufbruch. Die progressiven Leute wollten nicht alles verändern, aber Mangelzustände wie die unregelmäßigen Lieferungen von Material, Waggons und Möbeln beheben. Ein Hauptargument war: Das Arbeiten macht so mehr Spaß.

Befördert durch diese Aufbruchsstimmung wurde 1988 ein junger Mann, Klaus Schreyer, Betriebsdirektor. Er war ein Hoffnungsträger. Zeitgleich stieß ein Herr aus Gera zu uns, der aus dem Maschinenbau kam und einige Kenntnisse über Auslandsgeschäfte mitbrachte. Wie wichtig das für unsere Zukunft sein würde, ahnten wir da noch nicht.

Im Herbst 1989 bildeten sich die Runden Tische. Mit dem Mauerfall am 9. November 1989 stellten wir uns alle die Frage: Werden wir vereinigt? Danach überstürzten sich die Ereignisse: Kohl verkündete im Dezember 1989 in Dresden sein Zehn-Punkte-Programm. Bald hielten die ersten Demonstranten die Schilder hoch: »Deutschland einig Vaterland!« Bei der Wahl am 18. März 1990 siegte die »Allianz für Deutschland« und Lothar de Maizière wurde letzter Ministerpräsident der DDR. Wir alle steckten in Unwägbarkeiten fest. In der Belegschaft breitete sich Unruhe aus, die Leute wollten von uns wissen, was geschehen würde. Doch wir in der Leitung – ich war Mitarbeiter bei Betriebsdirektor Schreyer und beim Ökonomischen Direktor Herrn Zänker – wussten ja ebenfalls nicht, was wir tun sollten!

Unmittelbar nach dem Mauerfall erhielt ich zusammen mit zwei anderen Verantwortlichen des Werkes von Herrn Zänker den Auftrag, loszufahren und uns mit dem GmbH-Gesetz des Westens vertraut zu machen. Diesen Tag vergesse ich nie: Die Justiziarin Frau Portius, der Hauptbuchhalter Herr Prüfer und ich setzten uns in die Deutsche Nationalbibliothek in Leipzig und bekamen für einen Tag das GmbH-Gesetz, die Beck'sche Ausgabe mitsamt Kommentar von 4.500 Seiten, ausgehändigt. Möglich wurde dies durch meine Beziehungen zur Bücherei, weil dort eine gute Bekannte von mir arbeitete. Da saßen wir nun zu dritt vor den beiden dicken Wälzern und sammelten so unsere ersten Kenntnisse in der Materie. Wir erkannten die Zeichen der Zeit und verstanden, dass wir darauf hinarbeiten mussten, eine Kapitalgesellschaft nach bürgerlichem Recht zu bilden.

Der Betriebsdirektor fragte mich um Rat, was er tun solle. »Vor allem müssen wir mit den Leuten im Gespräch bleiben«, riet ich. Und wir blieben im Gespräch. Es gab allerdings auch Auseinandersetzungen mit der Belegschaft über den weiteren Weg des Betriebes, denn nach dem Mauerfall herrschte neben der Freude auch eine zunehmende Verunsicherung über seine Zukunft. Die medialen Informationen überschlugen sich. Irritation, Unwissenheit und der Wunsch, alles anders zu machen, taten das Übrige.

Im Frühjahr 1990 – ich selbst war nicht Zeuge, sondern weiß davon aus Gesprächen mit Kollegen – kam es zu einer spontanen Kundgebung auf dem Betriebsgelände in der Bahnhofstraße. Verschiedene Redner legten ihre Standpunkte dar. Einige plädierten dafür, den bereits berenteten Rudi Oertel zu bitten, wieder in den Betrieb zurückzukommen und ihn zu retten. Einige wollten, dass die fachlich geeignetsten Direktoren den Betrieb kaufen. Danach formierte sich ein Demonstrationszug, der durch die Stadt zum Sitz des Betriebsdirektors beziehungsweise zur Verwaltung in der Klosterlausitzer Straße wanderte, wo die Menge skandierte: »Schreyer weg – hat kein' Zweck!«

Vom Stammbetrieb Zeulenroda kamen keine Anweisungen, also versuchten wir auf eigene Faust, uns zurechtzufinden. Das führte dazu, dass wir relativ zeitig, im Frühjahr 1990, in der Lage waren, einen Gesellschaftervertrag für die Firma zu erarbeiten und das Möbelwerk entsprechend der Verordnung der Modrow-Regierung zur Umwandlung der Volkseigenen Betriebe in eine GmbH zu verwandeln. Die Eröffnungsbilanz für die Firmengründung der Eisenberger Wohnraummöbel GmbH zum 1. Mai 1990 erfolgte noch in DDR-Mark. Sie liegt noch heute bei mir zu Hause, nur passen die Disketten in kein Laufwerk mehr. Als die Währungsunion am 1. Juli 1990 stattfand, gab es noch ein »i. G.«, in Gründung, hinter unserem Namen.

Nun mussten wir lernen, wie Rechnungslegung im marktwirtschaftlichen System funktioniert und wie die Buchhaltung aufgebaut ist. Natürlich hatten wir zu DDR-Zeiten auch Aktiva und Passiva und eine Materialbuchhaltung gehabt, aber die Strukturen und die Formen waren anders gewesen. Wir hatten demnach einen unheimlichen Nachholbedarf, vor allem in der Verwaltung.

Die Nachfrage nach unseren Produkten, die man uns bis zur Währungsunion aus den Händen gerissen hatte, sank. Viele kennen die Geschichten über den Lastkraftwagen, der im Rahmen des sogenannten innerdeutschen Handels die Pianos nach Lichtenfels transportierte. Die Piano Porte-Fabrik war ein Betriebsteil der Möbelwerke gewesen und ab dem 1. Mai 1990 eine 100-prozentige Tochter der Eisenberger Wohnraummöbel GmbH. Zwei Mal pro Woche kam die DEUTRANS-Spedition und holte Möbel. Nach der Währungsunion freuten wir uns im ersten Moment, dass wir von nun an D-Mark einnehmen würden. Doch wir sahen nicht eine einzige Deutsche Mark auf dem Konto. Es wurde alles über den Außenhandel abgerechnet, sodass wir für Möbel im Schnitt für eine aufgewendete Ost-Mark zwischen 14 und 18 West-Pfennige bekamen. Bei den Pianos war der Umrechnungssatz im Vergleich dazu großzügig, da gab es für 1 aufgewendete Ost-Mark 95 West-Pfennige. Das entsprach dem sogenannten Valuta-Verrechnungskoeffizienten – 1 D-Mark = 4.140 Ost-

Mark –, der im Staatshaushalt und nicht in unserer Kasse landete. Wir bekamen nur den Gegenwert gutgeschrieben.

Im Sommer 1990 veranstalteten wir die erste Hausmesse in unserer Kaufhalle, um neue Handelspartner zu gewinnen und den alten unsere neuen Preise vorzustellen. Aufgrund der neuen Kalkulationsbedingungen konnten wir nicht mehr zu den früheren Preisen verkaufen. Unsere westdeutschen Handelspartner waren große Handelsgesellschaften wie Neckermann und Quelle, die unsere berühmte Schrankwand »Juwel« bis zur Währungsunion in großer Zahl für etwa 700 D-Mark Betriebsabgabepreis das Stück abgenommen und für 1.999 D-Mark im Neckermann-Katalog angeboten hatten. Diese Handelspartner luden wir zur Messe ein und legten ihnen die neuen Preise vor. Sie alle lehnten dankend ab. Anders die russischen Kunden: Als sie unsere Preise hörten, sagten sie: »Wir würden gern kaufen, aber wir haben das Geld nicht.« Dank einer Hermesbürgschaft des Staates erfüllten wir unsere vertraglichen Verpflichtungen gegenüber unseren russischen Handelspartnern noch bis Ende 1991.

Das Kernstück eines wirtschaftlichen Unternehmens ist es, eine Ware zu produzieren, die man gut verkaufen kann. Stellt man eine Ware her, die niemand mehr kaufen will oder kann, muss man reagieren. In unserem Fall trat die Treuhand auf den Plan und nahm sich der Sache an. Sie beschaffte uns zwar keine Aufträge, doch sie sondierte: Wie sehen unsere Bilanzen aus, wie unser Konzept? Wir schrieben uns die Finger wund und mussten regelmäßig nach Gera zu Herrn Jessen fahren, dem Leiter der für uns zuständigen Treuhandniederlassung. Ihm hatten wir unsere Probleme darzustellen. Es ging unter anderem darum, dass am Ende des Monats 2.000 Leute bei uns auf der Matte standen, die ihren Lohn haben wollten. Dieses Geld mussten wir herbeischaffen oder andernfalls die Leute in Kurzarbeit schicken. Da wir das Geld für die Gehälter nicht erwirtschafteten, weil wir so gut wie nichts verkaufen konnten, wollten wir uns das Geld leihen. Doch dafür brauchte man Sicherheiten. Diese Sicherheiten konnte unsere kleine GmbH mit 39.000 Ost-Mark Einlage nicht geben. So bürgte die Treuhand für uns, wir erhielten diverse Überbrückungsmittelkredite und konnten unsere Verbindlichkeiten decken, Material einkaufen und unsere Leute bezahlen.

So wirtschafteten wir ein paar Wochen vor uns hin, bis eines Tages der Geschäftsführer vor meiner Tür stand und sagte: »Roland, die Russen kaufen keine Möbel mehr. Bereite Massenentlassungen vor.« Tür zu. Das war im zweiten Halbjahr des Jahres 1990. Ich hatte einen Schnellbesohlungslehrgang als Personalleiter in Heidelberg absolviert und wusste, was man in einer solchen Situation beachten muss. Mit viel Mühe erstellte ich einen Sozialplan, der darlegte, dass wir – würden wir unsere Ware weiterhin nicht verkaufen und nichts einnehmen – Personal abbauen müssen. Annähernd 2.000 Menschen arbeiteten zu dieser Zeit im Möbelwerk. Nun musste ich mich damit beschäftigen, wer bleibt und wer gehen muss. Ausschlaggebend waren soziale Kriterien. Das war eine undankbare Aufgabe. In Familien einzugreifen und Betriebszugehörigkeit, Lebensalter, soziale Situation zu prüfen, war ein schmerzhafter Prozess.

Hätte es eine Alternative gegeben? Nun, wir hätten sagen können, wir wollen alle gemeinsam untergehen. Dann wäre die Firma zergliedert und kaputtgemacht worden. Stattdessen entschieden wir uns zu kämpfen: Wir wollten diesen Standort, das Know-how, die noch junge Tradition und damit auch die Arbeitsplätze erhalten. Doch allen Bemühungen zum Trotz kam es ab Beginn des Jahres 1992 zu einer Massenentlassung, im Zuge derer die Belegschaft bis Ende 1993 auf 165 Mitarbeiter reduziert wurde. Mit anderen Worten: Wir mussten 1.354 Möbelwerker entlassen. Die verbleibende Differenz verloren wir durch Betriebsübergänge, Ausgliederungen von Betriebsteilen – zum Beispiel des Industrieheizwerkes und der Berufsausbildung – und durch Reprivatisierungen. Manche der Leute suchten sich auch selbst einen neuen Arbeitsplatz.

Eine der ersten Maßnahmen war es, uns von allem zu trennen, was nicht zur Produktion notwendig war. Das Möbelkombinat oder die Möbelwerke Eisenberg betrieben, wie alle DDR-Betriebe, außer den Produktions- und Verwaltungsstätten auch zahlreiche soziale Einrichtungen: eine Kinderkrippe und einen Kindergarten, eine Betriebsbibliothek, eine Berufsschule und eine Berufsausbildung, ein Heizwerk, Ferieneinrichtungen – lauter Zeug, das nicht notwendig ist, um Möbel herzustellen. Zunächst gründeten wir die Berufsausbildung als Stiftung aus. Kindergarten und Kinderkrippe sollten der Kommune übergeben werden.

»Geh zum Rat der Stadt und frag, ob sie für kleines Geld die Schwimmhalle übernehmen würden«, trug mir der Geschäftsführer unserer GmbH auf. »Richte einen schönen Gruß aus und sag ihnen, dass wir, nehmen sie die Halle nicht, das Wasser ablassen, Balken reinschlagen und ein Möbelkaufhaus daraus machen.« Mit dem Auftrag trabte ich ins Rathaus. Nach langen, zähen Verhandlungen übernahm die Stadt Eisenberg das Hallenbad und Schwimmunterricht und Freizeitsport waren damit gesichert.

Ab November 1989 erreichten uns Berge von Werbematerial von Leuten und Unternehmen, die uns etwas verkaufen wollten. Wir freuten uns, was alles angeboten wurde: neue Maschinen und gutes Material! Doch wir konnten nichts kaufen, unsere Liquiditätssituation ließ es nicht zu.

Von der Treuhand wurden uns Unternehmensberater zugewiesen, gegen die wir uns nicht wehren konnten. Die brachten ihre Computer mit, stellten Bedingungen und erzählten uns lang und breit, wie es gehen könnte. Das mussten wir uns anhören, anderthalb Jahre lang. Und wir mussten dafür auch noch bezahlen. Unser Wissensdefizit versuchten wir mit Fortbildungsmaßnahmen aufzuholen. Im Mittelpunkt standen Kurse rund um Personalcomputer, elektronische Datenverarbeitung und den Einsatz einer speziellen Software, hinzukamen solche zu kaufmännischen Themen, zu gesetzlichen Regelungen und Bestimmungen in allen Arbeitsbereichen, Verkaufs- und Einkaufsstrategien, zum Arbeitsschutz. Wir arbeiteten ein Konzept aus, das bei der Treuhand in Gera gut ankam. Im Frühjahr 1992 schlugen sie uns vor, das Kerngeschäft, die Möbelproduktion, aus der Firma auszugründen. Wir folgten dem Vorschlag.

Unsere erste große Anschaffung war 1995 eine Bauteilkaschieranlage. An einem Arbeitstag schaffte sie 10.000 Bauteile. Unter Rudi

Oertel waren täglich dreischichtig circa 100.000 Bauteile be- und verarbeitet worden. Die neue Anlage basierte auf einer anderen, zeitgemäßen Technologie und hatte eine deutlich höhere Qualität. Die Treuhand begleitete und finanzierte die erste Investition. Wenn die Bilanz auf Verlust steht, dann fehlt das Geld hinten und vorn, sowohl in der Produktentwicklung als auch in der Markterschließung. Auch um in neuen Märkten Fuß zu fassen, benötigt man Geld. Wir standen im Wettbewerb mit Unternehmen aus den alten Bundesländern, die auch keine schlechten Möbel herstellten. Die hatten genügend Kapazitäten, um das gesamte DDR-Gebiet damit abzudecken.

Es war über alle Maßen schwierig, das Möbelwerk Eisenberg zu erhalten. Alles in allem sehe ich unsere Entwicklung jedoch relativ positiv. Es war ein schwerer und einsamer Weg, der kluge Entscheidungen und Kreativität verlangte. Es gab niemanden, der uns aufrichtig an die Hand nahm. Fünf Finger reichen aus, um diejenigen aus den alten Bundesländern aufzuzählen, die das Unternehmen nach vorn brachten, beziehungsweise uns dabei unterstützten.

1995 war ich noch Personalleiter. Die Geschäftsführung wechselte ständig. Nachdem der erste ostdeutsche Geschäftsführer 1991 und der zweite ostdeutsche Geschäftsführer im März 1993 durch die Treuhand rausgeschmissen worden waren, übernahmen nacheinander einige merkwürdige Menschen die Geschäftsführung. Da die Treuhand 100-prozentiger Gesellschafter der GmbH war, entschied ausschließlich sie darüber. Im September 1993 wurde ein kaufmännischer Geschäftsführer aus den ABL, den alten Bundesländern, berufen, der sogleich seine Arbeit aufnahm. Wir mochten diese von der Treuhand geschickten Leute nicht und sie gingen nicht gut auf uns ein. Einen, er hieß Klaus Hartmann, nannten wir den »Frischen Wind«. Er wurde von irgendwo aus der Welt eingeflogen und zog sein Ding durch. Herr Hartmann wurde Ende Juni 1995 durch die Nachfolgeorganisation der Treuhand, die Management KG, von seinen Aufgaben entbunden. Ein anderer, Michael K., kam aus den ABL, logierte im Dorint Hotel in Gera und erschien jeden Tag im Büro mit einer Tüte, in der er sein »Breakfast« transportierte. Er nahm Platz und arbeitete vor sich hin. Außer Anwesenheit und Gehaltszahlung kam dabei nicht viel raus.

»Steudel, was machen die hier?«, fragten mich die Kollegen. »Das kann doch nicht wahr sein!« Ich musste antworten: »Ich bin der Personaler, das geht mich nichts an.« Die Belegschaft blieb unruhig. Irgendwann sah die Management KG ein, dass es so nicht weitergehen konnte. Ein Mitglied der KG kam zu mir und fragte, ob ich die Funktion eines Geschäftsführers übernehmen würde. »Das kann ich doch gar nicht«, antwortete ich, doch er beharrte: »Nur übergangsweise, als Interimsgeschäftsführer können Sie das wohl machen, vielleicht ein halbes, ein Dreivierteljahr, während wir mit Hochdruck weitersuchen.« Ich befragte zwei Vertrauenspersonen, ob sie mir das zutrauten, und erhielt von beiden Zuspruch. So beschloss ich: Ich mache das um des Betriebsfriedens und um der Leute willen. Damit endlich Ruhe einkehrt und wir uns darauf konzentrieren können, Märkte und Kunden zu finden und das Unternehmen voranzubringen. Ich sagte zu. Daraus sollten zehn Jahre werden.

Nun war ich der Geschäftsführer der GmbH, zusammen mit Constantin Ogrzey aus den ABL. Anfangs verstand ich mich nicht besonders gut mit dem Kollegen, der zuvor mein Vorgesetzter gewesen war. Doch es klappte zunehmend besser, denn ich merkte, wie kompetent er war. So wuchs mein Respekt. Neben vielen anderen Dingen führte er ein Controllingsystem ein, bei dem man durch Kennzahlen ablesen konnte, wie sich verschiedene Faktoren wechselseitig bedingen und was mit einem Produkt erwirtschaftet werden kann. Dieses System versetzte uns in die Lage, das Unternehmen faktenbasiert zu leiten. Für mich lag darin ein großer Erkenntnisgewinn, nachdem wir zu DDR-Zeiten nach den »drei Buchstaben«, nach IWP, produziert hatten. IWP steht für »Industrielle Warenproduktion« und bezeichnete die Summe des produzierten Warenwerts auf der Grundlage von Industrieabgabepreisen der DDR. IWP war auch die Zahl, die an die Kreisparteiorganisation, die Kombinatsleitung sowie an das zuständige Ministerium weitergemeldet wurde. Nie fragte einer: Was ist das überhaupt? Lohnt sich das?

Natürlich machte der volkseigene Betrieb bei vielen Erzeugnissen auch Gewinne, doch die wurden an den Staatshaushalt überwiesen. Wollten wir investieren, kamen die dafür notwendigen finanziellen Mittel von der Staatsbank. Es waren Kredite und damit letztlich Schulden, wenngleich es sich um entnommene Investitionsmittel aus den zentral eingezahlten Gewinnen handelte. Wir in Eisenberg hatten zu DDR-Zeiten zwischen 35 und 37 Millionen DDR-Mark Schulden angehäuft. Nach der Währungsumstellung verbuchte die Deutsche Bank diese Summe als Forderung in ihren Bilanzen. Die Zinsen konnten wir gerade noch bezahlen, aber keine Tilgungen leisten. Die DDR-Staatsbank glich einem Geldinstitut, das unendlich Geld vergeben konnte, weil der Staat dafür bürgte. Der Filialleiter der Staatsbank in Eisenberg, Herr Dietrich, sorgte in Zusammenarbeit mit den zuständigen Abteilungen des Möbelwerkes dafür, dass das Geld kam. So konnte es im Möbelwerk weitergehen. Doch eine Ertragsrechnung oder eine Deckungsbeitragsrechnung, wie sie heute jeder Kaufmann macht, gab es in dieser Form nicht.

Gegen Ende des Jahres 1994 saß ich mit einem Herrn aus der Riege der sogenannten Treuhandinvestoren am Tisch. Er saß dort, wo sonst die Chefsekretärin Frau Müller saß, ich ihm gegenüber auf der anderen Seite des Tisches. »Das Fairste und moralisch Sinnvollste wäre, wenn wir 25,1 Prozent der Firma der Belegschaft anbieten«, schlug ich vor. »Damit machen wir sie zu echten Teilhabern. Es gibt meines Wissens in den Altbundesländern verschiedene Mitarbeiterbeteiligungsmodelle, die die Leute an ihrem Unternehmen teilhaben lassen. Sie können dann bestimmte Entscheidungen mittragen – nicht alle, freilich, deshalb nur 25,1 Prozent.« Er antwortete geradeheraus: »Das kann ich mir nicht vorstellen.« Gut, dachte ich, dann müssen wir das hinnehmen, man kann ja nichts erzwingen. Etwa drei Jahre später schlug er vor, dass mein Kollege und ich geringe Anteile der Firma kaufen und auf die Belegschaft umlegen könnten.

Anders lief das bei einer der Firmen, die gemeinsam mit uns verkauft wurde, einer Jacquardweberei aus Rodewisch in Sachsen mit 71 Mitarbeitern. Der dortige Geschäftsführer, kompetent und mit nötiger Finanzierung, reichte bei der Treuhand ein Angebot ein. Nicht lange danach wurde er abberufen. Klar: Er war ein Konkurrent der anderen potenziellen Käufer und die Treuhand schaffte ihn als unliebsamen Bewerber aus dem Weg. Solche ungerechten Spielchen wurden in dieser Zeit häufig gespielt.

Im Februar 1995 wurde unser Unternehmen an eine Investorengruppe namens Schröder & Partner verkauft und somit privatisiert. Die Gesellschaft hatte angeboten, fünf Firmen im Paket zu kaufen: neben dem Möbelwerk die Zwickauer Kammgarnspinnerei, die Thüringer Teppichwerke, die Colortex (Bettwäsche) und die Ertex (Tischdecken). Wir waren die fünfte und größte. Uns fünf kaufte man im Firmenverbund, in dem circa 1.630 Mitarbeiter beschäftigt waren. Wir hatten einen Gesamtumsatz von rund 360 Millionen D-Mark. Damit endete die Zeit der Treuhand im Möbelwerk.

Ein Trauerspiel - Eisenberg verlor einen Betrieb und viele Arbeitsplätze, das war das Schlimmste

Petra Schreiber

Montagearbeiterin bis 1991.

Unter denen, die im Möbelwerk gelernt und viele Jahre, manche gar ihr ganzes Leben lang, im Betrieb gearbeitet haben, war auch ich. Es ist ein Trauerspiel, dass es das Werk nicht mehr gibt. Viele Familien waren dort beschäftigt, richtige Familienclans! Wir arbeiteten, lernten, lebten in der Firma. Und plötzlich – war sie weg. Eisenberg verlor einen Betrieb und viele Arbeitsplätze. Das war das Schlimme.

Mir wurde zum 31. Dezember 1991 gekündigt, weil ich nicht mehr ganztags arbeiten konnte. Schluss, einfach so. Da stehst du plötzlich da und fragst dich: Was tun in einer solchen Situation? Ein Dreivierteljahr blieb ich zu Hause. Das war nötig und gut aufgrund privater Umstände. Anschließend setzte ich mich auf die Schulbank und lernte einen neuen Beruf. So ging es vielen hier. Sie landeten in Arbeitsbeschaffungsmaßnahmen, Auffang- und Beschäftigungsgesellschaften, nahmen Ein-Euro-Jobs auf.

Eigentlich sollte man dem Vergangenen nicht nachtrauern. Aber unser Betrieb war etwas Besonderes. Wie gern ich dort gearbeitet habe! Auch wenn es manchmal eine elende Plackerei war. Zuerst war ich im Dreischichtsystem unten in der Vorstufe tätig gewesen, später war ich hoch in die Montage gewechselt. Wir Frauen arbeiteten dort unter Bedingungen, unter denen heute keiner mehr arbeiten würde. Und trotzdem machte ich die Arbeit gern.

Wenn wir uns nach der Wende trafen, trauerten alle dieser Zeit nach. Es mag oft schwierig gewesen sein, aber wir haben die Schwierigkeiten gemeinsam gemeistert. Wir kamen gut miteinander aus. Mochten wir uns auch mal streiten – es war doch unsere Arbeit!

Der eine zeigte eine eher gleichgültige Haltung, der andere glühte für die Arbeit. Immerhin: Es kamen ordentliche Möbel dabei heraus.

Mein Mann ist heute noch tieftraurig. Fast sein gesamtes Arbeitsleben verbrachte er im Möbelwerk, strengte sich mit den anderen gemeinsam an. Im Februar 1990 protestierten wir, organisierten einen Streik, hielten Plakate hoch. Wir wollten unseren Betrieb nicht verlieren! Doch plötzlich war alles weg.

Der Vergleich kann nur hinken - Einen volkseigenen Betrieb der DDR muss man völlig anders betrachten als ein privates Unternehmen heute

Bernward Müller

Lehrer, Gruppenbetreuer und später Leiter des Ferienlagers.

Ich bin kein Möbelwerker, sondern war Lehrer in Eisenberg. Dennoch stand ich mit dem Möbelwerk in Verbindung, weil die Schulen durch die Patenbrigaden engen Kontakt zu den Betrieben hatten. Dies waren betriebliche Arbeitsgruppen, die Patenschaften für Schulklassen übernahmen, durch die sie den Kindern frühzeitig Einblicke in das Berufsleben und die Arbeit im Betrieb geben konnten.

Über viele Jahre arbeitete ich in den Ferien im Betriebsferienlager in Thale. Manchen werden jetzt die Augen glänzen, weil sie das Ferienlager kennen. Ich war der Betreuer der großen Jungs. In den letzten Jahren bis 1989 war ich Leiter des Ferienlagers, in dem wir nicht nur die Kinder vom Möbelwerk betreuten, sondern auch Kinder aus Frankreich und Polen.

Einen volkseigenen Betrieb der DDR muss man völlig anders betrachten als ein privates Unternehmen heute. Die Essensversorgung der Belegschaft, die Kindergärten, die Gesundheitsfürsorge durch Betriebsärzte, die Berufsschule, die Ferieneinrichtungen – das muss man im Hinterkopf haben, damit man versteht, was für einen Schlag ins Kontor des deutschen Ostens die Einführung der D-Mark bedeutete. Denn plötzlich mussten die Betriebe nach völlig anderen Mechanismen funktionieren. Wenn man sich heute vor Augen führt, was damals passierte, fragt man sich, wie das geschehen konnte.

Das Möbelwerk Eisenberg hatte vor der Währungsunion rund 2.000 Beschäftigte. Am 1. Juli 1990 verdiente ein Angestellter 700 Mark – 700 Ost-Mark, die von einem Tag auf den nächsten 700 D-

Mark wurden. Bei 2.000 Beschäftigten brauchte der Personalleiter Roland Steudel jeden Monat viel Geld, um die Löhne zu bezahlen. Zeitgleich mit der Einführung der D-Mark fiel der Absatz der Produkte weg. Wie viele Schrankwände hätte er verkaufen müssen, um die Monatsgehälter der gesamten Belegschaft zahlen zu können? So wurde die Umstellung auf die D-Mark für die DDR-Betriebe zum Riesenproblem.

Für die Betreuung ihrer Kinder im Betriebsferienlager bezahlten die 10 Mark! 10 Mark für zwei Wochen Essen, Trinken, Unterhaltung, Bezahlung der Gruppenhelfer. Das alles wurde aus den Fonds des Betriebes bezahlt. Bedeutete das Wirtschaftlichkeit? Die Möbelwerk GmbH hatte Verbindlichkeiten, Schulden in Millionenhöhe. Für diese wurden Kredite vergeben, ebenfalls in Millionenhöhe. Doch woher kamen diese Kredite? Die Deutsche Bank wird keine gegeben haben.

Sozial, aber teuer – Warum Berufsschule, Kindergarten und Betriebsärzte zwar den Angestellten zugutekamen, der Firma nach der Wende aber Schulden in Millionenhöhe einbrachten

Roland Steudel | Jahrgang 1956

Der Lohn lag 1990 in unserem Unternehmen im Durchschnitt bei 3,89 Mark pro Stunde. Für einen Angestellten bedeutete das 707 Mark im Monat. 2002 lag der Durchschnittslohn bei 9,84 Euro, also ein Monatsgehalt von 1.935 Euro. Von der positiven wirtschaftlichen Entwicklung der Firma profitierte demnach auch die Belegschaft. Nach der Wiedervereinigung waren wir von Beginn an tarifgebundenes Mitglied in einem Arbeitgeberverband, der mit Bayern und Thüringen fusionierte. Als Mitglied der Tarifkommission wirkte ich an dieser Lohnentwicklung mit. Fast jedes Jahr zahlten wir der Belegschaft 20 Prozent mehr Lohn. Mit anderen Worten: Wir trugen dafür Sorge, dass sich mit der Wirtschaftlichkeit des Unternehmens auch die Löhne der Angestellten entwickelten. Als Personalleiter war mir nur begrenzt Einfluss möglich, aber als späterer Geschäftsführer konnte ich darauf hinwirken. Das tat ich nach Kräften, weil mir die Interessen unserer Kollegen am Herzen lagen und weil ich wusste, dass die Menschen das Kapital eines jeden Unternehmens sind. Ich bin eben ostdeutsch sozialisiert. Auch ich trug ein tiefes Zusammengehörigkeitsgefühl in mir, doch musste ich in meiner Funktion die Dinge zugleich von der ökonomischen Seite betrachten.

Wo es ging, zahlten wir Prämienlöhne, damit die Leute bei steigender Produktivität mehr in die Taschen bekamen. Wir entwickelten sogar Modelle zur Mitarbeitererfolgsbeteiligung. Es war nicht einfach, den Gesellschafter zu überzeugen: »Wir müssen würdigen, was die Kollegen hier leisten! Das ist unser aller Umsatzentwicklung. In guten Zeiten musst du mir bitte die 250.000 Euro aus dem Gewinntopf zum Verteilen geben.« Dass wir die Gewinnbeteiligung umsetzten, ist mein Verdienst. Bei uns verdienten alle gut.

Ich besitze glücklicherweise ein kleines privates Handarchiv, in dem sich ein Originaldokument aus dem Direktionsbereich Sozialwesen von 1989 befindet: »Zuarbeit – Schwerpunkte der Arbeits- und Lebensbedingungen im VEB Möbelwerke Eisenberg«. Darin sind in der Abteilung »Ferienwesen Kinderferienlager« drei betriebseigene Objekte aufgeführt. Für das Jahr 1954 ist Sellin verzeichnet mit 14 Bungalows und einer durchschnittlichen Belegung von 462 Betten im Jahr. In Mellensee: standen sieben Bungalows mit einer jährlichen Belegung von 231 Betten. Und schließlich gab es das Ferienobjekt Thale mit der Gaststätte »Brauner Hirsch«. Dort fanden die Sommerferienlager statt und wir belegten 90 Betten in drei Durchgängen. Später wurde in Thale sogar ein Winterferienlager durchgeführt, das waren zusätzlich 30 Betten in zwei Durchgängen. Das Objekt in Thale wurde 1958 erworben. Wir bauten es zu einem Ferienlager aus.

1953 eröffneten wir in Eisenberg die Kinderkrippe mit 50 Plätzen, 1969 kam der Kindergarten mit 140 Plätzen dazu. Für die Angestellten folgte 1973 das Hallenbad und 1978 die Kegelbahn mit den Betriebsgaststätten. Die Gesundheitseinrichtung wurde 1967 eröffnet und 1980 eine Erweiterung in der Mozartstraße gebaut. Drei Betriebsärzte waren vor Ort: Sanitätsrat Dr. Wiesenhüter, Frau Dr. Kutzner und die Zahnärztin Dr. Bernd. Die Frauen wurden zudem von einem Arzt gynäkologisch betreut, der gelegentlich kam. 1977 richteten wir zur Versorgung der Bevölkerung mit Waren des täglichen Bedarfs in der Jenaer Straße eine Kaufhalle ein, die auch der Stadt Eisenberg zugutekam.

Im Möbelwerk boten wir eine Lehrausbildung mit polytechnischer Ausrichtung an. 1972 riefen wir die zentrale Ausbildungsstätte mit Lehrlingswohnheim ins Leben: Hier in Eisenberg wurden die Klavierfacharbeiter für die gesamte DDR ausgebildet, die Holzfacharbeiter in entsprechenden Betriebsberufsschulen. Wir bauten einen Speisesaal. Mit unserem Heizkraftwerk versorgten wir Betriebe und 500 Wohnungseinheiten mit Ferndampf.

Von 2.000 Mitarbeitern haben wir 93 Prozent eine warme Mahlzeit gereicht. Der Preis dafür lag in der ersten Stufe bei 80 Pfennig pro Portion, in der zweiten Stufe bei 1,20 bis 2,50 Mark. Das Essen stützte der Betrieb aus seinen Liquiditätsmitteln und belastete das Unternehmen im Jahr 1989 mit 2,7 Millionen DDR-Mark. Die dafür erforderlichen Finanzmittel kamen von der Staatsbank der DDR.

1989 kostete die Werksküche den Betrieb 336.000 DDR-Mark, die Ambulanz 76.000, die Kinderkrippe 109.000, der Kindergarten 125.000, das Kinderferienlager 133.000. Die Werkswohnungen 240.000 DDR-Mark, das Ferienwesen Sellin/Mellensee 265.000. Das Arbeiterwohnheim in der Mozartstraße kostete 76.000 DDR-Mark. Die Gaststätte der Kegelbahn beanspruchte 44.000 DDR-Mark, hinzukamen diverse Sportanlagen wie Hallenbad und Kegelbahn. Auch die Fußballmannschaft mit zugehörigem Bus kostete Geld. Aus 79 Ortschaften um Eisenberg herum wurden die Angestellten hergebracht, 64 Orte wurden jeden Tag zu allen drei Schichten mit einer Flotte von Kleinbussen vom Typ Barkas angefahren.

Zusammengenommen ergibt das 217 Millionen DDR-Mark, die der Spaß kostete. Das Geld kam aus dem K & S-Fonds. Das war praktizierte Wirtschafts- und Sozialpolitik der DDR. Der grundlegende Unterschied zu heutigen Firmen ist der, dass der Betrieb nicht nur eine wirtschaftliche Einrichtung war, sondern er war ein soziales System, in dem alle miteinander etwas bewirken wollten. Rudi Oertel beflügelte alle Kollegen, wenn er sagte: »Guckt mal, was wir schaffen!« Und wir sahen: Es ging aufwärts. Deshalb hängen wir noch heute so emotional an dem Betrieb. Das Ganze war ein Potemkin'sches Dorf, doch das ändert nichts an unseren Emotionen. Wir waren eine große Gemeinschaft von Möbelwerkern. Wir waren Möbelwerker mit Herzblut.

Ich versuche, die damalige Situation sachlich mit Zahlen darzustellen, damit man sie mit heutigem Erfahrungshorizont versteht. Der Betrieb war ein Kosmos, der mit heutigen Betrieben nicht vergleichbar ist. Würde heute jemand ein solches Unternehmen gründen, wäre er nach wenigen Wochen pleite. Heute wissen wir das alles besser, doch damals war es nicht so einfach. Als mich nach der Wende junge Leute aus dem Betrieb fragten: »Was sollen wir jetzt machen?«, sagte ich: »Geht in die alten Bundesländer! Ihr seid noch ungebunden, geht dorthin. Lernt dort, was ihr braucht, danach könnt ihr entscheiden, zurückzukommen.« Ein paar kamen zurück nach Eisenberg, aber viele blieben im Westen. Das ist schmerzhaft.

Die Ausgaben für den Betrieb wurden zunächst von der Treuhand verbürgt, sonst hätten wir kein neues Geld bekommen. Diese Bürgschaften wurden teilweise abgeschrieben, ein ganzer Teil aber wurde als Verlust übernommen. Buchhalterisch nennt man das einen Verlustvortrag. Erst relativ spät habe ich verstanden, dass er bares Geld bedeutet. Die Damen und Herren aus den alten Bundesländern achteten tunlichst darauf, dass die Verlustvorträge stets in den Bilanzen mitgeführt wurden, auch im Zuge der Privatisierung. Der Verlustvortrag, der aus 1993 und 1997 bilanziell hinübertransportiert wurde, konnte dergestalt eingelöst werden, dass man ihn im nächsten Jahr gegen den Gewinn verrechnete und somit keine Steuern zahlte. Da war Brutto wie Netto. Die Herrschaften müssen vor Lachen nicht in den Schlaf gekommen sein, um es deutlich zu sagen.

Die Treuhand finanzierte im Fall des Möbelwerkes jedoch eine Menge ohne Rückzahlung. Unsere Mitgift bestand aus 65.000 Quadratmetern Grund und Boden und 28.000 Quadratmetern Immobilien: den vier Hallen, einem Verwaltungsgebäude und einem Lagerraum. Als wir die ersten beiden Hallen abreißen ließen, bezahlte die Treuhand den Abriss.

Wenn mich heute einer fragen würde, wie man es hätte besser machen können, weiß ich keine einfache, verbindliche Antwort. In jeder Phase gab es Zweifel an dem eingeschlagenen Weg, vor allem zwischen dem 18. März und der Währungsunion 1990. Die Zweifel wollte aber niemand hören.

Während meines Studiums an der Uni Jena saß ich zwei Semester lang in einem Seminar über den wissenschaftlichen Kommunismus. Dort lernte ich: Das Kapital ist ein scheues Reh. Wird es bedroht, verschwindet es. Man muss kein Marxist oder Kommunist sein, um den

Gedanken nachzuvollziehen, den Marx im »Kapital« ausführt: »Das Kapital hat einen Horror vor Abwesenheit von Profit oder sehr kleinem Profit, wie die Natur vor der Leere. [...] Mit entsprechendem Profit wird das Kapital kühn [und] stampft für 100 Prozent [...] alle menschlichen Gesetze unter seinen Fuß; 300 Prozent, und es existiert kein Verbrechen, das es nicht riskiert, selbst auf die Gefahr des Galgens.« Auch diesen Hergang kann man unschwer an vielen Beispielen erkennen und nachweisen. Profit kann jedoch auch als Ansporn für gesellschaftliche Entwicklungen dem Wohle der Menschheit dienen und damit für eine gerechte Verteilung ein nicht unerheblicher sozialer Faktor sein.

Wenn ich heute auf unsere Unternehmensentwicklung nach der Wende zurückblicke, muss ich gestehen, dass sie verhältnismäßig gut gelaufen ist. Wir hatten im Jahr 1999 eine Eigenkapitalquote, von der andere nur träumten. Sie lag bei mehr als 40 Prozent. Früh- und damit rechtzeitig hatten wir auf die vielfältigen Umbrüche reagiert und nicht gewartet. Das war ein kluger Zug. Außerdem lernten wir viel und schnell, auch – um ehrlich zu sein – mit Unterstützung von Menschen aus den alten Bundesländern, die die Vereinigung von zwei unterschiedlichen Gesellschafts- und Wirtschaftssystemen als gemeinschaftliche, historische Aufgabe begriffen haben und nicht der Gier nach Profit, dem Eigennutz und Egoismus verfallen waren. Dadurch konnten wir ganz gut in die Marktwirtschaft starten und lernten dabei eine Menge – Gutes wie Schlechtes. Nur sozial wurde es schmerzlich. Diesen Schmerz empfinden viele Menschen aus dem Osten noch heute sehr stark. Daran knüpft sich durch die Verflechtung von Leben und Arbeit, von Familie und Beruf gleichfalls der Schmerz über den Untergang zahlreicher Traditionsunternehmen der DDR.

Als die Kündigungswelle begann, brachten die Kollegen zum Abschied noch Kuchen und Sekt mit

Irmgard Fritzsche | Jahrgang 1951

Ab 1974 Technische Zeichnerin im Möbelkombinat Eisenberg, ab 1977 in der Möbelkonstruktion, parallel dazu Fernstudium der Holztechnik an der FH Dresden, Kündigung 2007.

Ich möchte die Geschichte des Werkes anhand der Möbelentwicklung erzählen. Im Oktober 1974 begann ich, in der Haupttechnologie als Technische Zeichnerin zu arbeiten. Ich hatte anfangs keine Ahnung von Möbeln und den Betriebsabläufen und arbeitete fast nur mit Männern zusammen. Mein Chef, Gerhard Gomolka, war Möbeldesigner und -konstrukteur. Er brachte mir die Grundbegriffe der Möbelkonstruktion bei. Neben der Arbeit als Technische Zeichnerin wurde ich zunehmend mit Bürotätigkeiten betraut. Dazu absolvierte ich einen Stenografie- und einen Schreibmaschinenkurs an der Volkshochschule. Da Herr Gomolka häufig unterwegs war, bekam ich technologische Aufgaben von Rolf Heinecke, dem Haupttechnologen, zugeteilt. Ich erstellte Materiallisten, errechnete Materialbedarfe, vervielfältigte Unterlagen, erledigte die Post, schrieb Briefe und vieles mehr.

In der Haupttechnologie waren wir zu viert: Gerhard Gomolka, Rolf Heinecke, Ferdinand Kopp und ich. Eines Tages kam unser Kombinatsdirektor Rudi Oertel in unser Büro gestürmt und eröffnete Herrn Gomolka und mir: »Ihr dort, ihr seid ab jetzt die ›Erzeugnisentwicklung‹, und ihr« – er deutete auf die beiden anderen Kollegen – »seid die ›Technologie‹.« Herr Oertel hatte nämlich bei der Kombinatsdirektorensitzung mitbekommen, dass die anderen Kombinate eine gesonderte Abteilung Erzeugnisentwicklung (EE) besaßen, nur wir in Eisenberg nicht. Er war ein großer, kräftiger Mann mit lauter Stimme, der mir nie vorgestellt worden war. Ich kannte »Rudi«, wie er von allen genannt wurde, nicht, als er plötzlich bei uns im Büro stand. Rudi Oertel suchte uns fortan jeden Tag auf und gab uns neue Aufgaben. Ein solches Vorgehen war mir, die ich frisch von der Schule kam, völlig neu. Ich fand es etwas gewöhnungsbedürftig.

Die Hallen in der Bahnhofstraße waren bereits errichtet, als ich 1974 im Möbelkombinat anfing. Nur die Montage befand sich noch in der Goethestraße und zog erst Ende des Jahres in die neue Halle um. Weitere Betriebsstätten gab es in Camburg, Torgau, Schkeuditz, Eilenburg, Pößneck, Gera und in Rudolstadt-Schwarza. Produziert wurde zunächst das »Leipzig 4/1«. Dabei handelte es sich um ein An- und Aufbauprogramm einer Schrankwand: Unterteile, Mittelteile und Oberteile wurden aufeinandergesetzt. Es war eine ganz andere Art von Möbel, nicht so schwer und wuchtig wie damals üblich. Der renommierte Designer Prof. Rudolf Horn hatte es entworfen. In der Bahnhofstraße fertigten wir »Leipzig 4/1« in Teak, zum Schluss in Kaukasisch Nussbaum. In Eiche hell wurde das Möbel in der Greinerstraße bei Zeiske & Drasdo gebaut, während es im Betrieb Pößneck in Mahagoni und in Sapelli hergestellt wurde, ausgestattet mit Butzenglas und allem, was dazugehört. Ein Großteil der Schrankwände wurde in die Sowjetunion versandt, in Güterwaggons, die wir abends beluden. »Leipzig 4/1« war schlichtweg ein Erfolgsmodell. Inzwischen hatte fast jeder Haushalt der DDR »Leipzig 4/1« im Wohnzimmer. Heute sieht man ab und zu ein Teil für den Sperrmüll auf der Straße stehen.

Die Abteilung »Erzeugnisentwicklung« unter Gerhard Gomolka war auch für unseren Stand auf der Leipziger Herbstmesse verantwortlich. Der Kombinatsleitung wurde klar, dass wir auf der Messe nicht jedes Jahr »Leipzig 4/1« ausstellen konnten. So erhielt Herr Gomolka 1975 den Auftrag, ein neues Möbelprogramm zu entwickeln. Es sollte »RGW-Programm« heißen und sollte eine Kombination aus Schlafraum- und Wohnmöbel darstellen, tendierte dabei aber eher in Richtung Schlafraummöbel. Es wurde mit Folie Kaukasisch Nussbaum beschichtet, war also kein Furnier wie üblich, eine neue Folienentwicklung des Möbelkombinates Eisenberg. Für das »RGW«-Programm bekamen wir Messegold, die Goldmedaille. Während diese Art Möbel in der Sowjetunion sehr gefragt war, konnten sich die DDR-Bürger kaum mit der dunklen Folie und den hochglanzpolierten Beschlägen anfreunden.

Bei der jährlichen Herbstmesse in Leipzig wurden am Freitag vor der eigentlichen Eröffnung am Sonntag alle Stände in der Halle durch den Minister der Leicht- und Lebensmittelindustrie abgenommen. Auch die entsprechenden Kombinats- und Fachdirektoren waren hierfür anwesend. Erst wenn dem Minister alles gefallen hatte, durften alle außer dem Standpersonal nach Hause fahren. Im Jahr 1979 geriet bei einer solchen Abnahme unser Kombinatsdirektor Rudi Oertel mit dem Minister in Streit. Worum es ging, kann ich nicht sagen. Wir hörten nur den lautstarken Disput. Unsere Absatzdirektorin Renate Schmutzler kam zu uns in die »Koje«, den Aufenthalts- und Lagerraum, gelaufen und berichtete: »Jetzt hat der Alte sich mit dem Minister angelegt!« Wir waren geschockt. Rudi Oertel sollte sich beim Minister entschuldigen, aber er weigerte sich. Das brachte unser Möbelkombinat in eine prekäre Situation. Unser Kombinatsdirektor wurde daraufhin seines Amtes enthoben und degradiert, man aberkannte ihm alle Orden und Ehrenzeichen, schloss ihn aus der Partei aus und unterstellte ihm Investitionsbetrug. Kurz nach der Wende traf ich Rudi Oertel in Eisenberg, wo er mir erzählte, dass sämtliche Vorwürfe widerlegt worden seien. Er wurde rehabilitiert und erhielt seine Orden und seinen Status wieder.

Infolge des Streits auf der Leipziger Messe wurde das Möbelkombinat Eisenberg dem Möbelkombinat Zeulenroda angegliedert. Die Teilbetriebe in Torgau, Eilenburg und Schkeuditz wurden einem anderen Möbelkombinat angegliedert. Von da an hießen wir VEB Möbelwerke Eisenberg. Rudi Oertels Nachfolge trat Günther Zillich an, der bis dahin Ökonomischer Direktor gewesen war. In unserer Entwicklungsabteilung entwickelten wir weiterhin Möbel, etwa das Modell »Topaz«, die »Eisenberg«-Modellreihe und das »Juwel«-Programm. Für das Werk in Crossen entwickelten wir »Roger«, in Eiche rustikal P43 und in Schwarz. Die Oberflächenbeschichtung war Furnier. Zum Modell gehörte auch eine ganz neue Vitrine mit Abrundungen, nicht eckig wie alle sonstigen Kastenmöbel.

Für die Messeauftritte waren nun nicht mehr wir selbst, sondern Zeulenroda zuständig. Von unserer Betriebsleitung wurde nur noch festgelegt, welche Möbel aus den Möbelwerken Eisenberg in Leipzig ausgestellt werden sollten. Alle Pläne – der Elektroplan, der Wasserplan und die einzelnen Schrankwandgrundrisse sowie alle Listen der Dekoartikel wie Gardinen, Gläser, Vasen, Blumen usw. – wurden nun von der »Erzeugnisentwicklung« in Zeulenroda erstellt. In unserer Eisenberger Produktionsstätte wurden »Topaz« und »Kristall« gefertigt, Folienmöbel, kein Furnier.

1987 nahm Wilfried Zänker seine Arbeit als Ökonomischer Direktor auf. Betriebsdirektor wurde 1988 Klaus Schreyer. Das Wendejahr 1989 und seine Verwicklungen hätte sich niemand von uns vorstellen können. Bereits im Sommer, als Ungarn seine Grenzen öffnete, verließen viele, vor allem junge Leute die DDR. Am Morgen des 10. November, dem Tag nach der innerdeutschen Grenzöffnung, erschienen viele unserer Kollegen nicht im Betrieb. Nach zwei, drei Tagen kamen sie wieder und sagten, sie hätten sich den Westen anschauen wollen.

Mit einem Mal war alles anders. Wilfried Zänker wurde neuer Betriebsdirektor. Unser VEB wurde in eine GmbH umgewandelt, aus dem Betriebsdirektor wurde ein Geschäftsführer. Ab 1. Mai 1990 war der frühere VEB Eisenberger Möbelwerke die Eisenberger Holding GmbH. Dadurch erhielten wir die Möglichkeit, von der Treuhand Kredite zu erhalten. Unser größtes Problem entstand nach der Währungsunion am 1. Juli 1990: Mit der Einführung der D-Mark brach der Absatzmarkt für unsere Möbel weg. Anderen Betrieben ging es ebenso. Gleichzeitig wollten wir alle unseren Lohn.

Schon bald erschienen die ersten Berater der Treuhand im Betrieb. Die kannten Frauen in technischen Berufen nicht. Ein Berater äußerte nach einer Technologensitzung, Frauen würden nur als »Putze« oder »Tippse« akzeptiert. Ein Berater fragte mich, in welche Abteilung ich wolle, denn die »Erzeugnisentwicklung« gab es nicht mehr:

»Zur ›Technologie‹ oder lieber in die Fertigung? Oder möchten Sie zur »Forschung und Entwicklung‹?« Ich antwortete: »Das müssen Sie mir doch sagen, wo ich mit meinem Status als Möbelkonstrukteurin hingehöre.« Er wusste es nicht. Betriebsteile wurden geschlossen, Mitarbeiter entlassen – für uns DDR-Bürger gänzlich unbekannte Ereignisse. Am Anfang brachten die Kollegen noch Kuchen zum Abschied mit. Aber das ließen wir bald sein, denn so viel Kuchen konnten wir gar nicht essen. Die Kündigungswelle rollte und ebbte kaum ab. Kollegen, mit denen wir viele Jahre zusammengearbeitet hatten, verstanden nicht, warum gerade sie gehen mussten. Es war traurig. Eine schreckliche Erfahrung. Ein Schock.

Die Geschäftsleitung bemühte sich um neue Produkte und die Erschließung neuer Absatzmärkte. Doch unsere Möbel wollte niemand mehr haben. Küchenmöbel, Vollholzmöbel und Büromöbel wurden im Rahmen des Programms »Stolzenberg« produziert. Fertig hergestellte Büromöbel wurden teilweise nicht abgeholt, sodass wir sie einlagern mussten. Mit ihnen statteten wir später unsere Büroräume aus. Viele von den Kollegen wurden zeitiger in den Ruhestand geschickt. Wer konnte, ging in Rente. Eine Zeitlang war Kurzarbeit angesagt.

Es war eine orientierungslose Zeit, bis eines Tages jemand Wilfried Zänker eine rustikale Tür auf den Schreibtisch legte. Das war der Startschuss für die Entwicklung des Modells »Rustica«. Wir – Bernd Hansen als Vertriebsleiter, Jörg Hilpert als Fertigungsleiter, Hartwig Feldmann als Einkaufschef und ich – wurden von Herrn Zänker einbestellt und er verkündete, dass wir am nächsten Tag zu einer Firma in die alten Bundesländer fahren und uns deren Produktion angucken sollten. Dort empfing man uns mit offenen Armen und zeigte uns die gesamte Fertigung: die Linie mit den rustikalen Kompaktwänden und die Linie mit den Schrankwänden im modernen Design. Ich durfte sogar einen Blick in die Zeichnungsunterlagen werfen. Es war hochinteressant. Alle Zeichnungen waren mit einem CAD-Programm gefertigt.

Aus dem Möbelprogramm »Rustica« entwickelten wir mehrere Ableger: »Continua«, »Romantica«, »Amica«, »Cora«, »Nora« und andere. Es gab auch Varianten, die weniger rustikal waren und eher eine klare Linienführung aufwiesen. Der Designer Dietmar Hentschker, der zwischenzeitlich eingestellt worden war, entwickelte das Modell »again«, ein wunderschönes helles Furniermöbel, seiner Zeit weit voraus. Es war auf dem Möbelmarkt durchaus gefragt, aber »Rustica« war so präsent, dass »again« kaum gekauft wurde.

Als wir 1995 an die Firma Schröder & Partner GmbH unter Dr. Tobias Engelhardt verkauft wurden, durfte ich als Möbelkonstrukteurin bleiben. In dieser Zeit ging es für die Firma aufwärts, wir steigerten unsere Umsätze permanent. Bei einem Sommerfest in Dessau wurde ein Auto verlost, den Angestellten wurden vermögenswirksame Leistungen gezahlt, es gab Prämien und Urlaubsgeld, neue Mitarbeiter wurden eingestellt. Der Firma ging es gut. Die Produktpalette wurde ständig erweitert, sodass ich als Konstrukteurin mehr als genug zu tun hatte. Da es fast nur noch CNC-Anlagen gab, mussten die entsprechenden Zeichnungsunterlagen erstellt werden. Die Zahl der Fertigungsmitarbeiter wuchs und so auch die Anzahl der Fertigungsunterlagen. In meiner Tätigkeit war ich auch für alle Montageanleitungen und Dokumentationen für die Fertigung und den Verkauf verantwortlich.

Anfangs erschien Dr. Engelhardt nur einmal im Monat bei uns, bis er ab 2004 ständig in der Firma war. Im selben Jahr wurden wir aufgefordert, auf 10 Prozent unseres Lohnes zu verzichten. Damals war Roland Steudel noch Geschäftsführer. Der Betriebsrat konnte die Lohnkürzung abwenden, befristet auf ein Jahr wurden es »nur« 5 Prozent. Drucker und Kopierer wurden nicht mehr regelmäßig gewartet und nur im Notfall repariert. Es ging abwärts.

2006 entwickelte die Abteilung »Forschung und Entwicklung«, zu der ich inzwischen gehörte, das Modell »Carl Spahn«, in Anlehnung an die Historie der Möbelproduktion in Eisenberg. Das Modell schaffte es in einige Möbelhäuser, doch der Abwärtstrend ging weiter. Kein Vergleich zum Modell »Rustica«, das 15 Jahre lang produziert worden war und uns 350 Millionen Euro Umsatz erwirtschaftet hatte. Werbefilme wurden gedreht und ein neues Logo kreiert: »Stil ist, was bleibt«.

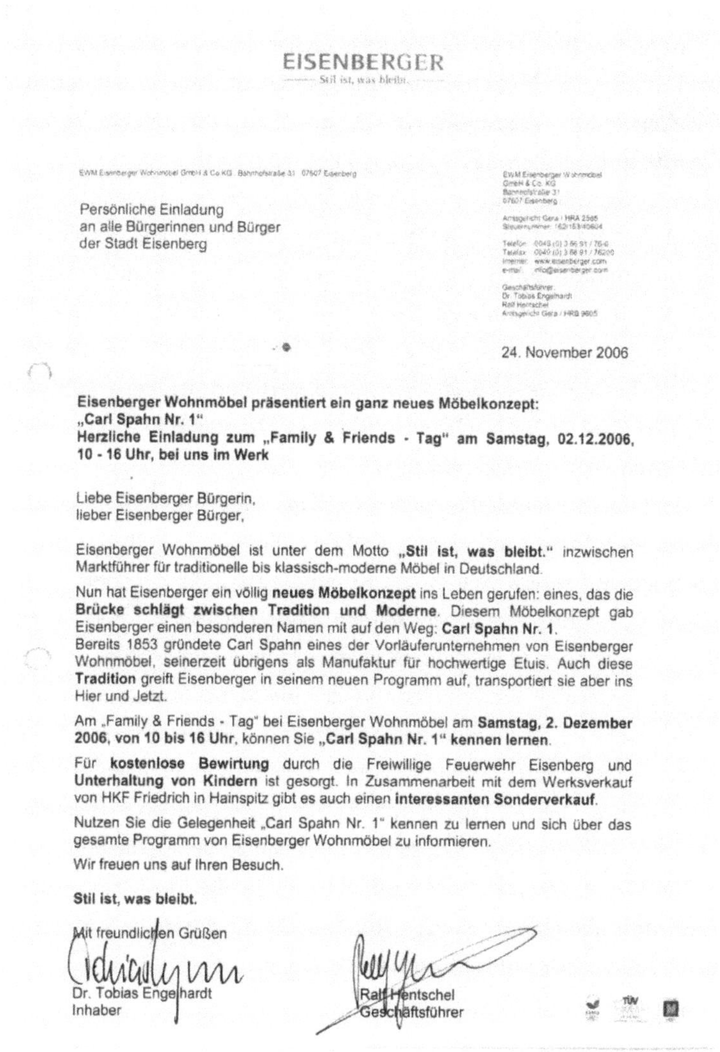

EISENBERGER

Stil ist, was bleibt.

EWM Eisenberger Wohnmöbel GmbH & Co KG · Bahnhofstraße 31 · 07607 Eisenberg

Persönliche Einladung
an alle Bürgerinnen und Bürger
der Stadt Eisenberg

EWM Eisenberger Wohnmöbel
GmbH & Co. KG
Bahnhofstraße 31
07607 Eisenberg

Amtsgericht Gera / HRA 2565
Steuernummer: 162/153/40604

Telefon: 0049 (0) 3 66 91 / 76-0
Telefax: 0049 (0) 3 66 91 / 76200
Internet: www.eisenberger.com
e-mail: info@eisenberger.com

Geschäftsführer:
Dr. Tobias Engelhardt
Ralf Hentschel
Amtsgericht Gera / HRB 9605

24. November 2006

Eisenberger Wohnmöbel präsentiert ein ganz neues Möbelkonzept:
„Carl Spahn Nr. 1"
Herzliche Einladung zum „Family & Friends - Tag" am Samstag, 02.12.2006, 10 - 16 Uhr, bei uns im Werk

Liebe Eisenberger Bürgerin,
lieber Eisenberger Bürger,

Eisenberger Wohnmöbel ist unter dem Motto **„Stil ist, was bleibt."** inzwischen Marktführer für traditionelle bis klassisch-moderne Möbel in Deutschland.

Nun hat Eisenberger ein völlig **neues Möbelkonzept** ins Leben gerufen: eines, das die **Brücke schlägt zwischen Tradition und Moderne**. Diesem Möbelkonzept gab Eisenberger einen besonderen Namen mit auf den Weg: **Carl Spahn Nr. 1**.
Bereits 1853 gründete Carl Spahn eines der Vorläuferunternehmen von Eisenberger Wohnmöbel, seinerzeit übrigens als Manufaktur für hochwertige Etuis. Auch diese **Tradition** greift Eisenberger in seinem neuen Programm auf, transportiert sie aber ins Hier und Jetzt.

Am „Family & Friends - Tag" bei Eisenberger Wohnmöbel am **Samstag, 2. Dezember 2006, von 10 bis 16 Uhr**, können Sie **„Carl Spahn Nr. 1" kennen lernen**.

Für **kostenlose Bewirtung** durch die Freiwillige Feuerwehr Eisenberg und **Unterhaltung von Kindern** ist gesorgt. In Zusammenarbeit mit dem Werksverkauf von HKF Friedrich in Hainspitz gibt es auch einen **interessanten Sonderverkauf**.

Nutzen Sie die Gelegenheit „Carl Spahn Nr. 1" kennen zu lernen und sich über das gesamte Programm von Eisenberger Wohnmöbel zu informieren.

Wir freuen uns auf Ihren Besuch.

Stil ist, was bleibt.

Mit freundlichen Grüßen

Dr. Tobias Engelhardt
Inhaber

Ralf Hentschel
Geschäftsführer

Präsentation des neuen Möbelkonzepts in 2006

Im Oktober 2006 wurden aus jedem Bereich Mitarbeiter in Wochenend-Workshops nach Ebersdorf auf einen Landgasthof geschickt. Die Teilnahme war Pflicht, Absagen wurden nicht akzeptiert. Bei diesen Veranstaltungen gab es einen Moderator, der uns Spielchen machen ließ. Wozu das gut sein sollte, ist mir bis heute rätselhaft.

Im Januar 2007 besuchte Andreas Heller, Landrat des Saale-Holzland-Kreises, die Möbelwerke. Ihm gegenüber äußerte der Inhaber Dr. Engelhardt: »Landesliga reicht uns nicht, wir müssen Bundesliganiveau erreichen!« Seit Ende 2006 drängte mich mein Chef, das Möbelprogramm »Carl Spahn« endlich zu Ende zu konstruieren und die Anleitungen für die Möbelmontage fertigzustellen. Es sickerte die Information durch, dass aus unserer Abteilung jemand entlassen werden sollte. Eine Kollegin hatte schon gehen müssen. Als ich einen jung-dynamischen Absolventen der Holztechnikschule an die Seite gestellt bekam, der sich äußerst interessiert und neugierig gab, war mir klar, dass ich als Nächste gehen muss. Und tatsächlich kam noch im Januar 2007 für mich das Aus.

Dr. Engelhardt bestellte mich zu sich ins Büro. Auch der Geschäftsführer Herr Piper war bei dem Treffen dabei. Dr. Engelhardt grinste mich an und sprach mir meine Kündigung aus. Er rechnete wahrscheinlich damit, dass ich in Tränen ausbreche, doch ich erwiderte nur: »Na, wenn es so ist, dann ist es so.« Das muss ihn maßlos geärgert haben. Ich erhielt ein Arbeitszeugnis, eine halbe Seite lang, wovon ein Viertel schlicht meinen Personalien galt. Eine Frechheit, nach 33 Jahren. Binnen einer Stunde musste ich die Firma verlassen. Vor mir war es schon vielen Kollegen und vor allem Kolleginnen so ergangen. Das war so Engelhardts Art, sich von Frauen zu verabschieden.

Ein Vierteljahr später, im April 2007, folgte die Insolvenz. Anfang Juli wurde allen Mitarbeitern gekündigt. Damit waren die Möbelwerke in der Art, wie wir sie kannten, Geschichte.

Niemals wären wir in die Insolvenz gerutscht, hätten wir den Betrieb unter eigener Leitung weiterführen können

Bernd Hansen | Jahrgang 1939

Studium Ingenieurwesen für Feinwerktechnik in Jena, von 1977 bis 2005 für die Möbelwerke Eisenberg tätig, 1978 zum Absatzdirektor berufen, nach der Wende erwirtschaftete er große Umsätze für die Firma, insbesondere mit der Produktionslinie »Rustica«.

Die Treuhandanstalt wurde durch ihre Tätigkeit zur traurigen Schicksalsmacht für Millionen ehemalige DDR-Bürger. Bundesbürger, die zweite Garnitur waren und im Westen keinen festen Stand fanden, strömten nach der Wiedervereinigung nach Ostdeutschland mit dem Ziel, hier Fuß zu fassen. Sie wollten uns »unterstützen« auf dem Weg von der sozialistischen Planwirtschaft in die kapitalistische Marktwirtschaft. Dabei kamen auch Glücksritter, die das schnelle Geld machen wollten. Wilfried Zänker wäre 1991 der richtige Mann gewesen, um den Betrieb zu übernehmen, zusammen mit einem Team. Wir hätten das gekonnt.

Meine berufliche Tätigkeit begann eigentlich erst richtig mit einem Direktstudium an der Ingenieurschule für Feinwerktechnik in Jena von 1960 bis 1963. Danach begann ich im VEB Carl Zeiss Jena, wo ich vom Technologen zum Planungsleiter bis zum Ökonomischen Leiter im Gerätebetrieb, einem Teilbetrieb des VEB Carl Zeiss, aufstieg. Zwischenzeitlich absolvierte ich ein fünfjähriges Fern- und Abendstudium an der Friedrich-Schiller-Universität, Sektion Wirtschaftswissenschaften, das ich als Diplom-Ingenieurökonom abschloss. Veränderungen im persönlichen Leben führten dazu, dass ich mich im Oktober 1977 für eine neue Tätigkeit im VEB Möbelkombinat Eisenberg bewarb. Nach einem Einstellungsgespräch, in dem man mich auf Herz und Nieren prüfte, wurde ich, ohne ein Holzfachmann zu sein, sofort als stellvertretender Direktor im Absatz und als Beauftragter für den Aufbau eines Industrieladens in Berlin eingestellt. Nachdem der Laden in der Berliner Schönhauser Allee erfolgreich und mit viel Lob eröffnet worden war, wurde ich im Januar 1978 vom Kombinatsdirektor Rudi Oertel zum Direktor für Absatz berufen.

Von diesem Moment an fühlte ich mich in Eisenberg angekommen und gleichzeitig verpflichtet, die ständig wachsenden Aufgaben – nicht zuletzt die Koordinierung mit den anderen Fachbereichen – in hoher Qualität und termingerecht mit allen Mitarbeitern zu organisieren. Da wir mit den Händlern in engem Kontakt standen, wussten wir, was die Kunden im In- und Ausland wünschten. Diese Erkenntnisse gaben wir in die Abteilung »Entwicklung« weiter. Während der laufenden Möbelproduktion schufen wir ständig neue Gebrauchswerteigenschaften: Wir entwickelten neue Dekore, Farben, Lacke und Holzstrukturen. Vor allem erweiterten wir die Modellpalette, um die unterschiedlichen Kaufwünsche unserer Bürger zu treffen und den Umsatz zu steigern.

Die Leipziger Frühjahrsmesse war die Drehscheibe des innerdeutschen Handels, der in seinem Umfang der Öffentlichkeit kaum bekannt war. Auf den Messen präsentierten wir unseren Exportkunden aus dem Ausland einschließlich der BRD und den Einkäufern des Binnenhandels im Design des häuslichen Wohnens unsere aktuellen und neuen Sortimente. Die Messe war die Grundlage für einen möglichst hohen Umsatz im Folgejahr. Die Verträge für den Export unserer Möbel wurden durch unseren Außenhandelsbetrieb in Berlin abgeschlossen, diejenigen für den Binnenhandel schloss das Zentrale Warenkontor in Berlin mit den Großhandelsbetrieben in den Bezirken ab. Unser Hauptpartner für Möbel war zwischen 1978 und 1989 die Sowjetunion, wohin wir – die Zahl stieg von Jahr zu Jahr – bis zu 25.000 Wohnzimmer, bestehend aus einer Wohnwand mit 4,50 Metern Länge, einer Polstergarnitur, bestehend aus einer Doppelliege und zwei Sesseln, einem Couchtisch und einem Esstisch mit sechs Stühlen in Kartonagen verpackt lieferten.

Die Ablösung von Rudi Oertel 1979 war für uns im Betrieb sehr traurig, denn unser Rudi war nicht nur ein Kombinatsdirektor mit wirtschaftlicher Kompetenz, sondern ein von allen Mitarbeitern geschätzter Leiter, der besonders im sozialen Bereich – etwa durch die Schaffung von Betriebswohnungen, Kindergärten, Urlaubsheimen, mit dem Bau einer Schwimmhalle und einer Bowlingbahn – dafür sorgte, dass sich die Mitarbeiter anerkannt und geborgen fühlten, wie in einer großen Gemeinschaft. Auch für die Familien der Mitarbeiter wurde auf diese Weise ein erholsames Umfeld geschaffen. Dafür erhält Rudi Oertel bis heute größte Wertschätzung. Durch ihn und seine Führungscrew entwickelte sich unser Betrieb prächtig.

Mit seiner Ablösung wurde das Eisenberger Möbelkombinat aufgelöst. Aus den bis dato acht Möbelkombinaten wurden sieben gebildet, ergänzt um ein Zulieferkombinat. Einige Betriebe des bisherigen MK Eisenberg wurden dem MK Berlin zugeordnet und die verbleibenden Betriebe dem MK Zeulenroda, so auch wir aus Eisenberg. Da Eisenberg ein stabiler Betrieb war, konnten wir unsere Entwicklung erfolgreich fortsetzen.

Im MK Eisenberg war ich verantwortlich für den Export in die Sowjetunion gewesen. Diesen Aufgabenbereich behielt ich auch im neuen MK Zeulenroda bei. Mit erfolgreichen Messen in der Sowjetunion, beispielsweise in Taschkent, Jerewan, Kiew, Novosibirsk und Moskau, konnte ich mit dem Außenhandel sehr gute Vertragsabschlüsse für das MK Zeulenroda erzielen. Ein entscheidender Grund dafür war die ausgezeichnete Qualität unserer Produkte und die gute Zusammenarbeit mit den sowjetischen Einkäufern. Unsere Möbel waren beliebt, wir hatten Vorbestellungen für viele Jahre.

Auch unser NSW-Export erreichte in diesem Zeitraum eine bedeutende Größe. So lieferten wir jährlich über 6.000 Pianos nach Frankreich, Italien, England und in die BRD, auch nach Australien und bis zu 6.000 Kompaktwände »Juwel« und 6.000 Stapel- beziehungsweise Stollenwände in die BRD und Österreich. Auch der Binnenmarkt wurde von Eisenberg und weiteren Kombinatsbetrieben mit Wohnwänden, Tischen, Polstermöbeln und Stühlen dem Bedarf entsprechend beliefert.

Über 6.000 westdeutsche Firmen tätigten Geschäfte mit uns, dem »Klassenfeind«. Sie ließen in den Volkseigenen Betrieben der DDR produzieren und machten mit den DDR-Produkten satte Gewinne. Die großen Versandhauskataloge waren voll mit Waren »Made in GDR«, was an den Waren selbst allerdings nicht vermerkt wurde. Die DDR war die verlängerte Werkbank des Westens, die Arbeitskräfte waren billig, die Qualität sehr gut. Zu den bei uns eingekauften Waren gehörten leider auch die Kompakt-, Stapel- und Stollenwände sowie die Pianos aus Eisenberg. Die DDR brauchte Devisen, mit den Jahren immer mehr.

Was an Ostwaren im Westregal landete, ging unserer Bevölkerung verloren. Unsere Bürger spürten den Mangel in den Läden. Die meisten der begehrten Exportgüter waren für DDR-Bürger nur zu horrenden Preisen in Spezialläden zu erwerben oder kamen überhaupt nicht in die Geschäfte. So erhielten wir zum Beispiel für eine nach der BRD gelieferte dreieinhalbzeilige »Juwel«-Kompaktwand 650 D-Mark. Die gleiche Wand kostete in der DDR 10.500 Mark. Ähnlich verhielt es sich bei den Pianos. 1989 erreichten wir einen Produktionsumfang von 380 Millionen DDR-Mark. Das erwirtschafteten wir mit etwas mehr als 2.000 Werktätigen, wenn man die Betriebe in Crossen, Camburg, Hummelshain und Kraftsdorf mit einrechnet.

Im Herbst 1989 kam – für mich und die meisten Werktätigen völlig überraschend – die Wende. Wir bejubelten sie einerseits und nahmen andererseits mit Erschrecken wahr, dass unsere Entwicklung und unsere Kompetenz entwertet wurde. Ohne Konzept und ohne durchdachte Regelungen wurde 1990 die wirtschaftliche Vereinigung übers Knie gebrochen. So begann eine Welle der Ausbeutung. Erst wurden wir mit Möbeln aus dem Westen überflutet, dann übernahm die Treuhand die Kontrolle über unsere Betriebe. Sie entschied oft ohne fundierte Analyse über das Sein oder das Nichtsein der Betriebe.

Mit der Unterschrift unter den Staatsvertrag zur Währungsunion war das Todesurteil für die DDR-Wirtschaft am 1. Juli 1990 besiegelt:

Weder sollte es Reformen für das DDR-System geben, noch sollten durchdachte gesetzliche Regelungen zur wirtschaftlichen Angliederung an die alten Bundesländer geschaffen werden. Damit wurden den westdeutschen Händlern Tür und Tor für den Absatz ihrer im Überfluss auf Lager befindlichen Waren geöffnet. Doch nicht nur das. Sie konnten auch ihre nicht ausgelasteten Produktionskapazitäten nutzen, um die Ostdeutschen mit Westprodukten zu überschütten. Da wir unsere Werktätigen ab dem Tag der Währungsunion sofort in Westmark bezahlen mussten, mussten wir die Preise für unsere Möbel völlig neu kalkulieren und enorm erhöhen. Diese waren für die Westhändler nicht mehr attraktiv und sie schlossen keine Verträge mehr mit uns ab. Zugleich kauften die DDR-Bürger fortan die vermeintlich besseren Produkte aus dem Westen, anstatt diejenigen, die in guter Qualität bei uns hergestellt wurden.

Somit waren wir unserem Schicksal überlassen. Alle VEB mussten bis zur Währungsunion in GmbHs oder Aktiengesellschaften umgewandelt werden und kamen zwangsläufig unter den Schirm der Treuhand. Mit der Gründung der Eisenberger Wohnraummöbel GmbH begann für uns 1990 ein Neuanfang. Der bis dahin amtierende Ökonomische Direktor Willi Zänker wurde als Geschäftsführer eingesetzt, da der bisherige Betriebsdirektor, Klaus Schreyer, diesen politischen Umbruch psychisch nicht verkraftet hatte. Von der Treuhand wurde Herrn Zänker ein »Beigeordneter« zur Seite gestellt. Bis zur ihrer Auflösung 1995 schickte die Treuhand Scharen von westdeutschen »Beratern« nach Eisenberg, die uns bei dem Einstieg in die Marktwirtschaft helfen sollten und die die ostdeutschen Betriebe selbst bezahlen mussten.

Auch mir wurde ein solcher »Berater« vorgesetzt. Er wollte mich belehren über die angeblich so neue eigenständige Verkaufstätigkeit. Das konnte ich mir nur einen Tag anhören. Als ich im Gespräch erfuhr, dass er pro Tag 1.500 D-Mark Beraterhonorar erhielt, was fast meinem Monatsgehalt entsprach, war ich nicht länger bereit, mich beraten zu lassen. Bis 1992 gestaltete ich erfolgreich meine selbstständige Verkaufstätigkeit.

Aus dem Prospekt der Wohnraummöbel GmbH, ca. 1993

Zur dringend notwendigen Suche nach neuen Produkten und Kunden kam die Neuordnung unserer Firma hinzu. Wir mussten Betriebsstätten auflösen oder ausgliedern. Die Piano- und die Stuhlproduktion wurde ausgegliedert und privatisiert. Nicht am Standort befindliche kleinere Wohnmöbelproduktionen wurden ebenfalls ausgegliedert und privatisiert oder am Standort eingegliedert. Kleinere im Umkreis ansässige Firmen, etwa unser Sägewerk und das Furnierwerk, wurden geschlossen oder versuchten, selbstständig ihren Weg in die Privatwirtschaft zu finden. Das führte leider zur schmerzlichen Entlassungswelle Ende des Jahres 1992.

Als Wohnraummöbel GmbH konnten wir uns auf unser Kerngeschäft, den Möbelbau, konzentrieren. Das Produktproblem versuchten wir, von mehreren Seiten anzugehen: Märkte, Partner und mögliche Produkte wurden ausgelotet. Die gesammelten Erkenntnisse flossen in die Entwicklung neuer Produkte ein. So stellten wir zunächst Küchenmöbel für eine Händlergesellschaft her. Hinzukam die Produktion von Büromöbeln für einen Hersteller aus Nordrhein-

Westfalen, der auf einen Absatz in großen Stückzahlen im Osten setzte. Das half uns dabei, uns gegenüber der Treuhand als sich stabilisierende Firma darzustellen. Leider fand dieser Boom schnell ein Ende. Uns wurde klar, dass die Treuhand kein wirkliches Übernahmeinteresse an uns hatte, wir bloß als verlängerte Werkbank angesehen wurden.

Trotzdem hielten wir in der Eisenberger Firmenleitung an dem Ziel fest, wieder zu einer marktgerechten Wohnmöbelproduktion zu kommen. 1992/93 rissen wir zwei Hallen der Vorstufenproduktion ab und konzentrierten die Produktion in den drei verbleibenden Hallen. Zudem wurde die Produktion neu konzipiert. So können wir heute mit Stolz sagen, das Eisenberger Erfolgsmodell »Rustica« entwickelt zu haben, zunächst als geschlossene Wohnkompaktwand und ab 1993 als großes Wohnsystem. Dieses wurde den Kunden in den Handelseinrichtungen im wohnlichen Ambiente geschmackvoll zum Kauf präsentiert. Damit begann die Erfolgsgeschichte von »Eisenberger«.

Mit dem Einstieg beim ersten Großhändler, der Handelseinrichtung Höffner Berlin, begann der erforderliche Umsatzverlauf. Der Höffner war auf der Kölner Messe zu mir gekommen und hatte gesagt: »Was habt ihr denn da für einen Karnickelstall stehen?« Doch dann hatte er uns in Eisenberg besucht und ihm war klar geworden, dass sie mit »Rustica« Umsatz machen können.

Mit dem Erfolg bei Höffner bekamen wir auch Zugang zu anderen Großkunden und konnten unseren Umsatz deutlich steigern. Im Jahr 1996 verzeichneten wir den größten Umsatzzuwachs: 19 Millionen D-Mark. 2002 machten wir mit Höffner über 13 Millionen D-Mark Umsatz bei einem Gesamtumsatz von 45 Millionen D-Mark. Auch konnten wir wieder kleinere Umsätze auf dem russischen Markt generieren und unser Wohnmöbelprogamm mit neuen Modellen zielstrebig erweitern. Schwerpunkt für unseren Absatz war dabei der Osten. Wir verkauften 80 Prozent unserer Waren im Osten, nur 20 Prozent im Westen. Der geringere Umsatz im Westen hatte auch damit zu tun, dass die West-Vertreter sich mit dem Ost-Produkt nicht identifizierten. Unsere Produkte waren beratungsintensiv, weil es Wohnsysteme waren. Die Möbelvertreter im Westen waren schon ziemlich satt, die brauchten das Geld nicht.

Durch Investitionen und dank der effizienteren Gestaltung der Fertigung und anderer Bereiche entwickelten wir uns stetig weiter. Im Jahr 2000 wurden mit dem Bau einer neuen Vorstufenhalle die Produktionsabläufe verbessert und der Grundstein für eine erfolgreiche Zukunft gelegt. 2003/04 gab es jedoch eine Wirtschaftskrise, die sich auch auf den Möbelkonsum auswirkte. Der Umsatz brach um ein Drittel empfindlich ein. Auch durch den Gewinnabtretungsvertrag an die Holding wurden Gewinne aus der Firma abgezogen. Wir waren der einzige profitable Betrieb in der Firmengruppe. Durch uns wurden vor allem die unprofitablen Firmen innerhalb des Verbundes gestützt. In der Folge der Wirtschaftskrise wurde Roland Steudel entlassen und Inhaber Tobias Engelhardt übernahm selbst die Geschäftsführung.

Als ich 2005 nach 15 Jahren als Vertriebsleiter für »Eisenberger« in die wohlverdiente Rente ging, hatten wir für den Verkauf seit der Wende 874 Kunden gewonnen und unsere Wohnmöbel wurden in 1.015 Handelseinrichtungen zum Verkauf präsentiert. Nicht nachvollziehbare Entscheidungen im Verkauf, beim Personal und in anderen Bereichen – etwa Entlassungen beim Marketing, im Einkauf und in der Entwicklung – bremsten und verhinderten in den folgenden Jahren die erfolgreiche Weiterentwicklung der Firma. Dies führte 2007 letztlich zur Insolvenz. Damit war auch das Schicksal von drei zuverlässigen langjährigen Zulieferbetrieben und deren Belegschaft besiegelt. Ein Insolvenzverwalter übernahm die Geschäfte. Bis 2009 wurde noch profitabel gearbeitet.

Um ein Fazit zu ziehen: Ich kann mit Fug und Recht behaupten, dass wir mit dem von Zänker und Misselbeck entwickelten Privatisierungskonzept und ohne das Zutun der Treuhand ein erfolgreiches Unternehmen geworden wären. Eine Insolvenz hätte mit dieser Leitung unter normalen wirtschaftlichen Umständen niemals stattgefunden.

Dem Möbelwerk treu bis nach der Rente – Als Lehrausbilder engagierte ich mich für die Lehrlinge und die Jungs vom Jugendwerkhof

Werner Puhlfürst | Jahrgang 1932

Gelernter Tischler, 1972-1984 Lehrausbilder und zuständig für die Bereiche »Holzordnung« und »Maschinelle Holzbearbeitung«, als Rentner 2000–2005 im Kundendienst erneut für die Möbelwerke tätig.

Ich kam 1972 zum Möbelkombinat Eisenberg, um dort Lehrlinge aus der gesamten DDR auszubilden. Pro Jahr durchliefen über 100 Lehrlinge unsere Lehrausbildung. Wir betrieben ein Lehrlingswohnheim in der Bahnhofstraße. Vorher war das Gebäude das »Ungarn-Heim« gewesen, in dem Ungarn wohnten, die im Betrieb ausgebildet worden waren und anschließend in ihr sozialistisches Land zurückgegangen waren. Einige hatten während der Ausbildungszeit eine Freundin gefunden und waren in Eisenberg geblieben.

Meine Frau arbeitete drei oder vier Jahre im Lehrlingsheim. Die jungen Leute kamen von weit her, aus dem Erzgebirge oder von der Ostsee, und konnten nicht jedes Wochenende nach Hause fahren. So mancher hatte Heimweh oder andere Sorgen. Da setzte sie sich zu ihm und ließ sich die Sorgen erzählen. Wenn man selbst vier Kinder hat, weiß man, was den jungen Leuten guttut. Nach ein paar Jahren übernahm meine Frau die Betriebsküche, die die Lehrlinge auch am Wochenende versorgte. Manchmal mussten wir Lehrausbilder in den Wohnheimen als Betreuer einspringen, damit die Erzieher freinehmen konnten. Das waren viele Aufgaben, die wir zu bewältigen hatten. Ich war der Vorsitzende für die Lehrlinge in der Gewerkschaft. Es lag in meiner Verantwortung, sie innerhalb der Gewerkschaft zu betreuen. Wir veranstalteten regelmäßig Diskussionen, in denen wir über Probleme sprachen, die sich uns stellten. Einmal waren wir sogar mit drei, vier Lehrlingen beim FDJ-Zentralrat eingeladen, weil wir einen Plan für den Ablauf der gewerkschaftspolitischen Arbeit entwickelt hatten und ihn vorstellen sollten. Wir machten unsere Arbeit gern. Es war eine wunderschöne Zeit.

Begonnen hatte alles 1972. Zum 1. August 1972 war mein Arbeitsvertrag mit der Firma Gebrüder Buchmann in Eisenberg aufgelöst worden, weil sie verstaatlicht wurde. Wenig später wurde ich von Karl Stein, der Mitarbeiter in der Betriebsleitung vom VEB Möbelwerke Eisenberg war, angeworben. Im Möbelwerk wurde besser bezahlt, ungefähr 500 Mark mehr. Natürlich musste ich mich vorher qualifizieren. Doch bei »Möbels«, wie alle sagten, zu arbeiten, hatte weitaus mehr Vorteile: Es gab ein warmes Mittagessen von der eigenen Betriebsküche und Betriebsferienheime. Mit vier Kindern war es allerdings schwierig, einen Ferienplatz für die ganze Familie zu bekommen. Doch ins Ferienlager konnten meine Kinder immer fahren.

Als ich ins Werk kam, standen große Veränderungen an: Es sollte eine Lehrlingsausbildung für Facharbeiter für Holztechnik ins Leben gerufen werden. Hierzu wurden Lehrausbilder gesucht. Mit elf weiteren Kollegen stellte ich mich den neuen Anforderungen. Wir absolvierten einen vierwöchigen Kurzlehrgang, der uns mit unseren neuen Aufgaben vertraut machte. Jeder von uns wurde einzeln in seinen jeweiligen Ausbildungsbereich eingeführt und bekam die Verantwortung für einen speziellen Ausbildungsplan übertragen. Ich erhielt die Ausbildungsbereiche »Holzordnung« und »Maschinelle Holzbearbeitung« in Werk 1.

Laut praktischem Lehrplan durchliefen die Lehrlinge turnusmäßig vier Wochen die Ausbildungsstätte. Die Ausbildung dauerte zweieinhalb Jahre, am Ende stand eine schriftliche Abschlussprüfung. In der »Maschinellen Holzbearbeitung« mussten die Lehrlinge ab dem zweiten Lehrjahr die verschiedenen Produktionsbereiche durchlaufen: Die »Oberfläche« mit dem Bekleben von Teilen mit Folie, den Maschinensaal, in dem die Teile bearbeitet und zugeschnitten wurden, und schließlich die Montage und das Einpacken der Möbel. Zur Seite standen uns Werkfacharbeiter. Wir besaßen eine eigene Lehrwerkstatt, in der die Werkfacharbeiter mit den Lehrlingen jeweils vier Wochen jeden der Bereiche durchnahmen. Gemeinsam mit den Lehrlingen stellten sie Kleinmöbel und Stühle her.

Für die Jahre 1980 bis 1984 entband mich der Werkleiter Günther Zillich von meinen Aufgaben in der Lehrausbildung und übertrug mir als Holzplatzmeister die Aufgabe, im Bereich »Holzordnung« die Lehrlinge mit den verschiedenen Holzstärken und -arten vertraut zu machen: Buche, Esche, Kiefer, Eiche. Auch bei mir kamen die Lehrlinge in der Stuhlproduktion zum Einsatz. Das war eine abwechslungsreiche, gute Arbeit für mich.

Nebenbei betreute ich Jugendliche im Jugendwerkhof im Werk Bad Köstritz auf dem Holzplatz und an der Presse. Die Jungs hingen an mir. Sie taten mir leid. Wenn sie im Heim nicht pariert hatten, bekamen sie kein Frühstück und klauten im Konsum etwas zu essen. Ich ging zum Direktor und sagte: »So geht das nicht, die Jungs arbeiten bei uns wie die Ochsen an der schweren Presse. Die müssen ordentlich essen!« Als Vater tat mir so etwas in der Seele weh. Die Jungs waren fleißig, ich lobte sie oft. Damit hatte ich sie geschlossen hinter mir.

Am 31. März 1984 musste ich mein Arbeitsverhältnis bei den Möbelwerken Eisenberg beenden: Ich war an Schuppenflechte erkrankt und der Hausarzt verbot mir, weiter im Werk zu arbeiten. Das war bitter für mich, aber ich musste es akzeptieren. Ich ging als Hausmeister in einen Kindergarten, doch diese Tätigkeit machte mich als gelernten Tischler nicht glücklich. 1997 konnte ich nach 50 Arbeitsjahren in die normale Rente gehen.

Ein letzter Abschnitt meines Berufslebens begann, als mich Betriebsleiter Roland Steudel im Januar 2000 zurück ins Möbelwerk holte. Im Bereich Kundendienst arbeitete ich die Möbelrückläufer auf, die wir als reklamierte Ware an Vereine, Schulen und Kindergärten auslieferten. Ich bin Herrn Steudel bis heute dankbar für sein großes Vertrauen in mich. Fünf Jahre blieb ich im Kundendienst und dem Möbelwerk treu.

Unsere Fließbandproduktion war hochmodern – Nach dem Mauerfall staunten die Inhaber westdeutscher Klavierbetriebe, doch keiner nahm uns die großen Stückzahlen noch ab

Wolfgang Bräutigam | Jahrgang 1938

Geboren in Serba/Thüringen, ab 1958 als gelernter Möbeltischler bei den Möbelwerken Eisenberg, qualifizierte sich berufsbegleitend an der FH Dresden im Fach Holztechnik und wurde 1972 Produktionsbereichsleiter, 1977-1998/99 leitete er die Klavierfabrik Eisenberg.

Von 1952 bis 1955 lernte ich in Hainspitz, Kreis Eisenberg, in einem Handwerkstattsbetrieb mit vier Mitarbeitern den Beruf Möbeltischler. Diese drei Jahre Ausbildung sollten die Basis für mein ganzes Berufsleben bilden. Anschließend arbeitete ich drei Jahre als Geselle im selben Betrieb weiter. Auf Bestellung fertigten wir Fenster, Türen, Wohnzimmer-, Schlafzimmer- und Küchenmöbel und vieles mehr an. Ich machte handwerklich große Fortschritte in dieser Zeit und konnte so dabei helfen, die nächsten Lehrlinge anzulernen. Jährlich durfte der Meister nur einen einstellen, der Bedarf an Lehrstellen war jedoch sehr hoch. Ein Großteil der Ausbildungsplätze wurde von den VEB zur Verfügung gestellt.

Durch meinen Schwager kam ich 1958 zu den Möbelwerken. Er arbeitete dort und sagte eines Tages zu mir: »Du bist schön dumm, Wolfgang, wenn du in Heinspitz bleibst. Bei uns würdest du das Doppelte verdienen. Warum kommst du nicht?« Der Sonnabend war damals noch ein halber Arbeitstag. Kam mein Meister sonnabends von der Mittagspause, legte er mir jedes Mal 50 Mark auf die Hobelbank mit dem Hinweis: »Sag das niemandem. Ich darf dir nicht so viel bezahlen.« Aus der Anzahl der Sonnabende ergab sich mein Monatslohn.

In der Produktion der VEB Möbelwerke Eisenberg wurde im Akkord gearbeitet. Der Betrieb suchte dringend Mitarbeiter, eine Bewerbung war nicht nötig. »Melde dich einfach beim Kaderleiter, das reicht«, informierte mich mein Schwager. Ich traute mich kaum, meinem Meister zu sagen, dass ich wegwollte. Es war eine Riesengeschichte: Der Meister wollte mich behalten und zahlte mir deshalb die letzten Wochen 70 anstelle von 50 Mark. Doch ich ging trotzdem, legte meine Zeugnisse beim Möbelwerk vor und sie stellten mich sofort ein.

Nach kurzer Einarbeitungszeit in der Produktion erreichte ich bereits einen Bruttolohn von 600 Mark. Schon bald ging ich dem Abteilungschef zur Hand. Meist wurden mir komplizierte Arbeiten zugewiesen, im Grunde war ich unterfordert. Noch keine drei Monate beschäftigt, wurde ich zum Werkdirektor Rudi Oertel bestellt. »Wir hatten Gelegenheit zu sehen, was du alles kannst«, teilte er mir mit. »Wir brauchen dich woanders als in der Produktion. Du kannst bei uns im Vorrichtungs- und Modellbau arbeiten.« Und so wechselte ich nach kurzer Zeit in die Abteilung, in der ich fast zehn Jahre blieb. Aufgabe der Abteilung war es, für die ständige Erweiterung des Betriebes, für die Steigerung der Produktion und die Erhöhung der Arbeitsproduktivität Rationalisierungsmittel zu entwickeln und herzustellen. Ich lernte in der folgenden Zeit unheimlich viel dazu. Jeder Auftrag war neu für mich. Es war eine zehnjährige berufliche Weiterentwicklung.

Im »Modell- und Vorrichtungsbau« wurde ich das erste Mal mit dem Klavier konfrontiert. Ich ahnte noch nicht, dass ich einmal im Klavierbau landen würde. In der Abteilung arbeiteten 18 Männer, darunter viele alte Tischler, die sehr gut ausgebildet waren. Schon in meiner Anfangszeit durfte ich, angeleitet durch meinen Kollegen Arno Treffer aus Hainspitz, der aus russischer Kriegsgefangenschaft zurückgekehrt war, im Klavierbau mitarbeiten. Es sollte ein neuer Flügel konstruiert werden. Dazu besuchte uns ein Konstrukteur aus der DDR. Unser späterer Konstrukteur, Herr Penner, sollte aus Westdeutschland kommen. Ich lernte ihn in Frankfurt am Main auf der Musikmesse kennen. Zur Unterstützung unseres Neustarts nach 1990 schenkte er mir die Konstruktion einer Akustischen Anlage. Als Selbstständiger habe er viel Geld in China verdient, wie er mir berichtete.

Für den Flügelbau im VEB brauchten wir ein Modell für die Gussplatten. In Eisenberg gab es eine Graugussgießerei, die unserer Ansicht nach für Klavier und Flügel die beste Qualität Deutschlands aufbrachte. Wir bekamen aus Ost- und Westdeutschland Graugussplatten geliefert und beobachteten die Prozesse genau, um den richtigen Zulieferer auszuwählen. Wir waren dabei, wenn angegossen wurde, und begleiteten die spätere Produktion in den Gießereien persönlich durch eine Qualitätsabnahme. Schon zu DDR-Zeiten bekamen wir die Freigabe, bei der Firma Baumgarte in Bielefeld Gussplatten einzukaufen. Die Konstruktionsunterlagen und ein Gussmodell aus Holz mussten wir der Gießerei vorab bereitstellen. Als Reisekader übernahm ich die Einführung in Bielefeld. Weitere Gießereien, mit denen wir unseren Bedarf von insgesamt circa 6.000 Gussplatten pro Jahr abdeckten, waren der Webstuhlbau in Karl-Marx- Stadt, die Eisengießerei Brandenburg und der Grauguss in der SSR im Adlergebirge.

Die älteren Mitarbeiter in unserer Abteilung redeten auf mich ein: »Mensch, Wolfgang, bei allem, was du kannst – willst du dich nicht weiterqualifizieren? Es gibt doch die Betriebsakademie.« Ich ging also zum Kaderleiter und fragte, ob das möglich sei, und erhielt die Erlaubnis. So absolvierte ich im Fernstudium eine Ausbildung zum Industriemeister. Solche Studien waren im VEB Holzindustrie nicht unüblich. Viele Kollegen qualifizierten sich auf diese Weise weiter. Ich schloss mich ihnen an. Jede Woche fand ein Studientag statt, der bis abends 9 Uhr ging. Das Monatsgehalt wurde in derselben Höhe weitergezahlt.

Die Meisterprüfung bestand ich mit »sehr gut«. Andere bekamen nur eine Zwei oder Drei. Ein Freund, den ich im Meisterstudium gewonnen hatte, fragte mich: »Wollen wir weitermachen? Einige haben sich bereits fürs Ingenieurstudium angemeldet. Und die sind bei Weitem nicht mit Note Eins aus der Prüfung rausgegangen!« Da fasste ich mir ein Herz und ging wieder zum Kaderleiter. »Na gut«, sagte der, »aber du hast nur die achte Klasse abgeschlossen, damit nimmt man dich an der Ingenieurschule in Dresden nicht.« Was tat ich nun? Ich besuchte zwei Jahre lang jeden Donnerstag von 16 Uhr bis abends 21 Uhr die Schillerschule in Eisenberg, in der ich einen Spezialkurs belegte und die zehnte Klasse nachholte. Donnerstags durfte ich dafür kurz vor 16 Uhr die Firma verlassen. Schichtarbeit, die dem im Weg gestanden hätte, gab es in unserer Abteilung nicht. Es wurden aber viele Überstunden gemacht, besonders im Winter, wenn es zu Hause nicht viel zu tun gab.

Den Kurs bestand ich mit »gut« und wurde in Dresden an der Ingenieurschule im Fach »Holztechnik« angenommen. Es war ein berufsbegleitendes Fernstudium, nur vereinzelte Seminare fanden in Dresden statt. Die Organisation für die Studenten aus der Möbelindustrie des gesamten Kombinates lief über die Betriebsakademie der Möbelwerke Eisenberg. Die Studienzeit war sehr hart. Ich war so gut wie nie zu Hause und hatte doch Frau und Kinder. Früh um 2 Uhr brannte bei mir noch das Licht. Ich studierte, las und saß an den vielen Fachzeichnungen für die Abschlussarbeit in »Zeichnen«. Gerhard Gomolka war mir ein hervorragender Ausbilder. In unserem Studienfach gab es Delegierte aus allen Klavierbetrieben der DDR. Einige davon hatten wie ich an der Betriebsakademie in Eisenberg angefangen. Von Zeit zu Zeit fuhren wir nach Dresden, ansonsten blieben wir in Eisenberg und gingen an der Betriebsakademie die Inhalte der Seminare noch einmal durch.

Jede Woche war ein halber Arbeitstag frei zur Teilnahme am Seminar in der Betriebsakademie. Der Unterricht wurde von Fachleuten aus dem Betrieb mit entsprechender Ausbildung und von Gastdozenten gegeben, in Naturwissenschaft etwa von einem Oberschullehrer aus Eisenberg oder von Diplomingenieuren von Carl Zeiss Jena. Diese Leute konnten uns Wissen in sehr hoher Qualität vermitteln.

Für das Studium waren – Vorbereitungslehrgang und Hauptstudium zusammengenommen – fünfeinhalb Jahre angesetzt. Ich hatte das Studium 1968 begonnen und es war geplant, dass ich den Vorrichtungsbau als Meister übernehmen sollte, sobald unser Meister in Rente gegangen wäre. 1972 – ich hatte das Studium noch nicht abgeschlossen – entschied die Politik, dass kleine und mittlere Betriebe von den Großbetrieben übernommen werden. In und um Eisenberg gab es kleine Möbelbetriebe zuhauf. Angesichts dieses Beschlusses kam der Betriebs- und Kombinatsdirektor Rudi Oertel zu mir und sagte: »Wir brauchen junge Ingenieure für die vielen kleinen Betriebe, die uns zugeordnet werden. Den Vorrichtungsbau kann ein anderer machen.« So wurde ich als Produktionsbereichsleiter für den Stuhl- und Polstermöbelgestellbau eingesetzt. Der saß bereits in der Bahnhofstraße.

Zu dieser Zeit sollte der Export kompletter Wohneinrichtungen in die Sowjetunion extrem gesteigert werden. Täglich waren 25 Waggons mit Stühlen, Polstermöbeln sowie Wohnzimmern vorgesehen. Hierzu mussten neue Polstermöbelgestelle entworfen und produziert werden, außerdem neue Stühle für den Hollandexport. Zusätzlich hatte ich die Aufgabe, die Belegschaften der privaten Betriebe, die 1972 verstaatlicht wurden, im MK einzugliedern. Ob es sich bei einem Betrieb um eine Stuhlfabrik, eine Gestell- oder Stofffabrik handelte, spielte dabei keine Rolle. Der Auftrag von oben war klar: Rationalisierung und Konzentration der Produktion.

So kamen 20 der über 100 Leute in meinem neuen Verantwortungsbereich aus Bürgel neu dazu. Sämtliche Maschinen und Mitarbeiter aus den dortigen Produktionsstätten wurden von uns übernommen und der Betrieb in Bürgel wurde geschlossen. So machte man es auch mit einem Teil der kleineren Eisenberger Betriebe. Ein anderer Teil wurde zu Zuliefererbetrieben für das große Exportprogramm umgestaltet. Die Mitarbeiter der Betriebe waren mit der Umstrukturierung einverstanden, denn in den privaten Betrieben hatten einfache Verhältnisse geherrscht. Dort gab es keine Kantine, keine Essensversorgung, wie sie für uns Möbelwerker üblich war. Nun genossen sie ebenfalls alle Vorteile, die bei uns in Eisenberg bereits erreicht worden waren: höheren Lohn, bessere Urlaubsregelungen, die

Möglichkeit zur Nutzung von Ferienobjekten, Kindereinrichtungen und Sportstätten des Möbelkombinats. Die Leute freuten sich und bedankten sich bei mir, als sie nun jeden Tag mit Autos in Bürgel und umliegenden Orten abgeholt und nach Eisenberg gefahren wurden. »Endlich haben wir ein anständiges Arbeitsverhältnis mit respektablen Bedingungen«, sagten viele. Es war also keine erzwungene Umsiedlung, niemand der Betroffenen bereute den Umzug. Mit den politischen Hintergründen für die Übernahme hatten wir nichts zu tun.

Am 1. Oktober 1977 geschah es ein zweites Mal, dass mir von einem Tag auf den nächsten eine neue Aufgabe zugeteilt wurde. Jeden Montag fand die Sitzung aller Produktionsstättenleiter statt. Vor 1972 hatte man sie »Werkleiter« genannt, doch im Zuge der Umstrukturierung zum Kombinat wechselte die Bezeichnung und man sprach nun von »Produktionsstättenleitern«. Monatelang wurde in diesen Sitzungen über die Klavierfabrik diskutiert, weil es dort nicht gut lief. Es zeichnete sich ab, dass jemand damit beauftragt werden würde, in dem Betrieb die Verhältnisse zu ordnen, ebenso, wie es mir mit der Stuhlfabrik gelungen war. An einem Montag – ich zitterte, ich ahnte es schon – hieß es: »Wolfgang übernimmt die Klavierfabrik.«

Das Schwierigste und Anspruchsvollste, was es in den Möbelwerken gab, war die Produktion von Klavieren. Die Klavierproduktion in Eisenberg zählte zwischen 180 und 250 Mitarbeiter. In dem Bereich ging es um mehrere Tausend Bauteile pro Klavier und dazu um das immense Gewicht des Instruments. Der Klavierbau war körperlich eine enorm schwere Arbeit. Die Gussplatten wogen zwischen zwei und drei Zentnern, die Flügelgussplatten sogar noch mehr. Die Platten wurden bearbeitet und über 500 Löcher gebohrt, damit die Anhangstifte und Wirbel zur Befestigung der Klangsaiten eingeschlagen werden konnten. In der Hochphase stellten wir 25 bis 27 Klaviere an einem Tag her. Wir hatten vier bis fünf Plattenbohrer im Einsatz. Beim Bohren kam es auf die Qualität und den Härtegrad der Gussplatten an. Die Eisenberger Gussplatten konnte man sehr gut bohren. Manchmal aber bekamen wir aus anderen Betrieben Platten, deren Härtegrad zu hoch war. Da sprang der Bohrer weg, kaum dass man

Prospekt des Außenhandelsbetriebes der DDR aus den 80er Jahren

ihn aufgesetzt hatte. Trotz ihrer Qualität bekamen auch die Eisenberger Platten manchmal Risse.

Sind alle Klangsaiten vom Bass bis zum Diskant mit voller Spannung aufgezogen, liegen an einer Akustischen Anlage im Durchschnitt 18 Tonnen Zugkraft an. Da reichen oft große Kälte oder Erschütterungen während des Auf- oder Abladens des Instruments aus, dass Risse entstehen. Die meisten Fälle von Gussplattenrissen verzeichneten wir daher im Winter und bei Transporten. Das war schlimm. Es gab weitreichende Reklamationen, wenn ein über den Außenhandel vertriebenes Klavier irgendwo im Ausland riss. Dann musste das Instrument zurück nach Eisenberg in den Betrieb gebracht werden, wo es komplett zerlegt und neu aufgebaut wurde.

Niemand machte diese schwere Arbeit an den Gussplatten gern. Oftmals wurden Mitarbeiter eingesetzt, die nicht die größte Lust zum Arbeiten hatten, weil schlicht keine anderen Arbeitskräfte zu bekommen waren. Wenn in der Abteilung nicht genug Leute zur Verfügung standen, um die 25 Klaviere pro Tag fertigzustellen, sprang ich selbst ein und bohrte mit, manchmal wochen- und monatelang. Über die Zeit habe ich mindestens 500 Gussplatten gebohrt.

In der Produktionsleitung hatte ich in Joachim Jäger einen sehr guten Stellvertreter. Er unterstützte mich sehr und fing manchen Ärger in der Abteilung ab, sodass ein Problem oft gar nicht erst bis zu mir vordrang. Vor Kollege Jäger hatte mich mit demselben Maß an Engagement Kollege Silz vertreten, bis er in Rente ging. Doch bei den Gussplatten konnte nur ich helfen. Nach ein paar Jahren schaffte ich es auf fünf Platten pro Tag. Wenn ich nicht mit angepackt hätte, hätten wir den Plan nicht erfüllt. Und Planerfüllung war das oberste Gebot.

Wegen der verflixten Planerfüllung bekamen wir Produktionsstättenleiter die meiste Prügel, den größten psychischen Druck zu spüren. Wir produzierten wahnsinnige Stückzahlen: Während ich 1977 bis 1998/99 für den Klavierbetrieb verantwortlich war, wurden über 100.000 Klaviere, Flügel und historische Tasteninstrumente in die ganze Welt exportiert, vorwiegend ins NSW. Unser Absatz lief über den Außenhandel, der in Klingenthal, dem Erzgebirgischen Musikdreieck, saß.

Ein Kollege aus dem Möbelwerk nahm mich oft mit nach Klingenthal, damit ich dort die Klaviere vertrat. Es war meine Aufgabe, die Produktion und die Qualität der Instrumente zu erklären. Wir nahmen ein Auto des MK, für das ich als Fahrer unterschrieb. Da der Kollege nach der Veranstaltung noch zu einem Geburtstag und schnell heim wollte, setzte er sich für die Rückfahrt ans Steuer. Es gab Glatteis. Wir fuhren aus dem Gebirge ins Tal, von Schöneck steil bergab nach Tirschendorf, wo wir mit einigen Treppenstufen kollidierten. Unser Wartburg erlitt einen Totalschaden. Der Kollege und ich saßen die ganze Nacht über in einer Gastwirtschaft am Telefon und ließen uns am nächsten Tag abholen. Ich erhielt einen Verweis, weil ich den Wagen aus der Hand gegeben hatte.

In den 80er Jahren kam eine Ärztekommission in unseren Betrieb. Sie bliesen uns den Marsch wegen der schlechten Arbeitsbedingungen für die Beschäftigten. In der Leitungssitzung stimmte ich in diese

Auch Flügel wurden in Eisenberg produziert.

Kritik ein: Es war unmöglich, die geplanten Stückzahlen zu liefern. Uns fehlten Leute, wir hatten Schwierigkeiten mit dem Transport und zwischen den einzelnen Fertigungsstufen. Nun wurde endlich richtig rationalisiert. Die Taktstraße wurde erweitert, zusätzliche Anlagen wurden gebaut und vor allem: Es wurden Fördermittel zur Beseitigung körperlich schwerer Arbeit bewilligt. So bekamen wir 1986 eine CNC-gesteuerte, vollautomatische Gussbohrmaschine. Die war ein Traum! Nun konnten wir ohne Schwierigkeiten 25 Gussplatten pro Tag bohren. In der Plattenbohrerei musste weiterhin in Schichten gearbeitet werden, während wir in allen anderen Abteilungen des Klavierbaus einschichtig waren, aber es war fortan ein modernes, sauberes, körperlich leichtes Arbeiten.

Weil wir zu 99 Prozent ins NSW exportierten, standen wir unter starker Beobachtung, wie man sich leicht denken kann. Jede Woche schickte eine Spedition aus Westdeutschland mehrere Fahrzeuge, die die Klaviere abholten und ins oberfränkische Lichtenfels brachten. Dort befand sich das Hauptlager, von dem aus die Klaviere in die westeuropäischen Länder – Frankreich, Italien, England, Holland – verteilt wurden. Unsere Leute kamen beim Verladen unweigerlich mit den Fahrern der Spedition in Kontakt, weshalb uns ein Offizier aus der Hohen Straße, wo die Stasi saß, zugeteilt wurde. Er suchte mich hin und wieder auf und befragte mich unter vier Augen.

1989 waren wir hoch rationalisiert und technisiert. Nach dem Mauerfall besuchten uns nahezu alle Inhaber westdeutscher Klavierbetriebe. Darunter waren auch die ganz Großen wie die Firma Schimmel aus Braunschweig, die den berühmten Glasflügel von Udo Jürgens produziert hatte, die Firma Seiler und die Firma Pfeiffer. Sie alle staunten über unsere hochmoderne Fließbandproduktion. So etwas hatten sie im Westen nicht. Deshalb konnten wir unsere Ausstattung auf großen Messen präsentieren.

Vor der Wende waren in West- und Ostdeutschland zusammen jährlich circa 49.000 Klaviere hergestellt worden. Die DDR produzierte ein gutes Viertel mehr als der Westen. Wir nahmen damit viele Devisen ein, es handelte sich um ein Riesengeschäft. Die größten Betriebe waren die Piano-Union in Leipzig, Seifhennersdorf, Firma Blüthner in Leipzig, Firma Förster in Löbau, die Klavierfabrik Sangerhausen und wir in Eisenberg. Mit der Wende veränderte sich auch im Klavierbereich alles. Unsere moderne Produktionsanlage konnte uns nicht helfen, denn die hohen Stückzahlen, die damit erzeugt werden konnten, wurden wir nicht mehr los.

Unsere Klavierproduktion hatte ab 1972 die kleinen und mittleren Betriebe aus Eisenberg im Neubau in der Mozartstraße vereint, sodass es von da an nur noch einen Standort für den industriellen Klavierbau in Eisenberg gab. Die historischen Betriebe brachten Markennamen mit wie Adolf Geyer oder Fuchs & Möhr. Doch geht ein Deutscher nach Frankreich und versucht, ein Klavier zu verkaufen, das den Namen »Adolf Geyer« trägt, fliegt er rückwärts wieder raus – einen deutschen »Adolf« kann in Frankreich niemand gebrauchen. In den anderen Ländern wie England, Italien oder Westdeutschland war es nicht ganz so schlimm. Bei Fuchs & Möhr hieß es immer, der Name erinnere an einen obszönen Inhalt. Ich begriff das nicht, weil ich kein Englisch gelernt hatte. Wie dem auch sei: Wir brauchten dringend neue Marken und Modelle.

Glücklicherweise hatte ich guten Kontakt zum Außenhandel. Per Dekret waren alle Außenhandelsbetriebe der DDR 1990 geschlossen worden. Ich hatte mich aber beeilt, kurz nach der Wende Kontakt mit ihnen aufzunehmen. Und das zahlte sich aus: Es gelang uns, für den Außenhandel eine besondere Marke unter dem Namen »Wilhelm Steinberg« zu produzieren. In der Klavierindustrie erzählte man sich, die reichsten Marken, die sich am besten verkaufen ließen, seien Namen, die etwas mit Steinen zu tun haben. Wilhelm Steinberg war eine Berliner Firma gewesen, die zur Zeit des Nationalsozialismus hatte schließen müssen. Der Markenname blieb erhalten, wurde aber nicht genutzt. Unser Außenhandel hatte den Markennamen von den Angehörigen erworben und ihn mir unentgeltlich zur Verfügung gestellt. Das war von einem derart großen Wert für unsere Firma und unseren Neustart am Markt, dass es sich kaum ausdrücken lässt. Der Name »Wilhelm Steinberg« unserer Klaviere besaß einen guten Ruf und wir konnten erstmals kostendeckende Preise für unsere Neuentwicklungen erzielen.

Mit der Wende wurde real, was ich schon hatte kommen sehen: Wir mussten nach westdeutschem oder internationalem Prinzip handeln, arbeiten und verkaufen. Ich wurde Personalchef von ungefähr 250 Mitarbeitern, Geschäftsführer und Betriebsleiter und war nun für die Geräte und für den Materialeinkauf verantwortlich. Doch der große Druck, der zu DDR-Zeiten auf mir gelastet hatte, immer höhere Stückzahlen mit immer weniger Arbeitskräften zu produzieren, ließ nach. Es war eine Erlösung, als sich die Frage, wie ein Plan umsetzbar sei, in der Produktion nicht mehr stellte. Stattdessen war es nun Aufgabe des Chefverkäufers oder des Investors, Vorgaben zu erreichen und die Ware auf dem Markt unterzubringen. Wir mussten nur produzieren. Als ich mich nur noch auf mein fachliches Können, meine Kenntnisse zu Konstruktion und Organisation konzentrieren musste, lief es mit einem Mal. Die konnten gar nicht alles verkaufen, was wir fertigstellten.

Der Herstellungspreis für ein Klavier lag nach der Wende bei über 2.000 D-Mark, weil wir nun alles im Westen einkaufen mussten. Unsere Zuliefererbetriebe in Leipzig und Eisenberg waren kurz nach der Wende geschlossen worden. Im Westen meinten sie nun, uns zeigen zu müssen, wo der Hammer hängt, und machten entsprechend hohe Preise: mehr als 2.000 D-Mark Materialkosten für ein Endprodukt, das dem Außenhandelsbetrieb 1.800 D-Mark einbrachte. So haben die uns ausgebeutet. Als Treuhandgeschäftsführer konnte ich einen Liquiditätsplan aufstellen und den Fehlbetrag jeden Monat neu beantragen. In der Regel wurde er überwiesen. So war der Betrieb trotzdem in der Lage, die Löhne der Mitarbeiter zu bezahlen.

Zu mir braucht kein Wessi mehr zu kommen, da kann man von mir halten, was man will. Bereits vor der Wende nahmen uns unsere Geschäftspartner aus dem Westen aus. Zu DDR-Zeiten hatte ich das große Glück, ins NSW reisen zu dürfen, weil die Großhändler das wollten und weil ich keine Verwandtschaft ersten Grades im Westen hatte. Meines Wissens war ich der Einzige von über 2.500 Mitarbeitern aus den Möbelwerken Eisenberg, der ausreisen durfte. In ganz Westeuropa war ich unterwegs. Auf diesen Reisen bekam ich mit, wie die westdeutschen Händler unsere Außenhandelsverkäufer erpressten. Die wussten genau, dass unsere Leute wegen der verflixten Valuta-Mark mit Verträgen nach Hause kommen mussten, und das nutzten sie aus, indem sie uns herunterhandelten bis zum Gehtnichtmehr. Ich saß als Techniker bei jeder Verhandlung dabei: Die Franzosen, Engländer und Italiener waren bei Weitem nicht so hartnäckig und bockig wie die Westdeutschen.

Nach der Wende ging es genauso weiter: Die Wessis hielten uns für dumm. Als wir kurz nach Maueröffnung den Messestand auf der Frankfurter Messe aufbauten, wohnten wir in Bad Soden, einem Vorort von Frankfurt, nahe des Bahnhofs im Hotel, um am Morgen mit der S-Bahn in die Stadt zu fahren. Da hatten die doch auf dem Hotelvorplatz Schrottautos ohne Ende zum Verkauf aufgestellt. Die dachten: Jetzt kommen die dummen Ossis, die werden alle Autos kaufen, egal, zu welchem Preis. Selbstverständlich kauften wir keine dieser

Schrottkisten. Aber so wurden wir eingeschätzt, so gingen die mit uns um.

Die widerlichste Geschichte, die ich nach der Wende erlebte, war folgende: Eines Tages kamen westdeutsche Vertriebsleiter aus dem Lebensmittelhandel zu mir ins Büro und sagten: »Herr Bräutigam, wir wissen, dass Sie noch unzählige Klaviere auf Lager haben. Wir geben Ihnen für jedes 100 D-Mark bar auf die Hand. Dafür verkaufen Sie uns die Klaviere für einen geringen Preis.« Den Preis, den sie vorschlugen, kann ich nicht mehr genau beziffern, es könnten um die 1.000 D-Mark gewesen sein. Normalerweise hätten sie 1.800 bezahlt. »Denn«, so ging es weiter, »bei uns in der Nähe ist eine amerikanische Garnison, die nehmen jedes Klavier. Das geht alles ungesehen nach Amerika, taucht nie wieder auf und niemand erfährt etwas davon.« Diese Leute gingen auch in andere Betriebe. Das kam nach zwei, drei Jahren heraus, als der ganze Schwindel aufflog und ein Verfahren wegen Steuerhinterziehung eingeleitet wurde. Ein anderer ostdeutscher Betrieb hatte sich von denen über den Tisch ziehen lassen. Der Verantwortliche wurde festgenommen und ging wegen Steuerhinterziehung in den Knast. Mir wäre das nicht passiert, meine persönliche Einstellung hätte es mir gar nicht erlaubt, mit solchen Leuten gemeinsame Sache zu machen.

Über die Zeit bis zur Wende kann das Buch »170 Jahre Klavierbau Eisenberg« genauer Aufschluss geben. Von 1877 an – dem Jahr, in dem die erste Klavierfabrik gegründet wurde – bis 1970 wurden in Eisenberg 100.000 Klaviere produziert. 35 oder 36 Eisenberger Betriebe arbeiteten am Klavier. Und wie viele Villen in Eisenberg durch den Klavierbau entstanden! Die Musikschule ist eine davon, die Poliklinik eine andere. Diese Klinik sollte nach der Wende noch eine große Rolle spielen – nicht für uns, sondern für die, die sie später übernahmen.

Durch unsere großen Stückzahlen verkauften wir zu der Zeit, als ich die Klavierproduktion leitete, anderthalbmal so viele Klaviere wie in den knapp 100 Jahren von 1877 bis 1970. Unser Markenname ging von Eisenberg aus in die ganze Welt. Nun ist ein Klavier ein extrem langlebiges Produkt. Sämtliche Klaviere, Flügel und historischen Tasteninstrumente – die Spinetts, Cembali in verschiedenen Modellen und Baugrößen –, die wir produzierten, stehen bis heute irgendwo in der Welt und tragen unseren Namen.

Mit der Wende waren bei uns, nicht anders als bei »Möbels«, Markt und Handel erst einmal platt. Neue Modelle mussten entwickelt, vorgestellt und produziert werden. Auf dem Markt wurden wir als Treuhandbetrieb gehandelt. Das Produkt »Klavier« blieb aber glücklicherweise interessant. Während die für uns zuständige Treuhandniederlassung für Liquiditätsfragen in Gera saß, befand sich die für existenzielle Fragen aller ehemaligen DDR-Klavierbetriebe verantwortliche Stelle in Berlin, im Gebäude des heutigen Finanzministeriums. In diesem Riesengebäude ging ich ein und aus, um Verträge zu schließen und Geld zu bekommen. Nach 1990 bis 1998 hatten wir circa 12 bis 13 Millionen D-Mark Investitionsmittel zur Verfügung. Ungefähr zwei Jahre lang stand ich in dieser Weise mit der Treuhand in Verbindung. Alles verlief so weit gut, bis sie etwa 1992 zu mir sagten: »Sie sollten sich jetzt langsam um die Privatisierung kümmern, sonst müssen wir Ihren Betrieb schließen.«

Im Grunde hatte ich mich bereits zuvor schon darum bemüht. Nun aber begann ich, konkrete Schritte zur Privatisierung zu unternehmen, und suchte nach Investoren. Ein Kandidat kam aus Hof. Er war bekannt wie ein bunter Hund und man warnte mich: »Den nicht! Der hat seine Klaviere bis heute nicht bezahlt.« Auf der Frankfurter Messe 1991 hörte ich mich um. Man gab mir Tipps, wen ich ansprechen könnte. Einer von den Empfohlenen wurde es schließlich: Helmut Altmeyer, ein Investor aus Westdeutschland. Mit ihm lief es recht gut.

1993 wurden wir zur Wilhelm Steinberg Pianofabrik GmbH umgewandelt. Der Kaufpreis betrug 500.000 D-Mark. Der Investor nahm Kredite auf zum Umbau, zum Aufbau einer neuen Halle, für neue CNC-Maschinen, Formpressen und einiges mehr, für neue Klaviermodelle und einen neuen Flügel bis zur Markteinführung. Die Kreditverhandlungen und Verträge wurden mit großen deutschen Banken und der Thüringer Aufbaubank geführt und abgeschlossen. Das alles war notwendig, um die Wettbewerbsfähigkeit zu erreichen und um die hochwertigen Produkte am Markt platzieren zu können.

Unter Helmut Altmeyer hatte ich nun die gesamte Produktion zu verantworten. Er kam gelegentlich vorbei, um die großen Schecks abzuholen, ansonsten war ich in Eisenberg mein eigener Herr. Mein Bereich war fachlich so abgegrenzt, dass mir schon zu DDR-Zeiten niemand reinreden konnte, auch aus den Möbelwerken nicht. Der Außenhandelschef unseres großen Außenhandelsbetriebes für Musikinstrumente in Klingenthal sagte einmal: »Wie macht das nur euer Herr Bräutigam mit den Wünschen der Großhändler? Was immer er in der Produktion ansagt, das wird erledigt. Bei den anderen großen Betrieben gelingt uns das nicht!« Nun, das war nicht mein Verdienst, das lag an meiner Alleinstellung im Möbelkombinat. Die Techniker von anderen Betrieben, die ebenfalls ins westliche Ausland reisen durften, hatten in ihren Betrieben weniger hohe Positionen inne. Sie konnten noch so gute Techniker sein, sich in ihren Betrieben noch so genau auskennen, dennoch wurden sie weniger gehört, weil sie untergeordnete Stellungen innehatten. Was sie anzumerken hatten, interessierte die Chefs wenig.

Über den heutigen Stand der Firma weiß ich leider wenig. Es wurde viel investiert. Im Jahr 2000 gab es einen Besitzerwechsel und Japaner übernahmen den Klavierbereich. Ich verließ 2000 den Betrieb. Da ich das Glück hatte, 1938 geboren worden zu sein, stand ich unter dem sogenannten Vertrauensschutz: Ich musste eine gewisse kurze Arbeitslosigkeit nachweisen und konnte dann in Rente gehen.

Ich fiel in ein tiefes Loch - Arbeitslos und allein zu Hause zu sitzen, war furchtbar

Rosemarie Tröber | Jahrgang 1948

Als gelernte Bankkauffrau stieg sie 1967 bei den Möbelwerken Eisenberg als Buchhalterin ein, mit 25 Jahren übernahm sie den Bereich Material- und Betriebsabrechnung, im Zuge der Massenentlassung wurde ihr 1992 gekündigt. Nach mehreren Jahren Arbeitslosigkeit wurde sie Teil des ABM-Autorenteams, das die Chronik des Möbelwerkes verfasste.

Ich war eine von sieben Personen, die 1996 und 1997 an einer Chronik über die Eisenberger Holzindustrie arbeiteten. Die Geschichte, wie ich zur Projektgruppe kam, beginnt in den Möbelwerken. Ich hatte dort 1967 zu arbeiten begonnen. Am 31. Dezember 1992 musste mich Herr Steudel entlassen. Ihm blieb keine Wahl. Nach der Entlassung fiel ich in ein tiefes Loch. Man geht ja nicht nur arbeiten, um Geld zu verdienen. Es ist viel mehr. Ich ging gern im Möbelwerk arbeiten.

Ab dem 1. Januar 1993 stand ich arbeitslos da. Es war furchtbar, allein zu Hause zu sitzen. Am 7. November 1993 wäre mein 25-jähriges Firmenjubiläum gewesen. Den Tag habe ich ganz für mich allein begangen, ich erzählte niemandem davon. Das Schlimme war die Einsamkeit. Keiner, der es nicht selbst erlebt hat, kann sich vorstellen, wie das ist. Ich konnte nicht in die Firma gehen, mich zu niemandem an den Schreibtisch setzen und einfach quatschen. Das fehlte mir.

Der Verlust von Beziehungen und Gemeinschaft, die wir waren, das machte mich wirklich fertig. Anfangs kümmerte ich mich viel um meinen Enkel, doch der brauchte und wollte das irgendwann nicht mehr. »Dann geh doch in den Garten und arbeite dort«, schlug mein Mann vor. Aber da war ja auch niemand. Ich machte unzählige Arbeitsbeschaffungsmaßnahmen mit, versuchte, mich irgendwie über Wasser zu halten. Mein Mann und ich hatten ein Haus gebaut, für das wir die Kredite abbezahlen mussten. Viele, die in einer solchen Situation waren, gingen seelisch kaputt.

Dass ich so gern ins Möbelwerk gegangen war, hängt auch mit meiner Biografie zusammen. Ich komme aus einer Familie mit sieben Kindern, von denen ich die Zweitälteste bin. Früher war ich immer sauer auf meine Eltern, dass wir so viele Kinder waren. Aber heute finde ich es sehr schön, wir haben einen tollen Zusammenhalt. Meine Familie war 1945 aus dem Sudetenland vertrieben worden und war zuerst in Rauda, dann in Eisenberg gelandet. Ich mochte Mathematik und lernte nach der Schule in der Bauern-Bank Bankkaufmann. Nach der Lehre sollte ich für das Studium an der Finanzschule nach Gotha umziehen. Doch genau zu diesem Zeitpunkt lernte ich meinen Mann kennen. Ich wollte nicht räumlich getrennt von ihm leben, deshalb sagte ich das Studium ab. Meine Mutter arbeitete bereits seit 1959 im Möbelwerk. Zehn Jahre lang fuhr sie jeden Tag mit dem Fahrrad ins Werk. So ging auch ich zu »Möbels«. Am 7. November 1967 wurde ich in der Abteilung »Buchhaltung« eingestellt.

1973, gerade 25-jährig, musste ich den Bereich Material- und Betriebsabrechnung übernehmen. Fünf Frauen arbeiteten dort, davon zwei Vollbeschäftigte. Es wurde von 6.30 bis 16 Uhr gearbeitet. 1972 waren die Privatbetriebe ins Möbelwerk integriert worden, das damals noch Möbelkombinat war. Im selben Jahr erhielt ich die leitende Stellung, konnte aber nicht entsprechend bezahlt werden, weil ich nicht studiert hatte. Mein Mann hingegen hatte studiert. Er wurde Chef der Berufsausbildung im Armaturenwerk, weil er sich gut mit Computern auskannte. Mit der Wende wäre er sofort arbeitslos geworden, hätte er nicht diese Spezialkenntnisse gehabt.

Während meiner Arbeitslosigkeit traf ich 1996 Herrn Pfeiffer in der Stadt. Er fragte mich, wie es mir gehe. »Beschissen«, antwortete ich geradeheraus. Da schlug er vor: »Komm doch zu uns! Ich leite eine ABM, die eine Chronik über die Eisenberger Holzindustrie erstellen soll«, erklärte er. Sechs Leute recherchierten im Stadtarchiv und trügen alles zusammen, was über die Entwicklung der Holzindustrie im Raum Eisenberg zu finden sei. »Wir brauchen jemanden, der die

Ergebnisse am Computer erfassen kann«, schloss Herr Pfeiffer und sah mich erwartungsvoll an. Mit dem Computer kannte ich mich aus und so wurde ich die siebte Person in der Projektgruppe »Chronik der Holzindustrie«. Die anderen Chronisten waren alle Jahrgang 1939 oder 1940. Sie waren 1994 entlassen worden. Ihnen wurde die ABM ermöglicht, damit sie anschließend abzugsfrei in den Ruhestand gehen konnten.

Die Chronik war ein riesiger Aufwand. Zu siebt sichteten wir das gesamte Archiv und kümmerten uns um die Sortierung und Aufbereitung des Materials. Wir hatten ja alle keine Ahnung von Archivarbeit! Doch die Arbeit gefiel uns sehr. Wir arbeiteten voller Leidenschaft, es floss wirklich unser Herzblut in die Chronik. Zum Jahresende 1997 mussten die anderen aufhören, doch ich durfte zusammen mit Herrn Pfeiffer bis Ende Februar 1998 weiterarbeiten, weil er noch zwei Monate brauchte.

Nach Beendigung der ABM trafen wir Chronisten uns weiterhin jeden Monat. Mit den drei Frauen der Gruppe komme ich bis heute zusammen, so gut verstehen wir uns. Nach ihrer Fertigstellung wurde die Chronik farbig im A4-Format kopiert. Es gibt nur zehn Exemplare. Jeder Mitarbeiter der Projektgruppe bekam ein Buch ausgehändigt und jeweils ein Exemplar ging ans Stadtarchiv, an die Gesellschaft für Arbeit und Wirtschaftsförderung (GfAW) Erfurt und an die Möbelwerke. Für eine höhere Auflage fehlte schlichtweg das Geld. Verbreitung fand die spannende Geschichte der Möbelwerke Eisenberg, die wir erarbeitet hatten, dadurch leider nicht. Inzwischen sind viele Möbelwerker gestorben. Sie können ihre Geschichte nicht mehr erzählen.

Die Schließung des Möbelwerkes war ein Skandal – Das Überleben unseres gut funktionierenden Betriebes war nicht gewollt

Jörg Hilpert | Jahrgang 1951

Ab 1975 als gelernter Feinmechaniker in den Möbelwerken, nach einer Weiterbildung zum Ingenieur für Holztechnik leitete er zunächst die Stuhlproduktion, später wurde er Werkleiter, Produktionsdirektor und ab 2003 bis zur Insolvenz 2007 Gesamtbetriebsleiter, unter der Insolvenzverwaltung führte er den Betrieb bis 2009 weiter.

Wieso wir in Insolvenz gerieten? Die Antwort ist einfach: Es war das Missmanagement eines Geschäftsführers. Die besten Vertriebler, etwa Bernd Hansen, wurden entlassen und an ihrer Stelle Westvertreter eingesetzt, die nicht für unsere Möbel brannten. »Wir machen Zentralregulierung«, hieß es. Dann gliederte der Geschäftsführer die Vertreter und den Transport aus, was im Endeffekt viel teurer war als das alte, bewährte Modell. Es ging so weit, dass er sogar die Handwerker, zwei Elektriker und zwei Schlosser, ausgliedern wollte. Da ging ich an die Decke. »Hören Sie, die Leute kennen die Maschine«, erklärte ich ihm rundheraus. »Was werden Sie machen, wenn Sie einen Handwerker brauchen? Im Schwarzwald anrufen? Der Handwerker von dort braucht allein 5 Stunden, bis er in Eisenberg ist. Dann guckt der sich die Sache an und bestellt das Ersatzteil für 2,50 Euro, das allerdings erst am nächsten Tag eintreffen wird. Also braucht er eine Übernachtung, damit er das Ding am folgenden Morgen einbauen kann. Zum Schluss kostet der Einbau eines Relais Sie insgesamt mindestens 1.200 Euro.« Und ich setzte nach: »Wenn Sie die Handwerker rausschmeißen, können Sie meine Kündigung gleich mitschreiben.« Die Handwerker blieben. Das ist nur eine von vielen Geschichten.

Mit seinem Verhalten trug der Geschäftsführer Stück für Stück zur Gewinnschmälerung für das Unternehmen bei. Das waren die Mosaiksteinchen, die Eisenberger 2009 in die endgültige Insolvenz führten.

Nach 2007 lief der Betrieb weiter. Anfang 2009 entwickelten wir ein neues Konzept, ohne dass die Insolvenzverwaltung davon wusste. Es gründete sich darauf, dass es noch Aufträge für 3 Millionen Euro gab und das dazugehörige Material dalag – bereits bezahlt. Auf dem Fertiglager befanden sich zudem für 184.000 Euro fertige Möbel – Kundenaufträge, die zum Teil schon angezahlt waren.

2009 legten wir unser Konzept dem Insolvenzverwalter vor. Daraufhin zahlte die Insolvenzverwaltung nur einen halben Monatslohn aus. Ende Juni wurde die Belegschaft zusammengerufen und ihr mitgeteilt, dass die Firma umgehend zu verlassen sei. Noch während der Versammlung wurden alle Schlösser ausgewechselt, die Eingänge besetzt und kontrolliert, damit niemand Sachen mit rausnahm. Wir waren perplex. Das war eine Überrumpelungstaktik, bei der keiner auf die Idee kam zu protestieren. Alle waren geschockt. Selbst im »Insider« – der Zeitung für die Möbelindustrie, die noch jede Firma zerrissen hatte – stand: »Skandalöse Schließung von Eisenberger«. Die großen Kaufhäuser wandten sich an Hansen: »Was ist denn bei euch los? Wir hatten ja nicht einmal mehr die Chance, unsere Bestellungen abzuholen!« Nun, es war nicht gewollt.

Unsere beiden Mitbewerber – einer davon im Osten unter westdeutscher Führung – schrieben kleinere Umsatzzahlen als wir. Denen war die Schließung von Eisenberger sicher willkommen. Oder anders gesagt: Die nutzten die Gunst der Stunde.

AUSFAHRT

GROSSBREITENBACH

Deindustrialisierung im ländlichen Raum

Großbreitenbach, zu DDR-Zeiten ein florierender Industriestandort im Thüringer Wald, wurde nach der Wende tiefgreifend erschüttert. Drei von vier Großbetrieben – darunter der international vernetzte VEB Relaistechnik – wurden abgewickelt. Der Betrieb als Mittelpunkt des Lebens verstummte, Arbeitsplätze wurden vernichtet, Biografien gebrochen.

Der abrupte Verlust wurde nicht erklärt, geschweige denn aufgearbeitet. Warum selbst ein marktfähiger Betrieb wie der VEB Relaistechnik schließen musste, blieb lange ein Rätsel. Erst die Treuhandakten konnten Licht ins Dunkel bringen.

Dieses Kapitel folgt der Spur dieser Akten. Der Rechtshistoriker Lukas Stoll von der Freien Universität Berlin unterzieht sie im Rahmen seiner Promotion einer wissenschaftlichen Analyse. Er sichtete über 10.000 Blätter – eine wahre Sisyphusarbeit – und brachte Ordnung in die Geschichte, die nicht vergessen werden darf.

Die Rolle der Treuhand ist bis heute nicht aufgearbeitet

Zwei leitende Angestellte der Relaistechnik

Das RGI, kurz für: Relaistechnik Großbreitenbach-Ilmenau, war DDR-weit der einzige Betrieb, der Neutral- und Schwachstromrelais herstellte. Nur kleinere Betriebe, die aus volkswirtschaftlicher Sicht unbedeutend waren, sowie unser Kombinatsbetrieb Elektro-Apparate-Werke in Berlin-Treptow (EAW) bauten ebenfalls Relais. Die Relaistechnik war ein Fusionsbetrieb aus dem VEB Statex Ilmenau, der auch zwei Glasbläsereien für Quecksilberschaltröhren unterhielt, und dem VEB Werk für Bauelemente der Nachrichtentechnik Großbreitenbach, der vor dem Krieg zu Siemens gehört hatte. 1970 schlossen sich beide Betriebe zusammen zur Relaistechnik, da es für bestimmte Sortimente einen überdurchschnittlich großen Bedarf gab. So wurden im Sinne der stetig zunehmenden Automatisierung das Kammrelais NSF 30 und das Schutzrohrkontaktrelais produziert.

Die Fusion verlief problemlos, denn die Betriebsteile konnten weiterhin selbstständig arbeiten. Es wurden auch andere kleine Betriebe eingegliedert, 1973/74 entstanden zwei Neubauten und die Relaistechnik wuchs zu einem großen Betrieb mit zuletzt 1.400 »vollbeschäftigten Einheiten«. Da aber mehr als 60 Prozent Frauen im Betrieb arbeiteten und es viele Teilzeitstellen gab, lag die tatsächliche Zahl der Beschäftigten bei etwa 1.800.

Der Rationalisierungsmittelbau der Relaistechnik entwickelte Hand in Hand mit der Technischen Hochschule Ilmenau funktionstüchtige Maschinen für die Herstellung der Relais wie Justage-, Prüf-, Montage- und Bedruckautomaten. So konnten Vorgänge, die zuvor manuell durchgeführt werden mussten, automatisiert werden. Dieser Betriebsteil zählte 80 Beschäftigte und umfasste auch einen eigenen Reparaturbereich.

Das Werksgelände des VEB Relaistechnik

Als sehr innig und fruchtbringend erwies sich die Zusammenarbeit mit Prof. Schorcht und Prof. Weiß, damals noch Doktoren, die im Ratiomittelbau der Relaistechnik einen eigenen Arbeitsplatz innehatten, an dem sie an bestimmten Tagen in der Woche tätig waren und die Entwicklungen mit vorantrieben. Zudem wurden einige ausgewählte Maschinen importiert, etwa Spulenwickelautomaten von der Fima Aumann aus Espelkamp in Westdeutschland und Wickel- sowie Montageautomaten aus der Schweiz. Damit verfügte die Relaistechnik in Großbreitenbach über einen hochmodernen Ausrüstungspark. Die modernsten Maschinen wurden mit der Wende auch als Erstes verkauft.

Besonders bewusst wurde uns die Stellung der Relaistechnik, als wir uns Anfang der 90er Jahre in westdeutschen Betrieben umsahen, etwa im Schaltbau Berlin-Neukölln, der ebenfalls Kammrelais produzierte. Der Prüfautomat wurde dort noch manuell geschaltet, über einen Justageautomaten verfügte der Betrieb gar nicht. Unser Betrieb war viel moderner ausgestattet.

Das Hauptgebäude

Kollektiv des Ratiomittelbaus

Im Jahr 1989 verzeichnete die Relaistechnik einen Umsatz von etwa 120 Millionen DDR-Mark. Davon entfielen schätzungsweise 60 bis 80 Millionen auf den Export in die Sowjetunion. Mit der Währungsunion 1990 konnten die russischen Betriebe die Relais nicht mehr bezahlen, denn nun kosteten sie D-Mark. So brach über die Hälfte des Absatzes weg. Damit wurden viele Arbeitskräfte überflüssig.

Die Relais aus Großbreitenbach waren durchaus marktfähig, allein der Herstellungspreis war das Problem. So reisten wir durch die alte Bundesrepublik und suchten den Kontakt zu den Firmen, die schon zu DDR-Zeiten von uns Relais bezogen hatten. Da nach der Wende der Exportpreis nicht mehr vom Staat subventioniert wurde, sollten die Kunden nun bezahlen, was die Relais tatsächlich kosteten. Das konnten oder wollten sie nicht. Wie hoch die Subventionen der DDR tatsächlich gewesen waren, ist schwer auszurechnen: Die Betriebe hatten geliefert und der Staat hatte die Exportpreise bestimmt – abhängig vom Markt. Nun kursierten Zahlen, für deren Richtigkeit wir nicht garantieren können, die aber zumindest einen ungefähren Eindruck vermitteln: 0,68 D-Mark Marktpreis standen 1,40 D-Mark Herstellungskosten gegenüber.

Die Relaistechnik nahm auch Kontakt zu Schaltbau München auf. Die waren begeistert und erklärten: »Ihr habt das Ergänzungsprogramm zu unserem Sortiment. Wir schließen uns mit euch zusammen!« Dieses Versprechen diente wohl vor allem einem Zweck: Uns als Konkurrenz aus dem Weg zu räumen. Die wesentliche Forderung von Schaltbau an uns war: Ihr müsst Beschäftigte abbauen. So wurden 1991 aus den nunmehr 1.400 Mitarbeitern 960, ein Jahr später 300. Als 1993 schließlich nur noch 200 übrigblieben, sagte Schaltbau: »Danke, das war's.«

Sie hatten ihr Ziel erreicht – die Konkurrenz war ausgeschaltet. Mit unseren 1.400 »vollbeschäftigten Einheiten« wären wir ja eine beachtliche Wirtschaftsmacht gewesen. Aber ohne Absatz konnten wir unsere Leute nicht bezahlen. Kurzarbeit mit der Hoffnung auf Es-wird-schon-wieder im Hinterkopf, war keine Lösung. Nach und nach mussten die Beschäftigten in Abstimmung mit dem Betriebsrat in die Arbeitslosigkeit entlassen werden, je nachdem, wie es die Arbeitssituation vorgab. Fielen für einen bestimmten Bereich die Aufträge weg, war zwangsläufig Schluss, denn auch die Treuhand konnte und wollte unser Weiterkommen nicht finanzieren. Bei unseren regelmäßigen Terminen ging es vor allem um die Zahlung der Abfindungen. Erklärtes Ziel der Institution war es, die Summe für die fälligen Entlassungen abfordern zu können.

Im ersten Halbjahr 1993 kam es zu einem Treffen leitender Angestellter des RGI mit Partnern der Treuhand: der Rechtsanwaltskanzlei Laux & Partner aus St. Augustin bei Bonn. Unsere drängendste Frage war: »Wie können wir unser Unternehmen, das inzwischen so weit geschrumpft ist, am Leben erhalten?« Es gab Für und Wider und heftige Diskussionen, bis Frau Laux die entscheidende Frage stellte: »Warum sollten wir denn in Großbreitenbach einen Betrieb am Laufen halten, wenn wir durch Kapazitätserhöhungen der vorhandenen Betriebe in den alten Bundesländern das, was Sie bauen, selbst abdecken können?« Damit war das Gespräch für uns beendet und das Schicksal der Relaistechnik besiegelt. »Meine Herren, ich bin völlig übermüdet«, hatte Frau Laux zuvor bei einem anderen Gespräch erklärt. »Ich muss mich erst einmal ausruhen.« Daraufhin legte sie den Kopf auf den Tisch, schloss die Augen und war für die nächsten fünf Minuten nicht für uns zu sprechen. Das hatten wir bis dahin noch nicht erlebt. Es führte uns in aller Deutlichkeit vor Augen, wie ernst man uns als Gesprächspartner nahm. Eine Demütigung.

Die Relaistechnik hatte in den 80er Jahren Gewinne von etwa 30 Millionen Mark jährlich gemacht. Was nicht für die Instandhaltung des Betriebes gebraucht worden war, wurde an die Kombinatsleitung abgeführt. Wollten wir investieren, stellten wir beim Kombinat einen Antrag auf Zuweisung von Eigenmitteln. Bis zu einem Wert von 10 Millionen Mark konnten wir in Eigenregie schalten und walten, lagen wir darüber, übernahm das Kombinat das Zepter. Daher versuchten alle Betriebe in der DDR, unter dieser Summe zu bleiben. Beantragte man 10 Millionen Mark, behielt das Kombinat 0,5 Prozent davon im Sinne einer Bearbeitungsgebühr ein. Die westdeutschen Wirtschaftsmanager nannten diese Finanzierungsweise nach der Wende »Kredit« und »Altschulden«.

Diese Bezeichnung und die daraus resultierenden Folgen waren ein wesentlicher Teil des Übels, das über die Betriebe ausgeschüttet wurde. Denn es waren keine Kredite. Die Bezeichnung ist falsch und irreführend. Es handelte sich vielmehr um die eigens erwirtschafteten und abgeführten Gewinne, die man für den Betrieb nutzen wollte. Eindeutiger Gewinner der Kreditauffassung waren – und sind es bis heute – die großen deutschen Banken wie Commerzbank, Dresdner Bank und Deutsche Bank. Sie kassierten und kassieren die Raten von den Betrieben für Kredite, die sie nie gegeben haben. Es ist eine Farce.

Eine wichtige Rolle, um die massive Arbeitslosigkeit in der Region abzufedern, spielte die STEGAU, die Südthüringer Entwicklungsgesellschaft für Arbeit und Umwelt. Sie war ein Gewerkschaftsunternehmen der IG Metall und wurde 1991 im Kulturhaus in Suhl unter der Leitung von Erwin Peter-Winter gegründet. Die STEGAU verwaltete Millionen Übergangsgelder für Tausende arbeitslos gewordene Menschen der Region. Die Mittel dafür erhielt sie von der Treuhand. Die Betriebe konnten über einen bezahlbaren Anteilsbetrag Mitglieder dieser Gesellschaft werden, die sich dann um die gesamte Koordination kümmerte, Gelder verteilte und die Menschen übergangsweise in ABM- und Weiterbildungsmaßnahmen unterbrachte. Weitere Mitglieder in der STEGAU waren etwa das Fahrzeug- und Jagdwaffenwerk Suhl, die Stanz- und Prägetechnik Hildburghausen und der Werkzeugmaschinenbau Schmalkalden. In der Relaistechnik galten die Maßnahmen unter anderem dem Substanzerhalt des Werkes. So wurden beispielsweise unbrauchbar gewordene Betriebsteile aufgeräumt. Dass 1995 die sogenannte Schaltröhre, die erst Anfang der 70er Jahre erbaut worden war, und das Hauptgebäude des RGI abgerissen wurden, ist uns bis heute unverständlich. Ebenso wenig nachvollziehbar ist die Rolle der Treuhand, die bis dato nicht aufgearbeitet wurde.

Es war das Schlimmste, nicht mehr gebraucht zu werden - Arbeit ist Teilhabe am gesellschaftlichen Leben, Mitwirken und Mitgestalten

Petra Enders | Jahrgang 1965

Ausbildung als Facharbeiterin für Schreibtechnik im RGI, Ökonomie-Studium im Fernstudium, nach der Wende Sozialarbeiterin bei der STEGAU, erarbeitete Konzepte für Arbeitsbeschaffungs- und Strukturanpassungsmaßnahmen für Frauen aus Großbreitenbach, Vorsitzende des Frauengruppe Großbreitenbach e.V., ab 1999 Bürgermeisterin von Großbreitenbach, 2004 bis 2012 Mitglied des Thüringer Landtags, seit 2012 Landrätin des Ilm-Kreises.

Zwar bin ich im Ilmenauer Krankenhaus geboren, habe aber immer in Großbreitenbach gelebt. Seit ich denken kann, wollte ich Kindergärtnerin werden. Das war mein Traumberuf – nichts anderes zählte für mich. Zu DDR-Zeiten musste man sich dafür in der achten Klasse bewerben und bestimmte Voraussetzungen erfüllen. Ich lernte Akkordeon, spielte Gitarre und nahm Gesangsunterricht. Ich konnte alles vorweisen, schließlich hatte ich gezielt darauf hingearbeitet, eines Tages Kindergärtnerin zu werden. Es gab aber ein Problem: Ich war politisch engagiert in der Kirche. Meine Losung war »Schwerter zu Pflugscharen« und ist es auch heute noch.

In der zehnten Klasse im Frühjahr wurde ich zum Direktor gerufen. Er eröffnete mir, dass meine Leistungen – angeblich – nicht passen würden und ich demzufolge das Pädagogikstudium nicht antreten könne. Meine Eltern schrieben daraufhin eine Staatsratseingabe und beschwerten sich, denn sie wussten, wie viel es mir bedeutete. In der Zwischenzeit mussten wir allerdings schauen, was ich, sollte es bei der Ablehnung bleiben, lernen könnte. Mein Vater arbeitete im Glaswerk als Schlosser und so bot man mir dort eine Ausbildung als Facharbeiter für Schreibtechnik an. Damit war ich einverstanden.

Kurz vor Ausbildungsbeginn bekam ich die Nachricht, dass ich mich bei der Berufsberatung melden solle. Mein Vater begleitete mich. Wir besaßen kein Auto und fuhren mit unserem Moped »Star« nach Ilmenau. Dort wartete die nächste Ablehnung auf mich. »Es gibt keine Plätze mehr für Schreibtechnik«, erklärte man uns. »Wir wissen nicht, wie das so plötzlich passieren konnte. Aber wir können Ihnen eine Stelle als Starkstromtechniker anbieten.«

Wie ich wusste, sind das diejenigen, die auf die Strommasten steigen. Eine zweite Option sei Schlosser, sagte man mir, für Frauen ebenfalls eine sehr schwere körperliche Arbeit. Ich war nicht gemacht für solche Tätigkeiten und stand folglich vor der Wahl zwischen Regen und Traufe. Zu meinem Glück im Unglück sprang kurz darauf ein junges Mädchen ab und ich durfte doch die Ausbildung zum Facharbeiter für Schreibtechnik antreten. Das Glaswerk bildete dafür nicht aus, demzufolge lernte ich von 1982 bis 1984 in der Relaistechnik. Im Anschluss bot sich mir sogar die Möglichkeit, Ökonomie zu studieren, im Fernstudium während meiner beruflichen Tätigkeit. Die Berufsschule hatte man mit den entsprechenden Dozenten ausgestattet. Dienstags und sonnabends waren nun für das Fernstudium vorgesehen. Vom Betrieb wurden wir dafür freigestellt.

Kurz bevor ich fertig wurde, brach die Wende über uns herein. Das machte die Dinge kompliziert. Ich konnte zwar noch meinen Abschluss machen und er wurde auch anerkannt, aber es folgte für mich wie für viele andere Menschen der Gang in die Arbeitslosigkeit. Das war das Schlimmste: plötzlich nicht mehr gebraucht zu werden. Arbeit ist ja so viel mehr als nur Geldverdienen! Arbeit ist Teilhabe am gesellschaftlichen Leben, Arbeit ist Mitwirken, Mitgestalten, Mitbewegen. Ich war arbeitslos und fragte mich: Was jetzt?

Es war eine schreckliche Zeit. Mir fiel es schwer, aktiv zu werden. Gerettet hat mich schließlich die Idee, mit Frauen gemeinsam Initiativen zu entwickeln. Ich bewarb mich bei der STEGAU, einer sogenannten Auffanggesellschaft, die wir mit der Gewerkschaft IG Metall erkämpft hatten. Sie sollte Menschen helfen, die unverschuldet arbeitslos geworden waren, weil sie in der Produktion nicht mehr

Über 90 Prozent der Beschäftigten in der Relaistechnik waren Frauen.

gebraucht wurden. Die STEGAU hatte eine Stelle ausgeschrieben, die man im weiteren Sinne als Sozialarbeit fassen konnte. Obwohl ich keine Qualifikation in dieser Richtung vorweisen konnte, ging ich zum Chef Egon Dunkelmann und stellte ihm meine Ideen vor. »Du warst zwar kein Sozialarbeiter«, erzählte er mir später, »aber die Ideen, die du hattest! Da hab ich gedacht: Die ist die Richtige.«

Man muss sich vor Augen führen: Die Betriebe waren so viel mehr als nur Orte der Arbeit. Man hatte in den Betrieben seinen Freundeskreis, seine Kollegen, man hatte seinen Ferienplatz, den Kindergarten, Kinderferienlager, Weihnachtsfeiern, Frauentagsfeiern und Betriebsfestspiele. Man wurde medizinisch rundum versorgt. All diese Dinge trugen dazu bei, dass man sich in einer Gemeinschaft aufgehoben fühlte. Und auf einmal gab es davon nichts mehr. Die Relaistechnik war ein Frauenbetrieb, zu 90 Prozent hatten dort Frauen gearbeitet. Sie waren nach dem Mauerfall die Ersten, die reihenweise auf der Straße standen. Früher wurden sie gebraucht, waren wichtig für die

In der Justage wurden die Relais kontrolliert und abgeglichen.

Abläufe im Betrieb – und plötzlich waren sie überflüssig. Die Frauenarbeitslosigkeit war zu Beginn der 90er Jahre immens.

Um zu beginnen, entschied ich: »Wir veranstalten jetzt eine Kinderweihnachtsfeier und sie findet im ehemaligen Jugendclub statt.« Über 200 Menschen kamen – Kinder, Frauen, Familien. Daraufhin begann ich, weitere Initiativen zu entwickeln, etwa eine Familienwanderung, Verkehrssicherheitstrainings und einen Kosmetikkurs. Das mag banal klingen, die Veranstaltungen wurden jedoch sehr gut angenommen. »Das ist wirklich schön, was du da machst«, sagte eines Tages eine Frau zu mir, »aber weißt du, was uns fehlt? Uns fehlt Arbeit! Du musst was tun, damit wir an Arbeit kommen.«

So rief ich 1991 eine Frauenkonferenz ins Leben, die vom Bund finanziert wurde. Sogar die damalige Bundesfrauenministerin, Claudia Nolte, kam zur Veranstaltung. Vorn im Raum hing an einer Tafel ein großes Blatt Papier. Nach und nach trugen dort die Teilnehmerinnen Arbeits- und Beschäftigungsmöglichkeiten für Frauen im Raum

Petra Enders

Großbreitenbach zusammen, schrieben auf, wo Defizite lagen und wie man sie beheben könnte. So hatten wir auf dieser Konferenz gemeinsam einen Katalog für Arbeits- und Beschäftigungsmöglichkeiten für Frauen entwickelt.

Mit diesem Projekt in der Hand versuchten wir, Unterstützer zu finden. Allerdings war das gar nicht so einfach. Ich war schon immer in Stöckelschuhen und engen Röckchen unterwegs, aber jetzt wurde es deutlich: Man nahm Frauen einfach nicht ernst. Das musste sich dringend ändern.

Eines Tages kündigte sich der Thüringer Sozialminister Frank-Michael Pietzsch zu einer Diskussionsrunde in Ilmenau an. Dort gingen wir Frauen aus Großbreitenbach gemeinsam hin. Pietzsch bekam von den Anwesenden massiven Druck: Die Sozialleistungen waren weggebrochen, es herrschte eine horrende Arbeitslosigkeit, die Menschen waren angespannt. »Ich höre hier nur Gemecker«, beschwerte er sich. »Ich erwarte, dass auch mal ein konkretes Projekt oder eine konkrete Idee auf den Tisch kommt! Aber davon habe ich bisher noch nichts gehört.« Da flüsterten mir die Frauen, die um mich herum saßen, zu: »Los, geh vor, mach schon! Bring unsere Idee!« Und so ging ich – innerlich ein wenig schüchtern, äußerlich aber selbstbewusst und aufrechten Ganges – nach vorn ans Rednerpult und stellte unsere Initiative vor. Sie nannte sich GBF-Promotion – Großbreitenbacher Frauenbeschäftigung. Der Sozialminister war angetan von unseren Vorschlägen und sicherte uns zu: »Ich werde die Unterlagen lesen und euch helfen. Und zur Eröffnung eures Projekts werde ich da sein.« Genau so kam es.

Plötzlich öffneten sich die Türen. Wir bekamen 300.000 Mark für unser Projekt in Aussicht gestellt. Mein nächster Weg führte aufs Arbeitsamt. Eine großartige Frau, Gunda Petzold, erstellte unsere ersten Zuwendungsbescheide für Arbeitsbeschaffungs- und Strukturanpassungsmaßnahmen für Frauen. Sie setzte großes Vertrauen in uns. Aber es gab einen Haken: Die Stadt musste einen Eigenanteil erbringen. Diesen Eigenanteil zu erwirken, war eine Katastrophe. Da saß ich mit meinen Frauen in der Großbreitenbacher Stadtratssitzung inmitten einer Männerriege. »Was soll denn das?«, plusterte sich einer vor uns auf: »Das ist doch alles Käse! Die wollen uns doch nur das Geld aus der Tasche ziehen!« Diesen Ausbruch kommentierte der Journalist Uli Hubert, der über die Veranstaltung im Freien Wort berichtete, treffend mit »dickbäuchige Männerarroganz«. Er setzte ein Bild dahinter, auf dem man diese im wahrsten Sinne des Wortes sehen konnte. Schließlich genehmigte der Stadtrat doch unser Vorhaben und wir konnten mit 30 Frauen starten. In der Bildzeitung stand in großen Lettern: »Petra Enders bekommt 300.000 Mark«. Einige aus der Region guckten nicht schlecht und dachten wohl: Sieh mal einer an!

Ich wurde ins Ministerium bestellt, um die Zuwendung in Empfang zu nehmen. Meine Freundin Ute Bönisch, die mich damals auf fast all meinen Wegen begleitete, überlegte: »Wie machen wir das? So viel Geld! Mein Vater hat einen großen Koffer, da passt das Geld rein.« So fuhren wir stilecht mit einem schwarzen Koffer im Moskwitsch von Utes Vaters nach Erfurt. Sie fuhr sehr langsam und sicher, sodass sich hinter uns eine Autoschlange bildete. Angekommen im

Ministerium, sollte unser Koffer aber leer bleiben: Wir erhielten einen Fördermittelbescheid auf Papier.

Daraufhin saß ich zu Hause im Hof und grübelte. An Ideen mangelte es nicht: Es waren ein Hauswirtschafts- und ein Umweltprojekt geplant und wir wollten einen Jugendclub einrichten. Doch mich quälte der Gedanke: Jetzt haben wir das Geld für 30 Frauen bewilligt bekommen. Wenn es aber nicht gleich aufs Konto kommt, wie willst du den Frauen ihren Lohn auszahlen? Verdammt, was machst du jetzt nur? Man muss bedenken: Ich war zu diesem Zeitpunkt erst Mitte 20. Die Verantwortung für so viele Frauen trieb mir Sorgenfalten ins Gesicht. »Worüber denkst du nach?«, fragte mich meine Mutter, als sie mich so sitzen sah. »Mensch, Mutti«, erwiderte ich niedergeschlagen, »ich weiß nicht, wie es weitergehen soll.« Da sagte sie ganz entschieden: »Jetzt hast du das angefangen, dann zieh es auch durch! Rede mit deinen Frauen.«

Gesagt, getan. Ich sprach offen mit allen, die für die Maßnahme vorgesehen waren. »Ich weiß nicht, ob ich euch in diesem Monat den Lohn zahlen kann. Keiner kann mir sagen, ob die Fördermittel wirklich schon fließen.« – »Wir alle stehen zu dir!«, antwortete jede Einzelne von ihnen. »Das ist für uns die Chance! Wir machen das zusammen und halten drei Monate durch.« Ich war ungemein erleichtert. Es sollte allerdings keine drei Monate dauern: Ich konnte den Frauen von Beginn an ihren Lohn zahlen. Aus dem aufregenden Auftakt entwickelte sich im Laufe der Jahre ein Frauenbeschäftigungsprojekt mit bis zu 200 Mitarbeitenden. Wir wurden zu einem der größten Arbeitgeber in der Region und setzten verschiedene Projekte um: Kreativprojekte, Umweltprojekte, ein Hauswirtschaftsprojekt. Wir beteiligten uns am Prozess der Agenda 21, dem Aktionsprogramm der Vereinten Nationen, das 1992 in Rio de Janeiro beschlossen worden war und Richtlinien für eine nachhaltige Entwicklung im 21. Jahrhundert vorgab.

Die Idee des Arbeitsbeschaffungsprojektes war, für drei Jahre eine Überbrückung zu ermöglichen, bis sich der Arbeitsmarkt so weit stabilisieren würde, dass alle ihren Platz finden. Aber dieser Moment

Abrissarbeiten im Juni 1997

kam nicht. Es kam anders. Die Frauengruppe Großbreitenbach e.V. gibt es noch heute und ich bin nach wie vor ihre Vorsitzende. Mit dem Pflegeversicherungsgesetz 1995 gründeten wir unseren eigenen Pflegedienst und etablierten eine Tagespflegeeinrichtung. Dazu kamen der Jugendclub, ein Frauen- und Familienzentrum, eine Kleiderkammer, eine Möbelkammer, eine Kinderzeitung und ein Almanach. Wir produzierten sogar eine Frauenzeitung namens »ISA – Interessant, Selbstbewusst, Aktiv«. Was wir, die Frauen, zusammen alles erreicht haben! Wurden neue Ideen eingebracht, überlegten wir gemeinsam, wie wir die finanziellen Mittel dafür auftreiben könnten. Bisher haben wir es immer geschafft, sie umzusetzen.

Viele besuchten unsere Frauengruppe, holten sich Ideen für eigene Initiativen, und wir unterstützten sie bei der Realisierung. Ein Besuch blieb mir besonders in Erinnerung: Ich hielt einen Vortrag zur Agenda 21 und stellte unsere Produkte vor: Öle, Kräutertees in spezifischen Zusammensetzungen, unseren Kräuterlikör »Wurzelline«, da wunderte sich eine Frau: »Agenda 21? Ich bin erstaunt! Sie haben wohl sogar ein eigenes Parfum?«

Ein schmerzhafter Moment war der Abriss der Relaistechnik. Wir fühlten uns mit diesem Betrieb und miteinander aufs Engste verbunden, waren ein Kollektiv im besten Sinne: wir haben aufeinander aufgepasst, uns umeinander gekümmert, uns unterstützt. Wo gibt es das heute noch? Wir haben im Betrieb gelernt, gearbeitet und wären wahrscheinlich noch heute dort, wäre die Wende nicht gekommen. Als die Abrissbirne ins Gebäude einschlug, litten wir gemeinsam.

Dem Abriss sollte auch der große Schaukasten zum Opfer fallen, der im Eingangsbereich die Wand schmückte und die gesamte Geschichte der Relaistechnik darbot. Alle Relais, die je im Betrieb produziert worden waren, fanden sich dort versammelt. Ich verhandelte mit dem Insolvenzverwalter, der Geld dafür verlangte, obwohl er nicht das leiseste Interesse am Erhalt dieses wertvollen Zeitzeugnisses hatte. Wie hätten wir Geld für den Schaukasten aufbringen sollen? Mit Ach und Krach konnte ich ihm dieses »Geschäft« ausreden. Die Geschichte der Relaistechnik kam in die Obhut unserer Frauengruppe und anschließend ins Großbreitenbacher Museum, wo sie heute noch zu bestaunen ist.

Im Jahr 1994 hatten wir die Idee, für die Kommunalwahl selbst zu kandidieren, denn der Stadtrat hatte es uns in den Jahren zuvor nicht leicht gemacht. Wir gründeten die Wählergemeinschaft Großbreitenbach 2000 und wurden im selben Jahr tatsächlich in den Stadtrat gewählt. Später bekamen wir sogar die Zwei-Drittel-Mehrheit. Ganz bewusst kandidierten wir nicht als Frauengruppe, denn es sollte vor allem um Familien und damit auch um Männer gehen, die wollten wir nicht ausgrenzen. Wir arbeiteten fortan als Team – Frauen und Männer Seite an Seite – und konnten gemeinsam vieles bewegen. Doch damit nicht genug.

»Du müsstest als Bürgermeisterin kandidieren«, kamen wieder Frauen auf mich zu. »Wenn schon, denn schon!« Also kandidierte ich, rechnete aber nicht mit einem Sieg, da ich sehr starke Gegenkandidaten hatte. Trotzdem wurde ich 1999 zur Bürgermeisterin der Stadt Großbreitenbach gewählt. Mit einem meiner Gegenkandidaten gestaltete sich die Zusammenarbeit in Folge besonders schwierig und ich dachte, dass ich die Spannungen irgendwie befrieden müsste. So brachte ich ihm zu einer seiner Veranstaltungen ein kleines Geschenk mit: einen Kaktus, der Stacheln hat, aber auch schöne Blüten trägt. Vielleicht trug dieses Präsent dazu bei, dass sich zwischen uns ein konstruktives Verhältnis entwickelte.

Derzeit bin ich Landrätin. Viele Jahre habe ich als Landtagsabgeordnete parallel zu meiner Bürgermeistertätigkeit gearbeitet. Andere, aber auch interessante Aufgaben füllten meine Tage. Für mich waren das die schönsten Zeiten in meinem Leben: zusammen mit den Frauen und später in der Stadt. Wir konnten so viel bewegen: bauten Straßen, das Atelier, die Scheune, das Museum, die Plätze, das altengerechte Wohnen. Für mich ist der Kontakt mit Menschen das Allerwichtigste: miteinander reden und arbeiten, Ideen aufgreifen und umsetzen. Das liebe ich.

Eine Tradition, die mir über all die Jahre am Herzen liegt, ist das Weihnachtsmärchen. Bei unserem ersten Stück spielte ich die Gretel, das war noch im Kindergarten der Relaistechnik. Während der Aufführung fiel unser selbstgebautes Hexenhäuschen um und ein kleiner Junge meinte: »Ja, ja, so ist das: Wenn einmal was schiefgeht, geht alles schief.« Wir lachten herzlich. Unser Weihnachtsmärchen spielen wir noch heute mit den Kindern gemeinsam.

Ich liebe es, mit Kindern zu arbeiten, zu erleben, wie sie sich begeistern, was man aus ihnen herausholen kann – gerade auch aus solchen, die ganz ruhig erscheinen, oder aus denen, die aus schwierigen Verhältnissen kommen und weit über sich hinauswachsen. Das ist das Schönste, was es gibt auf dieser Welt: Kinder. Deshalb überlege ich, ob ich mir am Ende nicht doch noch meinen Lebenstraum erfülle und eine Ausbildung zur Kindergärtnerin mache.

Aufgeben wollten wir trotzdem nicht – Vom steten Kampf um unseren Kindergarten

Regina Rißland | Jahrgang 1957

Ausbildung zur Kindergärtnerin, 1975–1991 im Betriebskindergarten der Relaistechnik tätig, 1992–2022 Leiterin des Kindergartens Bildungswerk.

Ich hatte das große Glück, meine Ausbildung zur Kindergärtnerin an der Fachschule für Pädagogik in Schmalkalden absolvieren zu können. 1975 begann ich im Betriebskindergarten der Relaistechnik meine Arbeit als Kindergärtnerin. Die Relaistechnik unterhielt das Gebäude, unser Träger aber war die Volksbildung. Wir hatten insgesamt acht Mitarbeiter. Für uns fühlte es sich wie ein Privileg an, dort arbeiten zu können – es mangelte uns an nichts, wir waren sehr gut ausgestattet: Es gab einen riesigen Spielplatz, viele Bücher und Spielsachen, sogar Außenduschen hatten wir. Das waren wunderbare Bedingungen, um mit den Kindern zu arbeiten. Die Relaistechnik kümmerte sich sehr gut um uns. Im Betriebskindergarten konnten wir bis zu 60 Kinder betreuen. Darüber hinaus gab es in Großbreitenbach eine große Kinderkrippe und den städtischen Kindergarten.

Dann kam die Wende. Täglich überschlugen sich die Meldungen zur Zukunft des Landes, der Menschen, der Betriebe und Institutionen. Im Dezember 1990 stand für uns fest, dass unser Beschäftigungsverhältnis mit der Volksbildung zum 30. Juni 1991 enden würde. Der Schock saß tief.

Die Relaistechnik hatte keine Zukunft, war selbst gefangen in den Umbrüchen. In unserer Verzweiflung gingen wir zu Bürgermeister Albin Hirneiß, der mit der Wende aus dem Westen gekommen war und nun die Geschicke der Stadt lenken sollte. Er verschwendete keinen Gedanken daran, uns zu übernehmen. Was mit dem Kindergarten passierte, war ihm schlichtweg egal. Gleich als Erstes verkaufte er das Gebäude der Kinderkrippe und baute am städtischen Kindergarten an. Wir hatten keinerlei Zukunft, aber aufgeben wollten wir auch nicht.

Wir waren zu acht – sechs Erzieher und zwei technische Mitarbeiter – und standen fest zusammen. Es war eine sehr schwierige Situation: Niemand wollte uns helfen, aber letztlich konnten wir das niemandem zum Vorwurf machen. Denn so viele waren ja in der gleichen Lage wie wir. Sie wussten einfach nicht, wie es weitergehen sollte. Dann kam die Rettung: Petra Enders, die in der Thüringer Entwicklungsgemeinschaft mitarbeitete und die Frauengruppe Großbreitenbach gegründet hatte. Sie meinte: »Menschenskinder, könnten wir nicht den Kindergarten erst mal übernehmen?« Und tatsächlich: Zum 1. Juli 1991 wurde die Auffanggesellschaft STEGAU unser Träger. Die Sache hatte allerdings einen Haken: Die Übernahme war auf ein Jahr befristet. In dieser Zeit mussten wir einen freien Träger finden. Das war ein Begriff, den wir noch nie gehört hatten. Genaugenommen war auch die Relaistechnik ein freier Träger gewesen. Sehr fortschrittlich.

Die Suche war eine große Herausforderung. Von überall hagelte es Absagen. Auch die Herren im Stadtrat hatten nur Ablehnung für uns übrig. Es dominierte die Haltung: »Es gibt sowieso keine Arbeit mehr – wozu braucht man dann noch einen Kindergarten? Uns reicht der städtische.« Gerade dem Verantwortlichen Albin Hirneiß fehlte das Verständnis für diese Einrichtung völlig. Dass Frauen zur Arbeit gingen und ihre Kinder in fremde Hände gaben, war für ihn als Westdeutschen etwas Negatives. Ohnehin rechnete er nicht damit, dass es weiterhin Bedarf für Kinderbetreuung geben würde – angesichts der hohen Arbeitslosigkeit. Die Eltern saßen eh zu Hause und konnten so auch selbst auf ihre Kinder aufpassen. Zu unserem Glück endete die Amtszeit des Bürgermeisters Hirneiß 1992 so plötzlich, wie sie begonnen hatte.

Was waren das für Verhältnisse zu dieser Zeit! Auf dem Rathaus war ständig Tumult. Darin sahen wir eine winzige Chance, mit dem kommissarisch eingesetzten Bürgermeister Herrn Erdmann ins Gespräch zu kommen. Zufällig sah ich ihn eines Tages und nutzte die Gelegenheit: »Würdet ihr uns eine Chance geben, sollten wir einen freien Träger finden?«, fragte ich. »Ja, dann könnt ihr bestehen bleiben«, versicherte er mir.

Daraufhin klapperte ich jede Institution in der Umgebung ab, die infrage kam. Ich war bei der Kirche, bei der Lebenshilfe, bei der Gewerkschaft in Suhl und erntete immer Kopfschütteln. Jeden Freitag ereilte uns eine neue Hiobsbotschaft und wir wussten nicht, ob es am Montag in unserem Gebäude weitergehen würde. Zwei unserer Beschäftigten gingen in den Vorruhestand, sechs blieben übrig. Es gab 45 Kinder, die wir versorgen mussten. Als der städtische Kindergarten ausgebaut wurde, nahmen wir sogar noch eine Krippengruppe von dort auf. Bemerkenswert ist, dass die Familien uns trotz dieser unsicheren Situation die Treue hielten und sich nicht nach Alternativen umsahen, die mehr Sicherheit versprachen, der städtische Kindergarten etwa.

Auch aus pädagogischer Sicht war es eine haarsträubende Zeit. Es gab keine Pläne, keine Richtlinien. Alles sollte vom Westen übernommen werden und war in höchstem Maße unstrukturiert. Da war es umso wichtiger, unseren Weg zu finden und im Sinne der Kinder und Kollegen klare Entscheidungen zu treffen: »Wir machen das jetzt so.« Die Tage wurden weiterhin klar und verlässlich strukturiert. Wir machten den Kindern Angebote in den Bereichen Muttersprache, Mengenlehre, Musik, Kunst, Natur und Sport und bezogen sie in die Gestaltung von Projekten ein.

Die Suche nach einem freien Träger war noch immer nicht abgeschlossen. Im Ort gab es aber eine positive Wendung: Die STEGAU arbeitete eng mit dem Bildungswerk Großbreitenbach e.V. unter der Leitung von Manfred Koch zusammen, der unsere Situation zur Sprache brachte. Im Februar 1992 wurde ich mit Petra Enders, Manfred Koch und dem Geschäftsführer der STEGAU, Michael Düger, zum Gespräch geladen. Endlich eine gute Nachricht: Das Bildungswerk erklärte sich bereit, die freie Trägerschaft für den Kindergarten zu übernehmen. Manfred Koch hatte 1991 das Bildungswerk für all die

Mosaik-Wandfries auf dem Werksgelände

Umschulungen gegründet, die es Anfang der 90er Jahre wie Sand am Meer gab. Nun hatte er den Mut, uns eine Chance zu geben. Mir fiel ein großer Stein vom Herzen.

Wir waren überglücklich über diese Chance, aber gleichzeitig spürte ich auch eine große Verantwortung: Wir mussten allen zeigen, dass wir es gemeinsam schaffen konnten, etwas Neues zu beginnen. Wir waren voller Tatendrang und bereit, alles zu geben. Vor allem waren wir ein eingeschworenes Team. Gleichzeitig mussten wir die kritischen Stimmen des Stadtrats über uns ergehen lassen. Unser Kindergarten war einigen Stadträten der CDU und FDP ein Dorn im Auge. Man wollte ihn loswerden. So war es ein Kampf gegen so manchen Widersacher, der uns viele Nerven kostete. Aber wir hielten den Anfechtungen mit Hilfe unserer Elternvertreter stand und wurden zum 1. Juli 1992 zum Kindergarten Bildungswerk. Unsere Arbeit machten wir gut, aber die Unruhe blieb: Das Gelände der Relaistechnik – und damit auch unser Gebäude – wurde reprivatisiert und sollte verkauft werden.

1994 kam die Stadt auf uns zu mit der Idee, unseren Kindergarten in den städtischen zu integrieren. Und so kam es auch: Nach einigem Widerstand der Stadträte zogen wir zum 1. September 1994 in den städtischen Kindergarten ein. Unser Personal konnte ich halten, mit

Regina Rißland

Ausnahme einer Kollegin, die ich nach neun Jahren wieder zu uns holte und die noch heute im Spatzennest arbeitet.

Es war eine Herausforderung, Ideen zu entwickeln, um unsere Leute weiterbeschäftigen zu können. Die Geburtenzahlen gingen in den 90er Jahren massiv zurück. Aufgrund der großen Verunsicherung und der rasant wachsenden Arbeitslosigkeit wurden kaum noch Kinder geboren. Also boten wir eine Hortbetreuung für Schulkinder an, um unsere Räume zu füllen. Die Zusammenarbeit mit dem Träger entwickelte sich über die Jahre sehr gut. Inzwischen befinden sich innerhalb unserer Landgemeinde acht Kitas in der Trägerschaft des Bildungswerks.

2018 schenkte uns der ehemalige Geschäftsführer von Wigand-Glas, Joachim Wiegand, der sich in den Gemeinden seiner Betriebe sozial engagiert, eine Cafeteria im Wert von mehr als 300.000 Euro. Wir hatten uns schon länger einen solchen Anbau gewünscht. Der Stadt war es aber nicht möglich, ihn zu finanzieren. Als Herr Wiegand mit seinem sozialen Ansinnen an unseren Bürgermeister Hans-Jürgen Beier herantrat, konnte der unseren Wunsch nach einer Cafeteria anbringen. Joachim Wiegand gefiel die Idee sehr gut. Schon nach einem

Im Betriebskindergarten

halben Jahr Bauzeit konnten wir einziehen. Dieser wunderschöne Anbau ist inzwischen das Herzstück des Kindergartens: Die Kinder können dort zusammen essen und auch für Veranstaltungen gemeinsam mit den Eltern findet sich genügend Platz.

Wir hatten großes Glück. Und wir hatten Mut. Wir bekamen eine Chance und haben sie genutzt. Was hätte sonst auch werden sollen? Einen Plan B hatte ich nicht – ich bin mit meinem Beruf und mit dem Kindergarten eng verwachsen. Über 46 Jahre habe ich als Kindergärtnerin gearbeitet, davon 37 Jahre als Leiterin mit einem verlässlichen, engagierten Team aus tollen Mitarbeiterinnen. Ohne sie gäbe es das Spatzennest heute nicht mehr. Seit 2022 genieße ich meine arbeitsfreie Zeit als Rentnerin.

Von der Qualitätssicherung zum Heimatmuseum - Es blieb einem nichts anderes übrig, als zum Arbeitsamt zu gehen

Annelie Wilhelmi | Jahrgang 1959

Ausbildung zur Facharbeiterin für Schreibtechnik, bis 1992 in der Qualitätssicherung des RGI tätig, danach bis 2004 als Sekretärin in Langewiesen angestellt, ab 2006 im Heimatmuseum Großbreitenbach

Von 1975 bis 1977 absolvierte ich in der Relaistechnik eine Ausbildung als Facharbeiter für Schreibtechnik. Anschließend war ich kurzzeitig in der Exportabteilung tätig, um dann in den Bereich Qualitätssicherung zu wechseln, wo ich bis zu meiner Entlassung arbeitete. Diese erfolgte in Anbetracht der vorangegangenen massenhaften Entlassungen und Kurzarbeit erst relativ spät. Im August 1991 registrierte uns das Arbeitsamt. Dafür mussten wir nicht einmal nach Ilmenau fahren. Die Mitarbeiter vom Arbeitsamt saßen in der ehemaligen Betriebsschule und nahmen unsere Daten auf. Von den einst etwa 40 Kollegen in der Abteilung Qualitätssicherung waren 1992 nur sechs oder acht übriggeblieben.

Während des Sommers 1992 war ich schon in Kurzarbeit tätig. Im Juni erhielt ich meine Kündigung. Wir wurden nach Sozialpunkten gekündigt: Ich hatte weniger Sozialpunkte als meine Kollegin, deshalb wurde ich entlassen. Das war ein Schock. Mein Mann war seit 1988 Invalidenrentner und bezog nur eine ganz kleine Rente. Deshalb ging ich zum Betriebsrat, der mich unterstützte, gegen die Kündigung Widerspruch einzulegen. Es kam zur Verhandlung vor dem Arbeitsgericht in Suhl.

Im Ergebnis wurde mein Kündigungstermin um zwei Monate nach hinten auf den 30. September 1992 verschoben. Das war geradezu lächerlich.

Relaistechnik GmbH
Großbreitenbach
- Betriebsrat -

Relaistechnik GmbH
- Geschäftsführer -

im Hause

BR-W1/ku 1.6.92

Widerspruch gegen die Kündigungsabsicht für die
Arbeitnehmerin **Wilhelmi, Annelie**

Der Betriebsrat hat in seiner Sondersitzung am 1.6.92 beschlossen, gegen die Kündigungsabsicht für die Arbeitnehmerin

Wilhelmi, Annelie,

derzeit beschäftigt als Sekretärin in der Abteilung LQ, fristgemäß **Widerspruch** einzulegen.

B e g r ü n d u n g :

Frau Wilhelmi ist seit 1975 in der Firma beschäftigt. Ihr Ehemann ist erwerbsunfähig. Die Familie hat 2 schulpflichtige Kinder zu erziehen. Bei Verlust des Arbeitsplatzes würde eine schwierige soziale Lage eintreten.

Der Widerspruch wird begründet mit der **nicht ausreichend getroffenen sozialen Auswahl entsprechend BetrVG § 102 Abs. 3.** Im Unternehmen sollen nachweisbar 2 vergleichbare Arbeitnehmerinnen mit geringerem sozialen Schutzstatus weiterbeschäftigt werden.

W l a t s c h i h a
stellv. Betriebsratsvorsitzender

Widerspruch zur Kündigung von Annelie Wilhelmi

Eine Rente und ein Arbeitslosengeld, das war nicht viel, um eine Familie zu ernähren. Wir hatten zwei Kinder, die 1977 und 1981 geboren waren und die wir durchbringen mussten. Damals war zwar alles noch billiger, aber von irgendwas musste man ja trotzdem leben. Es blieb mir nichts anderes übrig, als zum Arbeitsamt zu gehen und mich arbeitslos zu melden.

Doch Arbeit gab es damals keine. Also entschied ich mich, erst mal Fahrstunden zu nehmen und anschließend einen elfmonatigen Lehrgang zum Thema »Kosten- und Leistungsrechnung« zu absolvieren. Dieser fand in Ilmenau im Grenzhammer in der Gaststätte »Fridolin« statt. Nach Beendigung des Lehrgangs und der Meldung auf dem Arbeitsamt hatte ich Glück: In Langewiesen wurde eine Sekretärin gesucht. Ich sollte mich sofort melden. So fuhr ich gleich vom Arbeitsamt aus ohne Bewerbungsunterlagen nach Langewiesen, um mich vorzustellen und erhielt die Stelle. 13 Jahre später endete auch dieses Arbeitsverhältnis: Nach drei Insolvenzen gab es für die Firma keine Chance mehr. Mein Chef sah sein zukünftiges Business in den Emiraten. Das war im Sommer 2004.

Nun erst folgte für mich der eigentliche Absturz, denn ich sollte für lange Zeit arbeitslos bleiben. Arbeitsplätze in der Verwaltung gab es nicht, auch arbeitsfördernde Maßnahmen wurden nicht mehr angeboten. Wir hatten finanzielle Sorgen. 2005 wurde das 3. Sozialgesetzbuch geändert. Damit wurden viele DDR-Invalidenrentner wieder arbeitsfähig, so auch mein Mann. Doch Arbeit gab es auch für sie nicht. Mein Mann hatte viele Auflagen für einen Arbeitsplatz, doch leistungsfähig war er trotzdem nicht: Er durfte nicht stehen, nur drei Stunden arbeiten. So einen Arbeitsplatz gab es damals nicht.

Mein weiteres Berufsleben begann mit kleinen Schritten. Im Herbst 2006 fing ich zunächst mit einem Ein-Euro-Job für die Stadt im Museum Großbreitenbach an. 2008 sah das Arbeitsamt für mich eine Chance im medizinischen Bereich. Also absolvierte ich einen Lehrgang zur medizinischen Schreibkraft und musste dafür unter anderem viel Latein lernen. Zu einer Anstellung aber führte auch diese Weiterbildung nicht. Endlich erhielt ich 2009 mithilfe einer EFRE-Förderung eine An-

Annelie Wilhelmi bei der Arbeit im Heimatmuseum

stellung im Museum in Großbreitenbach. Eine Bekannte aus einem anderen Landkreis hatte mich auf diese Fördermöglichkeit aufmerksam gemacht. Mit den Formularen war ich zu unserer Bürgermeisterin Petra Enders gegangen und wurde daraufhin eingestellt.

Die Museumsarbeit ist vielseitig. Nach der vielen Büroarbeit war es genau das, was mir Freude macht. Dazu bietet die Geschichte von Großbreitenbach ein breites Spektrum. Die Kernaufgaben eines Museums – Sammeln, Bewahren, Forschen, Ausstellen und Vermitteln – sowie die Pflege des Kräutergartens auf dem Museumsgelände, die Organisation von Veranstaltungen und von Sonderausstellungen sind interessante Herausforderungen, denen ich mich gerne stelle.

Obskurer Sozialplan, bescheidene Abfindungen – Die Abwicklung der Betriebe führte zu großen strukturellen Verwerfungen in der Stadt

Reinhard Wlatschiha | Jahrgang 1943

In der Fertigungstechnologie, später im Betriebsrat des RGI tätig, nach der Wende im DRK-Kreisverband.

35 Jahre sind vergangen seit der für die Belegschaft des RGI äußerst belastenden Zeit. Meine Erinnerungen daran sind lückenhaft, zumal mir keinerlei Aufzeichnungen oder gar Akten zur Abwicklung des VEB Relaistechnik vorliegen. Bei meinem Wechsel vom Betriebsrat des RGI zum DRK-Kreisverband Ilmenau e.V. sind alle Akten, die ich im Betriebsratsbüro angelegt hatte, dort verblieben. Durch meine aktive Arbeit in der IG Metall nach der Wende hatte mir ein Gewerkschaftsfunktionär des IG Metall-Bezirkes Frankfurt vorgeschlagen, eine hauptamtliche Tätigkeit in seiner Gewerkschaft zu erwägen. Da dies mit einem Wohnortwechsel verbunden gewesen wäre, verfolgte ich diesen Gedanken nicht weiter.

Wegen der Durchsetzung des Betriebsverfassungsgesetzes beschäftigten wir uns als Betriebsrat der Relaistechnik intensiv mit der Materie, mit Rechten und Pflichten des Betriebsrates. Wir wurden durch die IG Metall geschult. Die drei Entlassungswellen, die durch die Treuhand veranlasst wurden, bedeuteten große Auseinandersetzungen mit der Betriebsleitung. Ziel war ein möglichst sozialverträglicher Übergang der betriebsbedingt gekündigten Kollegen. Der auszuarbeitende Interessenausgleich, der im Sozialplan formuliert wurde, stand unter dem Diktat der Treuhandanstalt. Es gab einen Termin bei der THA in Berlin, von dem seitens des Betriebes Direktor Rudolf Bönisch, Fachdirektor Egon Dunkelmann und seitens des Betriebsrates der Betriebsratsvorsitzende Jürgen Bürmann und ich als freigestellter Betriebsrat teilnahmen. Wir wurde von einem jungen Treuhandmitarbeiter, der etwa Ende 20 war, empfangen. Nach meiner Erinnerung stammte er aus dem Siemens-Konzern, der vergleichbare Kammrelais produzierte wie das RGI. Der junge Mann teilte uns die Höhe des Gesamtvolumens des Sozialplans mit. Es war äußerst bescheiden. Eine Diskussion ließ er nicht zu.

Dieses geringe Volumen gerecht zu verteilen, war eine schwierige Aufgabe. Die Höhe der Abfindungen war nach heutigen Maßstäben bei betriebsbedingten Kündigungen geradezu lächerlich. Schwerbehinderte und Altersrentner wollte die Betriebsleitung zuerst kündigen. Für Erstere konnten wir dies zunächst verhindern. Am sozialsten waren die Vorruhestandsregelungen, die von vielen Betroffenen in Anspruch genommen wurden, was bei diesen zu spürbar höheren Renten führte gegenüber denen, die arbeitslos oder zeitweise in Arbeitsbeschaffungsmaßnahmen beschäftigt wurden.

Die Abwicklung des Betriebes mit etwa 1.400 Beschäftigten in zehn Betriebsteilen und einem hohen Frauenanteil unter den Beschäftigten führte zu großen Strukturverwerfungen in Großbreitenbach und der Region, da der VEB Relaistechnik einer der größten Betriebe und als Arbeitgeber insbesondere für die umliegenden kleinen Orte sehr wichtig war. Diese Verwerfungen wirken bis heute nach. Zwar gab die IG Metall den Beschäftigten starken Rückhalt und befähigte uns, um unsere Arbeitsplätze und unsere Rechte zu kämpfen. Doch wir verloren den Kampf. Das war politisch eindeutig so gewollt. Dagegen hatten wir keine Chance. Dennoch haben wir unser Rückgrat behalten. Persönlich habe ich in der Wendezeit viel gelernt.

Während die Stadt zur Wende etwa 4.000 Einwohner besaß, sind es heute weniger als 2.500. In den frühen 90er Jahren zogen besonders junge Leute weg, weil sie in Großbreitenbach keine Zukunft hatten. In der Folge ist die Stadt überaltert, was zum Verfall von Wohnsubstanz führt. Der allgemeine Strukturwandel mit dem Abbau von Infrastruktur, von medizinischer Versorgung, von Handel und öffentlichem Nah- und Fernverkehr verschlechterte die Lebenssituation vieler. Nur langsam konnten neue Arbeitsplätze entstehen.

Besonders belastend waren die Verhandlungen mit der Treuhand, die uns das Leben schwermachte - durchhalten und neugründen

Wolfram Schlüter | Jahrgang 1949

Als Technologe in der Maschinenfabrik Großbreitenbach tätig, ab 1991 unter der Firma Klopp, gründete 1992 die Tresselt + Schlüter GmbH und war bis 2012 deren Geschäftsführer, danach ging er in Rente.

In den 80er Jahren begann ich, als Technologe im VEB Maschinenfabrik Großbreitenbach zu arbeiten. Ich war verantwortlich für die technologischen Betriebsabläufe und die ordnungsgemäße Produktion. Die Maschinenfabrik gliederte sich in zwei Betriebsteile: Der erste Produktionsbereich war zuständig für die Laufwerksfertigung und die Spielwaren. Es wurden in erster Linie Batterie-, Elektro-, Feder- und Schublaufwerke produziert. Diese wurden ins VEB Kombinat Spielwaren Sonneberg geliefert und dort in die Spielzeuge eingebaut. Außerdem gehörten zu diesem Bereich die Konstruktion und der Versuchsaufbau, in dem untersucht wurde, ob die Laufwerke auch wirklich liefen. Im zweiten Produktionsbereich wurden Gleitschleifmaschinen sowie Sondermaschinen für die Spielwarenindustrie hergestellt. Dazu gehörten Schweißereien, die Dreherei, Werkstätten für Bohrwerks- und Fräßarbeiten. Für diesen Bereich war ich zuständig. Zu DDR-Zeiten arbeiteten dort 35 Beschäftigte.

Mit der Wende waren wir in Großbreitenbach nach der Porzellanfabrik Veilsdorf der erste Betrieb, der plattgemacht werden sollte. Die Treuhand übernahm umgehend das Ruder. Für den ersten Produktionsbereich meldete sich schnell eine Nürnberger Firma, die ähnliche Produkte herstellen wollte und für die unser Betrieb damit gefundenes Fressen war. Den Werkzeugbau wollte sie zum Teil mit übernehmen. Vier Kollegen sollten bis auf Weiteres für die Nürnberger

Firma unter Leitung der Treuhand im Betrieb arbeiten. Zwei weitere Kollegen sollten Betriebsanteile von der Firma übernehmen. Sie nahmen das Risiko auf sich. Alle anderen wurden entlassen. Und siehe da: Nach einem Dreivierteljahr war die Firma plötzlich pleite. Damit ging alles den Bach runter. Der Betriebsteil Laufwerksfertigung wurde aufgelöst und das Gebäude später abgerissen.

In der eigentlichen Maschinenfabrik wurden unter der Treuhand von den verbliebenen acht Mitarbeitern Gleitschleifmaschinen in kleinen Stückzahlen hergestellt. Eine Zukunft hatten diese nicht, denn die Pendants im Westen waren wesentlich moderner. Die Produktion wurde folglich immer weiter heruntergefahren.

1991 meldete sich die Firma Klopp aus Solingen. Diese hatte während des Zweiten Weltkrieges von 1942 bis 1945 ihre gesamte Produktion in die leerstehende Porzellanfabrik in Großbreitenbach verlagert, um sich vor den Bombenangriffen zu schützen. Sie waren also gewissermaßen die Vorbesitzer der Fabrik. In Großbreitenbach sollte nun eine bestimmte Baugruppe durch CNC-Maschinen hergestellt werden, mit denen die Solinger Firma arbeitete. Die Abkürzung CNC steht für Computer Numerical Control, eine computergestützte Form der Metallverarbeitung, durch die manuelle Prozesse automatisiert werden. Dies ermöglicht eine schnellere sowie präzisere Verarbeitung.

Mit dieser Technik hatten wir vorher nie zu tun gehabt, die Produktionsabläufe waren uns völlig fremd. Nun aber sollten wir damit Baugruppen für die Firma Klopp produzieren. Also wurden wir zu siebt in Solingen für ein Dreivierteljahr an den Maschinen angelernt. Danach verfrachtete man zwei CNC-Maschinen in unseren Betrieb und wir begannen, erste Baugruppen herzustellen. Das war eine sehr schwierige Zeit, denn trotz des Anlernens blieben in der täglichen Praxis viele Fragen offen. Wenn es klemmte, fehlte uns ein zuverlässiges Telefon, mit dem man schnell einen Fachmann in Solingen erreichen konnte.

Die Gleitschleifmaschinenproduktion, die parallel zur Produktion für Klopp lief, wurde alsbald eingestellt. Unsere Maschinen waren nicht die modernsten. Wir hatten uns zwar – auf DDR-Standard – über Wasser gehalten mit unserem Bohrwerk und der Dreh- und Schweißtechnik. Auf Dauer aber reichte das nicht.

Schon nach einem Jahr erreichte uns die nächste Hiobsbotschaft: Firma Klopp meldete Insolvenz an. Das war für uns nicht zu fassen. Wir hatten während des Anlernens diese große westdeutsche Firma mit ihren hochmodernen CNC-Maschinen kennengelernt. Wie konnte die plötzlich pleite sein? Nun war guter Rat teuer. Zum Glück meldete sich bald eine Firma aus Halle bei uns, die wir gut kannten, da wir schon zu DDR-Zeiten für sie produziert hatten. Die Hallenser boten uns an, die Produktion eiserner Hobel für die Firma Kunz aus Hannover zu übernehmen, da sie bei ihnen selbst nicht mehr ins Schema passte. Das war unsere Chance. Daraufhin machten Herr Tresselt, der Technischer Leiter in der Maschinenfabrik gewesen war, und ich uns selbstständig, gründeten die Tresselt + Schlüter GmbH und hielten gemeinsam mit sechs Kollegen den Betrieb aufrecht.

Zunächst mussten wir für teures Geld das Grundstück mit der Schweißerei und den Metallverarbeitungsmaschinen wie Bohrwerk, Dreh- und Bohrmaschinen von der Treuhand abkaufen und dafür große Kredite aufnehmen. Im Gegensatz zu den Firmen aus dem Westen bekamen wir nichts geschenkt. Zum Glück waren wir eine GmbH und hafteten damit nicht persönlich. Selbst für die alten Leitungen verlangte die Treuhand viel Geld. Immerhin war die Substanz der Gebäude gut, denn sie waren erst in den 70er Jahren erbaut worden. Die Gerätschaften aus Halle kamen zu uns, zwar nicht die modernsten, aber für die Hobelproduktion genügten sie. Wir übernahmen später weitere Baugruppen von anderen Betrieben, etwa von der Firma SITEC und KASTO, doch die Hobelproduktion blieb unser Herzstück. Die Ware lieferten wir nach Hannover, dort wurden die Hobel verpackt und in alle Welt versandt. Drei Jahre lang ging das gut, bis 1995 die nächste schlechte Botschaft folgte: Auch Hannover meldete Insolvenz an.

Wir hatten Glück im Unglück: Die Firma war so kulant, uns sämtliche Unterlagen zu überlassen. Das war alles andere als selbstver-

Werksgelände der Maschinenfabrik

ständlich. So konnten wir alle Aufträge übernehmen und belieferten die Kunden fortan selbst. Die eisernen Hobel wurden damit rundum zu unserem eigenen Erzeugnis. Wir hatten mit ihnen ein Alleinstellungsmerkmal – niemand sonst produzierte sie. Vor allem als Profiwerkzeuge für Modellbau und Holzverarbeitung kamen sie zum Einsatz. Bekannt waren sie unter dem Namen »Kunz-Hobel«, was wir beibehielten. Sie bildeten die Grundlage unseres Geschäfts, wenn auch nicht in früheren Größenordnungen, so lieferten wir doch in die ganze Welt.

Die Schlüter + Tresselt GmbH wurde mehr und mehr bekannt und wir konnten den Betrieb stetig erweitern. Andere Baugruppen kamen hinzu, wir bauten eine Spritzerei und Lackiererei an, verfügten über ein Bohrwerk, die Schweißerei und die Blechbearbeitung. Es liefen sechs CNC-Maschinen. So konnten wir vielseitig arbeiten. Wenn eine Strecke nicht so gut lief, konnten wir das über eine andere ausgleichen.

Als ich 2012 in den Ruhestand wechselte, war unser Betrieb auf 26 Mitarbeiter angewachsen. Ich übertrug meine Anteile schließlich an den Sohn meines Geschäftspartners. Damit wurde aus der

Wolfram Schlüter

Schlüter + Tresselt GmbH 2012 die Tresselt GmbH. Die große Halle der einstigen Maschinenfabrik, die in den 60er Jahren erbaut worden war, kaufte eine Dachdeckerfirma. Auch eine Firma, die sich um Graffitireinigung, Betonkrebsbekämpfung und Betonmessung kümmert, hat dort inzwischen ihren Sitz. Damit ist der Rest der Maschinenfabrik noch immer besetzt. Der Altrest, in dem sich der Produktionsbereich einst mit Küche und Büroräumen befunden hatte, wurde hingegen nach der Pleite der Nürnberger Firma abgerissen.

Es war keine leichte Zeit, aber wir hatten Glück, den Maschinenbau in Großbreitenbach durch die Wende hindurch in die neue Zeit retten zu können. Trotzdem schmerzt der Gedanke daran, was von der ursprünglichen Maschinenfabrik unnötigerweise zerstört wurde, angefangen von der Laufwerksfertigung bis hin zur Betriebsküche. Besonders belastend waren für uns die Verhandlungen mit der Treuhand, die uns das Leben schwermachte. Ohne das Entgegenkommen der Firma Kunz, die uns all ihre Kontakte überließ, wären auch wir wohl zum Scheitern verurteilt gewesen.

Keiner wusste, was aus uns wird – Ich wurde Bürgermeister und unterstützte Neuansiedlung von Industriebetrieben

Hans-Jürgen Beier | Jahrgang 1957

In der Relaistechnik als Einrichter der Maschinen tätig, nach der Wende als Heizer im Rathaus, ab 1999 Sitz im Stadtrat, 2012-2018 ehrenamtlicher Bürgermeister von Großbreitenbach.

Zu DDR-Zeiten lernte ich in der Relaistechnik in Großbreitenbach. Nach meiner Armeezeit arbeitete ich dann im Großbreitenbacher Betriebsteil des VEB Keramische Werke Veilsdorf. Wir hatten die Aufgabe, Sicherungskästen für Hausanschlüsse herzustellen. Dort war ich als Einrichter für die Maschinen zuständig sowie für die Veredlung der Messingteile, die für die Anschlüsse benötigt wurden. Unser Betriebsteil hatte ungefähr 30 Beschäftigte.

Kurz vor der Wende fuhr unser Betriebsleiter mit dem Moskwitsch vor, um uns den Lohn auszuhändigen. Damals geschah das noch in bar. Doch der Koffer mit dem Geld war nicht da. Es stellte sich heraus, dass unser Leiter ihn wohl in Ilmenau auf der Post hatte stehen lassen. Im Koffer befand sich der Lohn für die gesamte Belegschaft! Man rief bei der Post an: »Der Koffer steht noch da«, hieß es. Unser Betriebsleiter fuhr zurück nach Ilmenau und holte ihn ab.

Nach 1990 waren wir der erste Betrieb, der in Großbreitenbach dichtgemacht wurde. Das Kombinat wurde unter der Tridelta AG fortgeführt. Es gab Diskussionen mit der Betriebsleitung zur Weiterführung unseres Betriebs, doch dem stand die Rückforderung des Grundbesitzes durch die Alteigentümer entgegen. Durch die schnelle Rückübertragung stand die Auszahlung von Abfindungen an die Beschäftigten unseres Betriebs nicht mehr zur Debatte. Für unsere Leitung in Veilsdorf war das ein gefundenes Fressen. Die

Abfindungen wurden erst zwei Jahre später im Hauptwerk ausgehandelt.

Wir waren die Ersten, denen gekündigt wurde und die in die Arbeitslosigkeit rutschten. Es begann eine Odyssee der Arbeitssuche: Gemeinsam mit meinem Schwager fuhr ich sämtliche Orte in der Umgebung ab, um Arbeit zu finden. Das war eine schwere Zeit. Keiner wusste, was aus uns wird. Doch irgendwie haben wir es geschafft.

Für ein halbes Jahr arbeitete ich auf dem Rathaus unter Bürgermeister Albin Hirneiß im Bauhof. Unter anderem war ich als Heizer tätig. Es gab riesengroße Öfen, die man in der Nacht befeuern musste. Unter den Kollegen sagten viele zu mir: »Du wirst mal Bürgermeister.« Und so kam es.

Ab 1999 engagierte ich mich im Stadtrat und beschloss mein Berufsleben als ehrenamtlicher Bürgermeister von Großbreitenbach. Das Amt bekleidete ich bis 2018 sechs Jahre lang. Das war eine sehr schöne Zeit. Wir konnten viel bewegen. Schwierig war allerdings der Spagat, den man bei bestimmten Themen machen musste. Ich sprach mich zum Beispiel dafür aus, die lokale Industrie zu unterstützen. Großbreitenbach kann nun mal nicht vom Tourismus allein leben. Als Wiegand-Glas eine riesige Glashalle bauen wollte, um sich von den großen Glaskonzernen unabhängig zu machen, schlugen die Wogen hoch. Ich erhielt böse Briefe. Man machte mir den Vorwurf, als Stadt hätten wir die neue Halle nicht bewilligen dürfen. Das war schon manchmal hart an der Grenze. Aber ich stand hinter den großen Betrieben, von denen unsere Stadt ja letztlich profitiert. Ohne Industrie würde es heute in Großbreitenbach nicht gut aussehen. Das vergessen die Leute gern.

Meine Eltern versuchten, uns Kinder die Unsicherheit nicht spüren zu lassen – Weil die Großbreitenbacher kreativ, engagiert und hilfsbereit sind, hat unsere Stadt eine Zukunft

Nico Röser | Jahrgang 1974

Ab 1991 Ausbildung zum Schieferdecker an der Dachdeckerschule in Lehesten, absolvierte 2001/02 einen Meisterlehrgang als Dachdecker, seit 2016 Geschäftsführer der Röser GmbH, ab 2003 im Stadtrat, seit 2019 Ortschaftsbürgermeister der Landgemeinde Stadt Großbreitenbach.

Als im November 1989 die Mauer fiel, war ich in der achten Klasse und der letzte FDJ-Sekretär in unserer Großbreitenbacher Schule. Das war eine spannende Zeit: zu beobachten, wie sich alles wandelte – die Menschen und die Umstände.

Nach der Wende wurde ich Schülersprecher. Meine erste Erfahrung mit demokratischen Verfahren bestand darin, per Unterschriftensammlung durchzusetzen, dass wir morgens kein Lied mehr singen mussten. Unser Klassenlehrer, der nicht sonderlich linientreu war, hatte das ohnehin nicht von uns verlangt. Nun, da es uns möglich schien, Demokratie zu praktizieren, wollten wir uns offiziell absichern und kamen mit unserer Aktion auch durch. Doch die Zeiten waren so turbulent, dass es niemanden mehr interessierte. Man hatte stattdessen mit ganz anderen Problemen zu kämpfen.

Meine Noten waren gut, ich hätte Abitur machen können, doch das wollte ich nicht. Ich hatte zu DDR-Zeiten erfahren, welchen Ärger mein vier Jahre älterer Bruder nach dem Abitur mit der Studienwahl hatte: Auf seine Bewerbungen für vier verschiedene Studienrichtungen bekam er Absagen. In den Zeitungen las man zwar Annoncen »Wir suchen …«, unter anderem von der Handelsmarine, was meinen Bruder besonders reizte, trotzdem wurde er mehrfach abgelehnt.

Schuld daran waren unsere Verwandt- und Bekanntschaften im Westen. Meine Eltern versuchten zwar, diese Kontakte offiziell zu beenden, doch es half nichts. Höhepunkt dieser Farce war, dass wir direkt nach Rostock zur Handelsmarine fuhren und mein Vater dort sein Parteibuch auf den Tisch knallte mit den Worten: »Ihr könnt mich alle mal!« Das Büchlein schob man ihm sanft zurück und raunte: »Denken Sie dran: Sie haben noch einen Sohn.« Mein Vater wollte mir durch sein Handeln nichts verbauen und beruhigte sich gezwungenermaßen.

Diese Turbulenzen erschwerten mir die Entscheidung, wohin ich mich beruflich orientiere. Ich bereitete mich auf diese Entscheidung durch verschiedene Ferienarbeiten vor: eine erste Ferienarbeit absolvierte ich bereits im Sommer 1989 in der Hütte im Glaswerk. Ich wurde dort an drei Orten eingesetzt: Am »kalten Ende« kamen die heiß hergestellten Flaschen nebeneinander auf den Kühlbahnen an, um nacheinander weitertransportiert zu werden. Das lief automatisch ab, ich musste jedoch eine halbe Stunde an diesem Knotenpunkt aufpassen, dass die Flaschen nicht umkippen und die Bänder nicht verstopfen. Die nächste halbe Stunde ging es an das »Lichtband« zur Qualitätskontrolle und die letzten 30 Minuten verbrachte ich am »Kettner«. Dort versammelten sich die Flaschen über Transportbänder auf einer quadratischen Fläche. War diese voll, wurden sie vom Kettner gepackt und auf einen Stapel versetzt. War dieser hoch genug aufgetürmt, wurde er mit einer Folienhaube versehen, die Folie wurde geschrumpft und der Stapel abtransportiert. Der Schichtleiter bewertete die Leistung und es winkte eine Prämie. Die Arbeit im Glaswerk war aber nicht meine Welt.

In den Winterferien 1990 und 1991 heuerte ich in der Relaistechnik an. Besonders lebendig erinnere ich mich, wie ich mit einem kleinen Messer in der Hand an einem Tisch saß, vor mir zwei Säcke. Aus einem Sack holte ich ein Spritzgussteil, entfernte mit dem Messer die Grate und schmiss es in den anderen Sack. Tag für Tag. Diese Arbeit war sogar mit einer ansteigenden Norm versehen: Als ich sie erfüllte, erhielt ich zur Belohnung eine kleine Prämie. Doch Prämie hin oder her – auch diese Arbeit gefiel mir nicht.

Schließlich entschloss ich mich, ein Handwerk zu erlernen. Gerade in dieser unsicheren Zeit wollte ich lieber einer der Besten bei der Lehre sein als Mittelmaß beim Studium. Nach der Wende war es plötzlich sehr schwierig, eine Lehrstelle zu finden, denn die meisten Betriebe schrumpften oder wurden geschlossen und bildeten keine Lehrlinge mehr aus.

Im Sommer 1990 fragte ich Wolfgang Fickenscher, ob ich in den Ferien in seiner Dachdeckerfirma aushelfen könne. »Du bist der Erste, der fragt«, sagte er, »klar, kannst du mitmachen.« Das war ein Glücksgriff. Von Anfang an wurde ich in alle Tätigkeiten mit eingebunden. Natürlich waren das zunächst vor allem Transport-, Aufräum- und Reinigungsarbeiten, aber ich sah viele Seiten des Handwerks und konnte manches lernen. Die Arbeit machte Spaß, die Kollegen waren toll, ich verdiente gutes Geld und genoss das aufregende Gefühl, mich hoch oben über den Dächern Großbreitenbachs zu bewegen. Im Sommer 1991 arbeitete ich erneut in der Firma von Herrn Fickenscher.

In meinem Alter war es nicht schwer, sich an die neue Zeit, an die neuen Rechte, aber eben auch an die neuen Schwierigkeiten zu gewöhnen. Ich wuchs schnell hinein in alles. Ich hatte eine behütete Kindheit, war stets gut versorgt. In meiner Jugend öffneten sich viele Türen. Nun war es an mir, etwas daraus zu machen!

Als ich die zehnte Klasse abschloss, hatte ich bereits drei Jahre Berufserfahrung vorzuweisen. Eine Bewerbung war nicht mehr nötig. Am 1. September 1991 konnte ich bei Wolfgang Fickenscher Bedachungen Großbreitenbach beginnen und lernte den Beruf des Schieferdeckers an der Dachdeckerschule in Lehesten, die gerade wieder eröffnet wurde.

Manfred Oeser und Kurt Fickenscher, der Vater meines Chefs, hatten zur Wendezeit federführend die Dachdeckerschule wiederbelebt. Sie war 1962 geschlossen worden, weil sie im Grenzgebiet lag. Das Gelände wurde daraufhin als Militärstützpunkt genutzt. Heute ist sie ein überbetriebliches Ausbildungszentrum mit bester Ausstattung für Lehrlinge und angehende Meister. Während es in den frühen 90er Jahren an Lehrstellen mangelte, mangelt es heute an Lehrlingen.

Auch die Zahlen bei Ausbildern und Meistern sind rückläufig. Das erschwert die Finanzierung der Dachdeckerschule, doch bisher hat sich immer eine Lösung gefunden. Der Verbund der Dachdecker hält glücklicherweise zusammen, es gibt eine starke Innung.

An dieser ältesten Dachdeckerschule Deutschlands absolvierte ich 2001/02 einen Meisterlehrgang als Dachdecker mit der Spezialrichtung Schiefer- und Plattendeckung. Unterm Strich verbrachte ich mein gesamtes Berufsleben in einer Firma – früher Fickenscher, heute Röser –, vom Lehrling bis zum Geschäftsführer. Am 1. Mai 2016 übernahm ich das Familienunternehmen von Wolfgang Fickenscher. Die Entscheidung für das Handwerk habe ich nie bereut.

Natürlich spielte das Thema Arbeitslosigkeit auch in unserer Familie eine Rolle. In der Wendezeit wurde am Abendbrottisch kontrovers diskutiert, ob die Relaistechnik abgewickelt wird oder ob sie Siemens übernehmen soll – auch wenn klar war, dass Siemens viele Leute entlassen würde. Aber wenigstens bestand die Hoffnung, dass der Betrieb weiter existiert. Von 1991 bis 1993 wurde der Großteil der Leute entlassen. Darunter war auch meine Mutter.

Meine Mutter hatte bei der Post in Ilmenau Fernkommunikationstechniker gelernt. Anfang der 70er Jahre zogen meine Eltern nach Großbreitenbach, wo sie in der Relaistechnik bis zur Wende Arbeit fand. Es wird schwer für sie gewesen sein, den Betrieb, bei dem sie 15 Jahre gearbeitet hatte, untergehen zu sehen. Ein Hoffnungsschimmer war die Frauengruppe, die sich alsbald gründete. Sie war ein wichtiger Anlaufpunkt, um andere Frauen zu treffen, sich auszutauschen und Pläne zu schmieden. Meine Mutter war Gründungsmitglied der Gruppe, sie bot ihr Halt. Recht bald fand sie eine neue Anstellung als Verkäuferin im Okay-Markt. Irgendwann wechselte sie zur Getränkequelle, wo sie bis zur Rente blieb.

Die Firma, in der mein Vater tätig war, überstand zwar die Wende, aber auch er verlor als Ingenieur für Elektrotechnik seine Anstellung, als der Betriebsteil geschlossen wurde. Er absolvierte eine Maßnahme beim Arbeitsamt und fand danach in Mellenbach eine neue leitende Funktion.

Meine Eltern versuchten, uns drei Kinder die Unsicherheit nicht zu sehr spüren zu lassen. Freilich merkten wir, dass das Geld knapp war. Sie fuhren sehr alte Autos und meine erste Wohnung wurde mit alten Möbeln eingerichtet. Aber das spielte für uns keine Rolle. Wir waren sparsam, wir schnitten zum Beispiel eine Tüte Haribo mit der Schere auf, um sie wiederzuverwenden. Wir träumten von einer Dose Coca-Cola.

Meine Großeltern, die 1989 bereits in Rente waren, meisterten die Umstellung ohne Probleme. Obwohl sie 40 Jahre von der DDR geprägt waren, fanden sie sich gut in die neue Zeit ein. Behördengänge gestalteten sich zwar mitunter kompliziert, aber da standen ihnen die Kinder zur Seite.

Meine Freunde und ich waren indes in bester Stimmung und genossen die neue Zeit mit ihren Vorzügen, so gut es eben ging. Besonders spannend war es für mich zu sehen, wie der Westen nach und nach unsere Stadt eroberte. Überall prangten bunte Werbeschilder. Kleine Getränkeläden schossen aus dem Boden und boten Biere aus den verschiedensten Brauereien an. In den Geschäften duftete es nach Westen, wie ich es zuvor nur aus den Westpaketen kannte. Für Ostmark konnten wir Westzeug kaufen. Das war allerdings nur für eine kurze Zeit, bis zur Währungsunion am 1. Juli 1990. Dann wurde die Ostmark in Westmark umgewandelt und in unseren Kaufhallen gab es nur noch Westprodukte für D-Mark. Im Nachhinein betrachtet, ist es schade, dass alles, was aus dem Osten kam, auf einmal nichts mehr wert sein sollte. Das Bewusstsein für den Wert der Ost-Produkte erwachte erst Ende der 90er Jahre.

Seit ich 2003 als Nachrücker in den Stadtrat der Stadt Großbreitenbach kam, bin ich in diesem tätig – abgesehen von einer kurzen Unterbrechung aufgrund von Firmengründung und Familiennachwuchs. Im Ausschuss für Bildung, Kultur und Sport, im Bauausschuss und auch in der Versammlung der Verwaltungsgemeinschaft konnte ich seitdem viele kommunalpolitische Erfahrungen sammeln. Mit Gründung der Landgemeinde Stadt Großbreitenbach wurde ich 2019 zum Ortschaftsbürgermeister gewählt. In diesem Ehrenamt leite ich

Rathaus von Großbreitenbach

den Ortschaftsrat. Wir versuchen gemeinsam, unseren schönen Ort weiterzuentwickeln.

Ortschaftsbürgermeister zu sein, ist eine spannende Aufgabe, aber auch sehr zeitintensiv. Manchmal macht sie mich stolz, manchmal ist sie deprimierend. Vieles wäre einfacher, wenn man freundlicher und respektvoller miteinander umgehen würde. Politische Prozesse sind in unserem Land sehr zäh, da braucht man einen langen Atem. Aber Großbreitenbach ist gesegnet mit Menschen, die ehrenamtlich helfen, die Ideen haben und sich einbringen. Auch unsere Unternehmerschaft ist traditionell sehr engagiert, visionär und kreativ. So haben wir ein gutes Fundament, auf dem Vereinsleben, Kultur und Sport wachsen können und unseren Ort attraktiv und lebenswert machen.

Versagen der Treuhand oder alternativlose Marktbereinigung? Die Liquidation des Relaiswerks Großbreitenbach 1992 – eine Analyse der Treuhandakten

Von Lukas Stoll

Lukas Stoll geboren 1991 in Frankfurt am Main, studierte Rechtswissenschaften in Bayreuth und Berlin mit den Schwerpunkten Rechtsgeschichte und Rechtsphilosophie, wurde Doktorand bei Prof. Dr. Ignacio Czeguhn am Arbeitsbereich für Bürgerliches Recht, Deutsche und Europäische sowie Vergleichende Rechtsgeschichte, am Fachbereich Rechtswissenschaft der Freien Universität Berlin. Er promoviert zum Thema »Unternehmensprivatisierungen nach der deutschen Wiedervereinigung 1990–1994«.

Nach über 30 Jahren öffneten sich erstmals die lange verschlossenen Akten der Treuhandanstalt. Ich habe die Übernahmeversuche und Liquidation des Relaiswerks Großbreitenbach zwischen 1990 und 1994 untersucht. Haben westdeutsche Investoren das Unternehmen mit Hilfe der Treuhandanstalt (THA) aus dem Markt gedrängt? Oder scheiterte die Firma an sich selbst? Eine Spurensuche in über 10.000 Blatt Treuhandakte, gesichtet im Bundesarchiv Berlin – Standort Lichterfelde, sortiert und als Quellennachweise eingescannt. Es handelt sich dabei um einen Teil der Unternehmensakte, die circa 36 Leitz-Ordner jeweils circa 300 Blatt umfasst. Der Auswertungsfokus lag dabei auf den Aktenabteilen zu Privatisierung, Finanzen, Liquidation und Schriftverkehr. Auch wurden allgemeinere Quellen wie Handbücher und Protokolle des Leitungsausschusses herangezogen. Sonstige Quellen sind in den Fußnoten kenntlich gemacht. Wegen schutzwürdiger Belange der beteiligten Personen mussten sämtliche Klarnamen für die Veröffentlichung vollständig anonymisiert werden. Hinweise auf Vermögensstraftaten (Anfangsverdachte) sind in den Akten durchaus vorhanden, dürfen wegen des sogenannten »Rechts auf Vergessen« jedoch nicht erneut publiziert werden.

Die Treuhandakten sind bis heute nur teilweise erschlossen. Das bedeutet, dass sie weitgehend unsortiert vorliegen und teilweise noch nicht archivarisch mit Seitenzahlen versehen wurden. Die Aktenordner sind größtenteils völlig undurchsichtig sortiert, enthalten eine Vielzahl an Querverweisen und Dopplungen von Dokumenten. Entwürfe und Endversionen von Dokumenten sind nicht immer als solche kenntlich gemacht. Es finden sich auch erstaunlich viele sogenannte »Non-Paper«, also Notizen ohne Datums- oder Autorenangabe. Es ist nicht immer nachvollziehbar, ob Schreiben tatsächlich abgeschickt wurden oder ob es sich um interne Entwürfe handelt.

Die umfassende Analyse dieses und auch weiteren Treuhandmaterials erfolgt im Rahmen meines Dissertationsvorhabens an der Freien Universität Berlin, die Veröffentlichung ist für Ende 2026 geplant.

Die Privatisierung des Relaiswerks Großbreitenbach

Das Relaiswerk Großbreitenbach wird 1990 von der THA als marktfähig und solvent beschrieben. Erst später spricht sie davon, dass im Laufe der Jahre 1991/92 die Absatzmärkte im In- und Ausland, konkret auch in Russland und den ehemaligen Ostblockstaaten, »zusammenbrechen«.[1] Das sorge für »größere Umsatzeinbrüche«.[2]

Zum Erfassungsstichtag der DM-Eröffnungsbilanz am 31.12.1990 sind in der Relaistechnik Großbreitenbach GmbH noch 1.306 Beschäftigte eingetragen,[3] zum Stichtag 1. Juli 1990 sogar noch 1.402.[4]

Bereits im Jahr 1990, noch vor der deutsch-deutschen Wiedervereinigung bekundete die Schaltbau AG München ein erstes Interesse eine Vertriebsvereinbarung[5] mit der RGI abzuschließen. Ziel war es, sich die Märkte aufzuteilen, sodass RGI für das Vertriebsgebiet im Osten und Schaltbau für das Vertriebsgebiet im Westen zuständig sein sollten. Die Vereinbarung wurde 1990 abgeschlossen.[6]

Anschließend zogen sich die Verhandlungen zwischen RGI, THA und Schaltbau über mehr als zwei Jahre. In dieser Zeit veränderte sich die Situation beider Unternehmen zusehends.

Zu Beginn der Privatisierung bearbeitet die Berliner Zentrale die Privatisierung des Betriebs, später delegiert sie einzelne Vorgänge an die THA-Niederlassung in Suhl und die Privatisierung der Immobilienbestände an die Treuhandliegenschaftsgesellschaft TLG.

Innerhalb der Treuhandzentrale ist das Branchendirektorat Elektrotechnik für die Privatisierung des Betriebs zuständig. Diesem Direktorat wird später in besonderem Maße vorgeworfen, eher an der Liquidation und weniger an der Sanierung der verwalteten Betriebe gearbeitet zu haben. Tatsächlich gehen die Beschäftigten-Zahlen in der Branche Elektrotechnik nach 1990 um rund 78 Prozent zurück.[7]

Der Leitungsausschuss der THA stufte die RGI erstmalig am 23. Juli 1991[8] in eine seiner sechs Kategorien ein, die die Wettbewerbsfähigkeit eines Unternehmens einschätzen sollten und auch darüber entschieden, ob ein Unternehmen als sanierungswürdig oder nicht sanierungsfähig anzusehen war. Es handelte sich hierbei um ein Gremium zur Beratung der Treuhandanstalt, bestehend hauptsächlich aus Wirtschaftsprüfern, Steuerberatern, Rechtsanwälten und Unternehmensberatern.[9]

Es wird festgehalten:

»Das Unternehmen wird in die Gruppe 3.1.2 eingestuft. Das Unternehmenskonzept ist erfolgreich, jedoch nur unter der Bedingung, dass eine Übernahme des Unternehmens innerhalb von 6 Monaten erfolgt.«[10]

Die Einstufung in diese Gruppe bedeutet übersetzt:

»Hoher Liquiditätsbedarf. Nachweis eines Partners innerhalb einer kurzen Frist erforderlich.«[11]

An dieser Stelle wird auch festgestellt, dass ein Altkrediterlass von ca. 24,5 Mio. DM angedacht oder bereits erfolgt ist. Tatsächlich wurden die Altkredite nur teilweise in Höhe von circa 14 Mio. DM[12] erlassen. Erst mit der Liquidation des Unternehmens erfolgt eine vollständige Entschuldung, als die THA die Restforderungen vom Gläubiger, der Deutschen Kreditbank Berlin, übernimmt.

Die zweite Einstufung des Unternehmens durch den Leitungsausschuss erfolgte am 23. April 1992.[13] Er stellte fest:

Bundesarchiv-Akten für die Recherche

»Das Unternehmen wird nach der nunmehr erfolgten erneuten Prüfung in die Gruppe 6.2. eingestuft.

Die Sanierungsfähigkeit ist nicht gegeben, weil der bisherige Markt des Unternehmens in den GUS-Staaten und in den NBL völlig zusammengebrochen ist und ein Eindringen in die ABL und den westeuropäischen Markt wegen des bereits dort herrschenden intensiven Wettbewerbs nicht möglich ist.

Das Unternehmen produziert ohne Hermes-Deckung[14] auf Lager. Die Fa. Schaltbau hat ein Kaufangebot für per Saldo DM 1,0 bei Erlass aller Altkredite abgegeben (angabegemäß). Wir empfehlen, dieses Angebot unverzüglich anzunehmen (da die voraussichtlichen Verluste des Unternehmens über dem finanziellen Engagement der THA liegen werden) oder die Gesamtvollstreckung einzuleiten.«[15]

Das bedeutete:

»Unternehmen nicht sanierungsfähig, Entscheidung, ob Konkurs oder stille Liquidation muß getroffen werden. Es wird empfohlen: [...] 6.2. Gesamtvollstreckung.«[16]

Die RGI wird vor, während und nach der Wiedervereinigung von denselben zwei Geschäftsführern geleitet und vertreten. Erst 1993 in der Liquidationsphase werden sie von der THA abberufen und durch einen Liquidator ersetzt.[17]

Sowohl die Treuhand, als auch Schaltbau spekulieren intern über die Loyalität dieser Geschäftsleitung.[18] Insbesondere im Zusammenhang mit der Aufkündigung einer Vertriebsvereinbarung ärgert sich die THA, von der Geschäftsleitung nicht informiert worden zu sein, nun aber die erheblichen Kosten für den mutmaßlichen »Bruch« der Vereinbarung tragen zu müssen.[19] Die Schaltbau hatte die RGI wegen dieses mutmaßlichen Bruchs der Vertriebsvereinbarung auf Zahlung von 2 Mio. DM verklagt. Die THA Berlin vermutete, dass diese Klage seitens Schaltbau 1992 erhoben wurde, um den anvisierten Kaufpreis für das Unternehmen weiter zu »drücken«, wörtlich:

»Es liegt die Vermutung nahe, dass mit diesem Vorgang die Nullzahlung weiter untermauert werden sollte.«[20]

Es scheint zudem, als habe sich die Geschäftsleitung schon frühzeitig auf Schaltbau festgelegt. An einer Stelle ist von einer »betriebliche[n] Entscheidung«[21] im Unternehmen die Rede. Das nährt Spekulationen, dass andere Interessenten von der Geschäftsleitung wenig zuvorkommend behandelt worden seien.

Die Schaltbau AG selbst wurde während des Verhandlungszeitraums zweimal verkauft. Waren anfangs noch verschiedene Gesellschafter[22] an ihr beteiligt gewesen, gehörte sie ab 1. Juli 1991[23] zur Commerzbank AG.[24] Im November 1991 wurde sie durch die Berliner Elektro Holding AG übernommen.[25] Nachdem am 13. Januar 1992 das Bundeskartellamt dieser Übernahme zugestimmt hatte, waren die Eigentumsverhältnisse der Schaltbau bis zum Ende des Jahres 1992 stabil, während die Verhandlungen mit THA und RGI fortgeführt wurden.

Im Relaiswerk waren ebenfalls deutliche Änderungen eingetreten. Waren in den Jahren 1990 (28,4 Mio. DM[26]) und 1991 die Umsatzziele formal noch erreicht worden, zeigte sich 1992, dass große Teile der Forderungen aus 1991 abgeschrieben werden mussten. Das führte zu Umsatzverlusten und Bilanzkorrekturen. Die Umsatzprognose für 1992 lag lediglich noch bei 6-8 Mio. DM, wobei ein Wegfall des Geschäfts mit den Ländern der Gemeinschaft der unabhängigen Staaten (GUS) unterstellt wurde.[27] Tatsächlich wandte sich die Geschäftsleitung im Mai 1992 an die THA, um mitzuteilen, dass für das 3. Quartal 1992 die Überschuldung des Unternehmens drohe.[28] Der Umsatz lag im Jahr 1992 real noch bei 3,4 Mio. DM.[29] Nach Stilllegung des Unternehmens verlieben 18,6 Mio. DM an Überschuldung bestehen, die von der THA zu übernehmen waren.[30]

Aus den Akten wird deutlich, wie sehr die RGI von den östlichen Handelspartnern abhängig war. Große Teile der Relais waren für den Export in die ehemalige Sowjetunion bestimmt gewesen, allein ca. 10,5 Mio. DM[31] Exportvolumen sollten als Vorprodukte zum Ausbau des Telekommunikationsnetzes in Russland[32] verwendet werden. Konkret sollten sie verwendet werden, um das Programm »Einheitliches Nachrichtensystem der analogen und digitalen Vermittlungstechnik (ENSAD)« zu unterstützen.[33] Weitere ca. 5 Mio. DM waren indirekt vom Export abhängig, da sie Lieferungen betrafen, die wiederum vom Abnehmer für Exportverträge genutzt werden sollten.[34]

All diese Forderungen mussten buchhalterisch abschrieben werden, als klar wurde, dass sie nicht mehr einzubringen waren. Das schmälerte Umsatz und Gewinn der RGI in erheblichem Maße und trug insgesamt zu einem deutlichen Wertverlust des Unternehmens bei. Die Geschäftsleitung selbst schätzt, dass circa 70 Prozent des Bilanzverlustes für 1991 aus der Export-Abhängigkeit nach Osten resultierten.[35]

Entsprechend der Umsatzrückgänge schrumpften die Zahlen der noch beschäftigten Mitarbeiterinnen der RGI.[36] Waren zum Stichtag der Wiedervereinigung noch über 1.400 Personen im Unternehmen beschäftigt, so sank diese Zahl binnen zwei Jahren um satte 90 Prozent auf nur noch 150 Beschäftigte. Allein für den Zeitraum von Ende Juni bis Ende September 1992 sind insgesamt vier Entlassungstermine für zusammen 236 Mitarbeiterinnen vorgesehen.[37]

Tatsächlich wird aus den Akten ersichtlich, dass es vor allem die Schaltbau AG München war, die auf immer neue Entlassungswellen drängte. Schon in einer handschriftlichen Notiz der THA vom November 1990 über Verhandlungen mit Schaltbau findet sich der Satz »Personalreduzierung sollten [...] wir übernehmen«.[38] Auch die letzten Verhandlungsrunden[39], die im Oktober/November 1992 schließlich scheiterten, drehten sich maßgeblich um die Anzahl der zu übernehmenden Mitarbeiterinnen. So wird deutlich, dass in der letzten Verhandlungsrunde abermals seitens Schaltbau die Entlassung von weiteren 75 Mitarbeiterinnen gefordert wurde, so dass letztlich nur ca. 5 Prozent der Beschäftigten (75 Personen) im Unternehmen verblieben wären. Zwar wird in Aussicht gestellt, dass mittelfristig die Anzahl der Mitarbeiter wieder auf 150 Personen steigt, jedoch weigert sich der potentielle Käufer, diese Beschäftigungszusagen mit angemessenen[40] Strafzahlungen auch rechtswirksam zu garantieren. Er will also in seiner Zusage möglichst unverbindlich bleiben, im Sinne von: „Ich verspreche es, aber ich verspreche es nicht bei Strafe."

Diese Forderungen wiederum weist die THA zurück. Es sei dem Unternehmen nicht zuzumuten, weitere Mitarbeiterinnen zu entlassen. Die THA will jedoch nicht akzeptieren, dass Schaltbau die Auswahl der verbleibenden Mitarbeiterinnen vornehmen will. Zudem stört sich die THA am - ihrer Ansicht nach - viel zu niedrigen Kaufpreis einer symbolischen D-Mark, den Schaltbau anbietet.

Das sei allein angesichts des Grundstückswertes nicht hinnehmbar. Die THA hatte Anfang 1992 noch einen Mindestkaufpreis von 1,8 bis 2 Mio. DM für das Unternehmen durchzusetzen versucht.[41] Ein Wertgutachten[42] wird 1993 circa 3,8 Mio. DM allein für die Grundstücke der RGI ansetzen. An Investitionen bis Ende 1995 wurden seitens Schaltbau lediglich 1,5 Mio. DM angeboten.[43] Zusätzlich verlangte der Käufer, von allen Altlasten freigestellt zu werden, seien es Umweltlasten oder sogenannte Altschulden in Höhe von circa 10 Mio. DM. Eine Einigung konnte wegen der divergierenden Ansichten zu den Übernahmebedingungen zwischen THA und Schaltbau nicht erreicht werden. Die Verhandlungen scheitern nach Aktenlage zwischen 3. und 16. November 1992.

Neben der Schaltbau München AG hatte es weitere Interessenten zur Unternehmensübernahme gegeben. Es handelte sich dabei um Siemens und um ein schweizerisches Unternehmen namens Sycom. Letzteres würde man wohl heute als Start-up bezeichnen. Beide Unternehmen verloren jedoch im Verlauf der genaueren Befassung mit der RGI das Interesse an einer Übernahme. Dasselbe gilt für ein Konsortium aus drei MBO-Interessenten (MBO für Management Buy Out). Keines der drei Alternativ-Unternehmen legte ein verbindliches Kaufangebot vor.[44]

Naturgemäß ist es der Betriebsrat, der als Bindeglied zwischen Personal und Geschäftsleitung gegenseitige Erwartungen und Wünsche kommuniziert. Deutlich wird auch der Druck, der auf dem Betriebsrat lastete, weil er von den Beschäftigten permanent zur Unternehmenssituation befragt wurde, ihm aber die Informationen für Antworten fehlten.

Aus den Schreiben des Betriebsrates wird deutlich, wie wenig dieser in die Übernahmeverhandlungen einbezogen wurde. Der Frust darüber ist aus den Briefen deutlich herauszulesen.

So kommt es im November 1992 sogar dazu, dass der Betriebsrat sich direkt an die Treuhand-Präsidentin wendet, da von der zuständigen Sachbearbeiter-Ebene keine Informationen mehr zu erhalten seien.[45] Es antwortet am 8. Dezember 1992 der zuständige Branchendirektor, jedoch zeitlich verzögert und inhaltlich wenig präzise.[46] Aus den Daten wird deutlich, dass die Abwicklung des Unternehmens bereits am 16. November 1992 beschlossen worden war und zwar von eben jenem Branchendirektor zusammen mit dem zuständigen Direktor für die Abwicklung.[47]

Ergebnis und Zusammenfassung

Der Niedergang der Relaistechnik Großbreitenbach steht exemplarisch für viele Elektrotechnik-Unternehmen, die nach der Wende in den neuen Bundesländern abgewickelt und liquidiert wurden.

Hauptursachen für die Abwicklung des Unternehmens sind das Wegbrechen des Exportmarktes in Russland und Osteuropa, fehlende Abnehmer im Inland und ein im Westen bereits durch einen Wettbewerber »besetzter« Markt. Altschuldenproblematik, Währungsumstellung und hohe Investitionszinsen tun ihr Übriges, um binnen kurzer Zeit eine Überschuldung des Unternehmens herbeizuführen.

Es kann anhand der Akten nachvollzogen werden, dass es der Hauptinteressent Schaltbau AG München im Zusammenspiel mit der Treuhandanstalt war, der dem Unternehmen in dieser schwierigen Situation den »Rest« gab, indem er mit immer neuen Forderungen so lange an die Verkäuferin THA herantrat, bis diese Forderungen unerfüllbar wurden.

Ein ernsthafter Versuch der Treuhandanstalt die Wettbewerbsfähigkeit des Unternehmens für den westlichen Markt herzustellen, ist zu keinem Zeitpunkt erkennbar. Der westdeutsche Wettbewerber der gleichen Branche hatte kein Interesse daran, seine eigene Konkurrenz aufzubauen. Dass dieser im Kapitalismus nur natürliche Umstand von der damaligen Politik nicht gesehen wurde, ist inhaltlich nicht nachvollziehbar und im Ergebnis tragisch.

NACHBEMERKUNG

Die hier veröffentlichten Geschichten entstanden weder in Einzelinterviews noch in Gruppendiskussionen oder gar auf Podiumsdiskussionen. Sie entstanden in Erzählsalons.

Das Format des Erzählsalons habe ich ab 2001 entwickelt. Eine Salonniere regelt dabei die Balance zwischen Zuhören und Erzählen so urdemokratisch, dass jeder Teilnehmer seine Geschichte erzählen kann. Die Salonniere schafft eine vertrauliche Atmosphäre, die das kollektive Erzählen und Erinnern fördert. Man sitzt gemütlich und entspannt beieinander, ein bisschen wie am Stammtisch oder beim Klassentreffen. Doch anders als am Stammtisch, wo es meist Meinungsführer gibt, die einen reden und die anderen schweigen, achtet im Erzähl-salon die Salonniere darauf, dass jedem zugehört wird. Keiner wird unterbrochen und das Gesagte wird nicht bewertet. Jeder bekommt Raum, um frei zu erzählen. Meist sind die Er-zähler unter sich, manchmal gibt es auch große Veranstaltungen mit Publikum, das zuhört.

In den Erzählsalons, in denen die hier veröffentlichten Geschichten erzählt wurden, wurde freimütig erzählt – mit Leidenschaft, auch mit Humor und Freude beim Erinnern. Denn gemeinsames Erinnern ist wohltuend – und es heilt Wunden. Das Motiv des Erzählens war in diesen Salons, die persönlichen Erlebnisse in den Betrieben in den 90er Jahren darzustellen und für die Nachwelt zu erhalten.

In Bischofferode wurde ein Erzählsalon durchgeführt, in Eisenberg zwei, in Diedorf zwei, in Großbreitenbach drei, in Ilmenau so-

Erzählsalon im Kultursaal der ESDA-Strumpffabrik. Diedorf, 20. Dezember 2022

gar vier (davon zwei mit Publikum). So entstand ein großer Schatz an Geschichten, die in einer für jeden Ort separaten Dokumentation herausgegeben wurden. Für dieses Buch haben wir daraus eine Auswahl getroffen – mit den Geschichten, die das Typische für diese Zeit darstellen.

Rohnstock Biografien erkundet seit mehr als 15 Jahren Geschichte und Ende der DDR-Wirtschaft aus Sicht der Beteiligten. Mit der Autobiografie »Fünfzig Jahre im Auftrag des Kapitals«, die wir 2009 für den stellvertretenden Präsidenten der DDR-Staatsbank Edgar Most und späteren Direktor der Deutschen Bank schreiben durften, begriff ich, dass die DDR-Wirtschaftsgeschichte weitgehend unbekannt ist. Deshalb initiierten wir 2011 ein Projekt mit DDR-Wirtschaftskapitänen, vor allem mit Kombinatsdirektoren, die aus erster Hand erzählen können, welche Erfolge, Konflikte und Niederlagen es in der wirtschaftlichen Entwicklung der DDR gab und warum. Die DDR-Wirtschaft war aus dieser Perspektive ein lebendiger Kosmos, in dem gelacht und gelitten, Entscheidungen gefällt, Strategien entwickelt, experimentiert und erneuert wurde. Das Erreichte machte stolz, das Nicht-Erreichte deprimierte oder spornte an. Geschichten transportieren diese persönlichen Erfahrungen; jenseits der historisch-wissenschaftlichen Aufbereitung.

Aus dem Projekt mit den ehemaligen Kombinatsdirektoren gingen mehrere Publikationen hervor, u. a. die Autobiografie von Prof. Dr. Karl Döring, Kombinatsdirektor und Stahlmanager im Eisenhüttenkombinat (EKO) und die Autobiografie von Karl Nendel, »General der Mikroelektronik«. Beide Spezialisten geben in ihren Büchern unbekannte Details der Transformation ihres Industriezweiges von der Plan- zur Marktwirtschaft zu Protokoll.

Mit Erzählsalons unter dem Titel »Mein letzter Arbeitstag« (2013) rückten wir erstmals die biografischen Brüche der Wendezeit in den Fokus. Das Thema war vielen unangenehm. In der gleichnamigen Anthologie (2014) erzählen 27 Ostdeutsche aus verschieden Schichten und Regionen Ostdeutschlands – von der Möbelwerkerin aus Anklam bis zum Professor, von der Straßenbahnfahrerin bis zur Unternehmerin –, wie sie die Kündigung und den damit verbundenen Bruch, manchmal gar Abbruch, ihrer beruflichen Entwicklung erlebten.

Die damalige Beauftragte der Bundesregierung für die Neuen Bundesländer, Iris Gleicke, ermöglichte uns 2015 / 16 ein erstes Lausitz-Projekt »Die Lausitz an einen Tisch«, das wir in Kooperation mit Prof. Dr. Rolf Kuhn und dem IBA-Studierhaus in Großräschen umsetzten. In vierzig Erzählsalons, die an sechs kleinen Orten der Lausitz stattfanden, kamen über 500 Menschen, um ihre Erfahrungen aus Vergangenheit und Gegenwart und ihre Wünsche für die Zukunft zu erzählen. In ihren Geschichten kamen sie immer wieder auf die Strukturbrüche der Wendezeit zurück, ohne explizit danach gefragt worden zu sein. Dadurch begriffen wir, wie stark die Zäsuren der 90er Jahre vielen Menschen noch auf den Nägeln brennen. Auch in den Nachfolgeprojekten, die wir von 2019 bis 2023 veranstalteten, war die Erkundung der Wendezeit das zentrale Thema. Der Erzähl- und Mitteilungsbedarf ist riesig.

Doch nicht nur die Angestellten von großen Industriebetrieben erlebten diesen Bruch. Auch die Handwerker, die wir an zehn Orten in Thüringen und Sachsen unter dem Motto: »Hand-werk erzählt« in Erzählsalons einluden, teilen ihren Lebensweg in Vor- und Nachwendezeit. Der radikale Wechsel von einer Gesellschaftsordnung zu einer anderen erzeugte Reibungen, Konflikte und Krisen in allen Milieus, Lebens- und Arbeitsbereichen – die bisher noch kaum erzählt wurden.

2019 konnten wir im Auftrag der Rosa-Luxemburg-Stiftung die Wanderausstellung »Schicksal Treuhand – Treuhandschicksale« kuratieren, die wir gemeinsam mit dem Wirtschaftshistori-ker Prof. Dr. Jorg Roesler konzipiert haben. In der Ausstellung erzählen 26 Protagonisten. Sie ist eine der erfolgreichsten der Stiftung und tourt seitdem durch den Osten und manchmal auch durch den Westen.

Auf den Ausbruch von Corona reagierten wir mit digitalen Erzählsalons. Denn gerade in Krisenzeiten tut es gut, gemeinschaftlich zu erzählen. In 40 Salons erzählten Menschen aus Ost und West unter der Motto »30 Jahre Deutsche Einheit – Deine Geschichte, unsere Zukunft« ihre Geschichte zu 20 verschiedenen Themen und aus 20 eher unbekannten, doch stets spannenden Regionen Ostdeutschlands (nachzuhören als Podcast oder zu schauen auf YouTube).

Erzählen lohnt sich. Das zeigen unsere Erfahrungen. In den 40 Jahren Geschichte der DDR und der Bundesrepublik sowie den mittlerweile 35 Jahren der Deutschen Einheit stecken die persönlichen Geschichten, die uns als Gesellschaft tragen und vor immense Herausforderun-gen stellen. Unser Archiv der Geschichten aus Ostdeutschland hat inzwischen einen stattlichen Umfang.

Dieses Buch möchte diejenigen, die die Umbrüche miterlebten, anregen, ihre eigenen Geschichten zu erzählen für Kinder, Enkel, im Freundes- und Bekanntenkreis. Und die Jüngeren wollen wir ermuntern, die Älteren vorurteilsfrei nach ihren Wendeerfahrungen zu befragen. So können wir uns auf Augenhöhe und mit Respekt begegnen und gemeinsam begreifen, auf welchen Füßen wir stehen. Denn: Nur wer die Vergangenheit kennt, kann die Gegenwart verstehen und die Zukunft gestalten.

Katrin Rohnstock

Erzählsalon im Kultursaal der ESDA-Strumpffabrik. Diedorf am 20. Dezember 2022. Blick auf die Erzähler.

1. Erzählsalon bei Ilmenauer Porzellantradition e.V. am 3. April 2023

2. Erzählsalon in Ilmenau am 08. Mai 2023

Erzählsalon am 3. August 2023 in Ilmenau während der Jubiläumsfeier 50 Jahre NPI

Erzählsalon am 20.Dezember 2022, Diedorf. Lothar Lange.

Erzählsalon anläßlich der Eröffnung der Treuhandausstellung mit Bodo Ramelow, Thüringer Ministerpräsident a.D. (1.v.r.)

ANHANG

Anmerkungen zum Beitrag von Lukas Stoll

1 Bundesarchiv Berlin Akte B412-25586, Bl. 307, Einlagerungsprotokoll Lohnunterlagen vom 2. Dezember 1996.
2 Ebd.
3 Ebd.
4 Bundesarchiv Berlin Akte B412-4249, nicht paginiert, Zusammenfassung des Branchendirektorats für den Leitungsausschuss vom 10. April 1991.
5 Bundesarchiv Berlin Akte B412-80500, Bl. 6 ff., Vertriebsvereinbarung zwischen RGI, Schaltbau et. al. vom 2. Juli 1990.
6 Ebd.
7 https://treuhandanstalt.online, abgerufen am 9. Juni 2025.
8 Bundesarchiv Berlin Akte B412-16223, Bl. 131, Ergebnisprotokoll der 85. Sitzung des Leitungsausschusses vom 23. Juli 1991.
9 Malycha, Andreas, Vom Hoffnungsträger zum Prügelknaben, Berlin 2022, S. 289.
10 Bundesarchiv Berlin Akte B412-16223, Bl. 131, Ergebnisprotokoll der 85. Sitzung des Leitungssauschusses vom 23. Juli 1991.
11 Arbeitsbuch zu »Richtlinie zur Erstellung und Behandlung von Unternehmenskonzepten«, Bundesarchiv Berlin Akte B412-23731, Bl. 79.
12 Bundesarchiv Berlin Akte B412-429, nicht paginiert, Zusammenfassung des Branchendirektorats für den Leitungsausschuss vom 10. April 1991, laut Erlassbeschluss vom 8. Oktober 1991 waren es nur 14,1 Mio. DM, B412-4249, nicht paginiert, Protokoll über Gesellschafterversammlung durch die THA.
13 Bundesarchiv Berlin Akte B412-16194, Bl. 88, Ergebnisprotokoll der 134. Sitzung des Leitungsausschusses vom 23. April 1992.
14 Hermes-Deckung bedeutet, dass die Bundesrepublik Deutschland sich für risikoreiche Exportverträge ins Ausland verbürgt, und zwar zugunsten eines Unternehmens mit Sitz in Deutschland. Kann der ausländische Käufer nicht zahlen, übernimmt die Bundesrepublik den Zahlungsausfall und zahlt anstelle des ausländischen Käufers direkt an das Unternehmen. Es handelt sich somit um eine Art staatliche Absicherung gegen Zahlungsausfälle für das deutsche Exportgeschäft.
15 Ebd., Bl. 88-89.
16 Arbeitsbuch zu »Richtlinie zur Erstellung und Behandlung von Unternehmenskonzepten«, Bundesarchiv Berlin Akte B412-23731, Bl. 79.

17 Bundesarchiv Berlin Akte B412-80494, Bl. 442-443, Prüfbericht zur Liquidationsbilanz zum 1. Februar 1994. Der zweite Geschäftsführer verlässt die RGI wohl im Laufe des Jahres 1993.

18 Bundesarchiv Berlin Akte B412-80490. Bl. 14, Schreiben vom 15. Mai 1991 und vom 28. Juni 1991 von Schaltbau an die THA Suhl.

19 Bundesarchiv Berlin Akte B412-80514, Bl. 244, Aktennotiz der THA Berlin vom 19. Februar 1992. Die Angelegenheit endet später mit einem Vergleich über 500.000 DM, den die THA bezahlt, vgl. Bundesarchiv Berlin, Akte B412-80507 Bl. 13, Beschlussempfehlung der BvS Suhl (THA-Nachfolgerin) vom 31. Mai 1995 zur Annahme des Vergleichs des Landgerichts München vom 8. Mai 1995.

20 Bundesarchiv Berlin Akte B412-80514, Bl. 245, Aktennotiz der THA Berlin vom 19. Februar 1992.

21 Bundesarchiv Berlin Akte B412-80499, Bl. 63, Schreiben des Betriebsrats vom 3. Dezember 1992 an die THA Berlin.

22 Kabelmetall-Messing GmbH & Co. KG, Nürnberg sowie die Kabel- und Metallwerke Guthoffnungshütte AG, Osnabrück, Bundesarchiv Berlin Akte B412-80514, Bl. 240, Auszug aus Creditreform-Auskunft zur Schaltbau München AG vom 14. Mai 1992.

23 Bundesarchiv Berlin Akte B412-80514, Bl. 240, Auszug aus Creditreform-Auskunft zur Schaltbau München AG vom 14. Mai 1992.

24 Ebd.

25 Bundesarchiv Berlin Akte B412-80483, Bl. 26, aus: Tagesspiegel, S. 26, vom 26. Juni 1992 »Berliner Elektro hat Großes vor«, nur Autorenkürzel »dr«.

26 Bundesarchiv Berlin Akte B412-4249, nicht paginiert, Zusammenfassung des Branchendirektorats für den Leitungsausschuss vom 10. April 1991.

27 Ebd.

28 Bundesarchiv Berlin Akte B412-4249, Schreiben der Geschäftsleitung vom 5. Mai 1992 an die THA Berlin.

29 Bundesarchiv Berlin Akte B412-25587, Bl. 8, Bilanzprüfbericht 1994 C&L Deutsche Revision Wirtschaftsprüfungsgesellschaft Frankfurt/Erfurt vom 13. Juli 1995.

30 Ebd.

31 Bundesarchiv Berlin Akte B412-4249, nicht paginiert, Zusammenfassung des Branchendirektorats für den Leitungsausschuss vom 10. April 1991.

32 Bundesarchiv Berlin Akte 137000, Bl. 52, Schreiben der Geschäftsleitung vom 21. Januar 1992 an die THA Berlin.

33 Bundesarchiv Berlin Akte 137000, Bl. 93, Vermerk THA Berlin in Sachen RGI (wohl) vom 1. August 1991.

34 Bundesarchiv Berlin Akte B412-4249, Schreiben der Geschäftsleitung vom 5. Mai 1992 an die THA Berlin.

35 Ebd.

36 Es handelte sich tatsächlich überwiegend um weibliche Beschäftigte, viele davon in Teilzeit beschäftigt.

37 Bundesarchiv Berlin Akte B412-80512, Bl. 400, Darstellung des Personalabbaus im Rahmen der Betriebsänderung RGI 1992, Mai 1992.

38 Bundesarchiv Berlin Akte B412-5187, Handschriftliche Notiz zu »Großbreitenbach« und »Schaltbau«, 20. November 1990.

39 Bundesarchiv Berlin Akte B412-80514, Bl. 116, Handschriftliche Notizen zur (wohl) letzten persönlichen Verhandlung der THA mit Schaltbau am 27. Oktober 1992.

40 Es wird lediglich ein kleinerer Pauschalbetrag angeboten, bei den Investitionen nur eine Pönalisierung von 80 Prozent der Investitionssumme.

41 Bundesarchiv Berlin Akte B412-80514, Bl. 243, Aktennotiz der THA Berlin vom 19. Februar 1992.

42 Bundesarchiv Berlin Akte B412-80498, Wertgutachten Relaistechnik Großbreitenbach mit Stichtag 10. November 1993.

43 Bundesarchiv Berlin Akte B412-80514, Bl. 112, Schreiben des Vorstands der Schaltbau AG München vom 3. November 1992 an die THA Berlin.

44 Bundesarchiv Berlin Akte B412-80483, Bl. 130, Angebotsvergleich zur rgi durch THA ohne Autor und Datum.

45 Bundesarchiv Berlin Akte B412-80483, Bl. 32-33, Schreiben des Betriebsrats vom 4. November 1992 und vom 24. November 1992 an die Präsidentin der Treuhandanstalt.

46 Bundesarchiv Berlin Akte B412-80483, Bl. 35, Schreiben des Branchendirektors vom 8. Dezember 1992 an den Betriebsratsvorsitzenden.

47 Bundesarchiv Berlin Akte B412-80483, Bl. 21, Abwicklungsentscheidung vom 16. November 1992, unterzeichnet durch Abwicklungsdirektor und Branchendirektor.

Abkürzungsverzeichnis

ABL	Alte Bundesländer
ABM	Arbeitsbeschaffungsmaßnahme
AG	Aktiengesellschaft
BGL	Betriebsgewerkschaftsleitung
BMFSFJ	Bundesministerium für Bildung, Familie, Senioren, Frauen und Jugend
BTU	Brandenburgische Technische Universität
CAD	Computer-Aided Design (rechnergestützte Gestaltung)
CNC	Computer Numerical Control (rechnergestützte numerische Steuerung)
CT	Computertomografie
FDGB	Freier Deutscher Gewerkschaftsbund
EAW	Elektro-Apparate-Werke Berlin-Treptow
ESDA	Erzgebirgische Spezial Damenstrümpfe Auerbach
EOS	Erweiterte Oberschule
FDJ	Freie Deutsche Jugend
FH	Fachhochschule
HePo	Henneberg-Porzellan
IG	Industriegewerkschaft
IHK	Industrie- und Handelskammer
IWP	Industrielle Warenproduktion
KG	Kommanditgesellschaft
K&S-Fonds	Kultur- und Sozial-Fonds
LPG	Landwirtschaftliche Produktionsgenossenschaft
MK	Möbelkombinat
NAW	Nationales Aufbauwerk
NPI	Neues Porzellanwerk Ilmenau
NSW	Nichtsozialistisches Wirtschaftsgebiet
PGH	Produktionsgenossenschaft des Handwerks
RGI	Relaistechnik Großbreitenbach-Ilmenau
RGW	Rat für Gegenseitige Wirtschaftshilfe
SW	Sozialistisches Wirtschaftsgebiet
TGI	Technisches Glaswerk Ilmenau
THA	Treuhandanstalt
TIB	Thüringer Industrie-Beteiligungsgesellschaft
TKO	Technische Kontrollorganisation
UTP	Unterrichtstag in der Produktion
VEB	Volkseigener Betrieb
VVB	Vereinigung Volkseigener Betriebe
WAO	Wissenschaftliche Arbeitsorganisation

Bildnachweis

Außenhandelsbetrieb der DDR (Prospekt): 158, 160

Georg Fimmel (privat): 95

»Großbreitenbach, die grüne Stadt. 1855–2005. 150 Jahre Stadtrecht« (2005): 205, 214

Ilmenauer Porzellantradition e. V. (Archiv): 76, 80, 81, 87, 91, 92, 99, 107

Johannes Hör: 40, 45, 46, 49, 50, 53, 54, 59, 60, 66

Ulrich Hubert: 230 unten

Maria Lange (privat): 68

Museums- und Heimatgeschichtsverein Großbreitenbach (Archiv): 193

picture-alliance / ZB: 70 (Reinhard Kaufhold), 110 (Jan-Peter Kasper), Titelbild (Matthias Hiekel)

Rohnstock Biografien: 75, 83, 86, 94, 104, 184, 226, 229–231

Helmut Roos: 14, 18, 19, 21, 31, 32, 39

Lukas Stoll (privat): 218

Annelie Wilhelmi (privat): 194, 197, 199, 206

Reinhard Wlatschiha (privat): 172, 175, 176, 182, 183, 186, 187, 195

Wohnraummöbel GmbH (Prospekt): 108, 146

Dank

Die Geschichten der Erzählerinnen und Erzähler wurden aufgeschrieben von Dr. Sophia Schleichardt (Henneberg und Großbreitenbach), Sulamith Weber / Katrin Rohnstock (Eisenberg) und Sebastian Blottner (Bischofferode und Diedorf), Autobiografiker bei Rohnstock Biografien Berlin.

Alle Beiträge wurden von den Erzählerinnen und Erzählern korrigiert und für die Veröffentlichung autorisiert. Für den Inhalt zeichnen sie verantwortlich. Nur Petra Schreiber und Bernward Müller (Möbelwerk Eisenberg) konnten nach ihren spontanen Beiträgen im Erzählsalon nicht ausfindig gemacht werden.

Wir danken unseren Kooperationspartnern Thomas-Müntzer-Kaliverein Bischofferode e.V., Alte Strumpffabrik – ZIPP Bildungs- und Kulturzentrum ESDA GmbH, Ilmenauer Porzellantradition e.V., Rosa-Luxemburg-Stiftung Thüringen sowie Museums- und Heimatgeschichtsverein Großbreitenbach e.V. für ihre Unterstützung und die Genehmigung des Abdrucks der Geschichten und Fotos.

Bibliografische Information der Deutschen Nationalbibliothek
Die Deutsche Nationalbibliothek verzeichnet diese Publikation in der Deutschen Nationalbibliografie; detaillierte bibliografische Daten sind im Internet über http://dnb.d-nb.de abrufbar.

Bei Fragen zur Produktsicherheit wenden Sie sich bitte an herstellung@bebraverlag.de.

2. Auflage 2026

Asternplatz 3, 12203 Berlin
post@bebraverlag.de
Lektorat: Franziska Hoch, Rohnstock Biografien / Ingrid Kirschey-Feix, Berlin
Umschlag: typegerecht berlin
Satzbild: Friedrich, Berlin
Schrift: Dante 10/14 pt
Druck und Bindung: GGP Media GmbH, Pößneck
ISBN 978-3-89809-279-1

www.bebraverlag.de

MIX
Papier | Fördert gute Waldnutzung
FSC® C014496